Bernd Riede

Vorbereitung auf das Abitur Musiktheorie

MANZ VERLAG

Abkürzungen

BWV	Bach-Werke-Verzeichnis (für die Kompositionen von Johann Sebastian Bach)
KV	Köchel-Verzeichnis (für die Kompositionen von Wolfgang Amadeus Mozart)
m. A.	mit Auftakt
Op.	Opus (lat.: Werk)
T.	Takt
WoO	Werk ohne Opuszahl

Ausspracheangaben

Wo nötig, sind Fachbegriffe in der verbreitetsten Lautschrift (der *Association phonétique internationale*) in eckigen Klammern erläutert. Die eventuell unbekannten, hier verwendeten Zeichen sind folgende:

ã	Nasallaut wie in *en gros*		ʃ	stimmloses *sch* wie in *schön*
ɛ	offenes *e* wie in *ähnlich*		ɥ	tonloses, kurzes *ü* wie franz. *lui*
ʎ	*lj* wie in *Sevilla*		ʒ	stimmhaftes *sch* wie in *Genie*
ɲ	*nj* wie in *Champagne*		a:	langer Vokal
ɔ	offenes *o* wie in *Wort*		'gi	betonte Silbe

Das Werk und seine Teile sind urheberrechtlich geschützt. Jede Nutzung in anderen als den gesetzlich zugelassenen Fällen bedarf der vorherigen schriftlichen Einwilligung des Verlages. Hinweis zu § 52a UrhG: Weder das Werk noch seine Teile dürfen ohne eine solche Einwilligung eingescannt und in ein Netzwerk gestellt werden. Dies gilt auch für Intranets von Schulen und sonstigen Bildungseinrichtungen.

6. Auflage 2007
Manz Verlag
© Klett Lernen und Wissen GmbH, Stuttgart 1998
Alle Rechte vorbehalten
Lektorat: Konrad Böheim, Ergolding
Herstellung: Karin Schmid, Baldham
Notensatz: Kontrapunkt Satzstudio, Bautzen
Umschlagkonzept: KünkelLopka, Heidelberg
Umschlagfoto: Fotostudio Maurer, Bamberg
Druck: Mediengruppe UNIVERSAL
Grafische Betriebe München GmbH

ISBN: 978-3-7863-4403-2

www.manz-verlag.de

Inhaltsverzeichnis

Vorwort 7

1 Notenschrift
1.1 Tonhöhen 9
1.2 Tondauern 12
1.3 Artikulation und Phrasierung 15
1.4 Tempo, Ausdruck und Lautstärke (Dynamik) 16
1.5 Zeichen der formalen Gliederung 18
1.6 Zeichen der Verzierung 20
1.7 Weitere Abkürzungen 21
1.8 Hinweise für korrekte Notenschrift 22

2 Grundsätzliches zu Tondauern, Intervallen, Akkorden und Tonleitern
2.1 Tondauer (Rhythmus, Puls, Takt, Taktarten) 27
2.2 Intervalle 31
2.3 Akkorde 32
2.4 Tonleitern und Hauptdreiklänge in Dur-Tonarten (mit Quintenzirkel) ... 37
2.5 Tonleitern und Hauptdreiklänge in Moll-Tonarten (mit Parallel-Tonarten) ... 40
2.6 Weitere Tonleitern 43
2.7 Weitere Akkord-Funktionen 46

3 Akustik, Ohr, Schallübertragung und -aufzeichnung, Aufnahme im Tonstudio
3.1 Akustik 50
3.2 Das Ohr 56
3.3 Analoge und digitale Schallübertragung und -aufzeichnung 60
3.4 Die Aufnahme im Tonstudio 63

4 Instrumentenkunde und die menschliche Stimme
4.1 Einführung 65
4.2 Schlaginstrumente (= Idiophone und Membranophone) 66
    4.2.1 Allgemeines und Einteilung 66
    4.2.2 Rhythmusinstrumente des Sinfonieorchesters 67
    4.2.3 Rhythmusinstrumente der populären Musik 68
    4.2.4 Melodieinstrumente (Stabspiele = Mallet-Instrumente) 70
4.3 Saiteninstrumente (= Chordophone) 71
    4.3.1 Allgemeines und Einteilung 71
    4.3.2 Streichinstrumente (ohne Tastatur) 72
    4.3.3 Zupfinstrumente (ohne Tastatur) 74
    4.3.4 Geschlagenes Saiteninstrument (ohne Tastatur) 78
    4.3.5 Saiteninstrumente mit Tastatur 78

Inhaltsverzeichnis

4.4		Blasinstrumente, Harmonikainstrumente und Orgel (= Aërophone)	81
	4.4.1	Einteilungen	81
	4.4.2	Blechblasinstrumente	82
	4.4.3	Flöteninstrumente	85
	4.4.4	Rohrblattinstrumente	87
	4.4.5	Harmonikainstrumente (Zungeninstrumente)	89
	4.4.6	Die Orgel	90
4.5		Elektromechanische und elektronische Instrumente (= Elektrophone)	92
	4.5.1	Begriffe und Allgemeines	92
	4.5.2	Elektromechanische Instrumente	93
	4.5.3	Rein elektronische analoge Musikinstrumente	93
	4.5.4	Digitale Musikinstrumente	94
4.6		Notation und Klangumfang von wichtigen Instrumenten	95
4.7		Die menschliche Stimme	97
4.8		Die Partitur	99

5 Besetzungsformen

5.1	Grundbegriffe	101
5.2	Vokale Besetzungsformen	101
5.3	Instrumentale Besetzungsformen	102

6 Improvisation und Aufführungspraxis

6.1		Improvisation	105
6.2		Aufführungspraxis	106
	6.2.1	Allgemeines	106
	6.2.2	Unterscheidungsmerkmale	106
	6.2.3	Zur heutigen Aufführungspraxis älterer Werke	108

7 Grundlagen der musikalischen Analyse

7.1	Definitionen	109
7.2	Ziele der Analyse	109
7.3	Allgemeines zur Form eines Satzes	110
7.4	Melodik	114
7.5	Rhythmik / Tonlängen	117
7.6	Harmonik	119
7.7	Textur (Unisono / Homophonie / Polyphonie)	125
7.8	Tonraum	127
7.9	Satzdichte	127
7.10	Instrumentation	128
7.11	Dynamik	128
7.12	Tempo	128
7.13	Hinweise zum Vorgehen	128

8 Wort-Ton-Verhältnis

8.1	Gebundene Musik	130
8.2	Rezitativ	130
8.3	Melodram	133

9 Formen und Gattungen von abgeschlossenen Stücken und Sätzen

- 9.1 Einführung 134
  - 9.1.1 Definitionen und Erläuterungen 134
  - 9.1.2 Allgemeine Formen: Liedformen 135
  - 9.1.3 Zum Folgenden 137
- 9.2 Vorwiegend homophone Formen (und Gattungen) 137
  - 9.2.1 Rondo 137
  - 9.2.2 Thema mit Variationen 138
  - 9.2.3 Ritornell- und Dacapo-Form in der barocken Volksmusik .. 140
  - 9.2.4 Ritornellform des barocken Konzertsatzes 142
  - 9.2.5 Suitensatzform 143
  - 9.2.6 Sonatenhauptsatzform 144
  - 9.2.7 Zwei- und dreiteilige Form von langsamen Sätzen nach dem Barock .. 146
  - 9.2.8 Form des Menuetts und Scherzos (nach dem Barock) . 147
- 9.3 Vorwiegend polyphone Formen (und Gattungen) 148
  - 9.3.1 Kanon 148
  - 9.3.2 Fuge 149
  - 9.3.3 Soggetto-Form 153
  - 9.3.4 Motette 155
  - 9.3.5 Passacaglia / Chaconne 156
  - 9.3.6 Französische Ouvertürenform 156
- 9.4 Gattungen ohne feststehende Form 156
  - 9.4.1 Lieder und Songs 156
  - 9.4.2 Instrumentale Vorspiele (Präludium, Choralvorspiel) .. 158
  - 9.4.3 Arioso 159
  - 9.4.4 Charakterstück 159

10 Mehrsätzige instrumentale Formen und Gattungen

- 10.1 Barocke Formen und Gattungen 160
  - 10.1.1 Suite (Barocke Kammersonate) 160
  - 10.1.2 (Barocke) Kirchensonate 161
  - 10.1.3 (Instrumentales) Konzert 162
  - 10.1.4 Neapolitanische Opernouvertüre (Sinfonia) 164
- 10.2 Formen und Gattungen nach dem Barock 164
  - 10.2.1 Konzert nach dem Barock 164
  - 10.2.2 Sonate, Kammermusik und Sinfonie seit der Mitte des 18. Jahrhunderts .. 164
  - 10.2.3 Serenade 165

11 Mehrteilige vokale Gattungen

- 11.1 Szenische vokale Gattungen (weltlich) 166
  - 11.1.1 Oper 166
  - 11.1.2 Singspiel 168
  - 11.1.3 Operette 168
  - 11.1.4 Musical 168
  - 11.1.5 Zur Abgrenzung 169
- 11.2 Nicht szenische vokale Gattungen (zumeist geistlich) . 169
  - 11.2.1 Oratorium 169
  - 11.2.2 Passion 170
  - 11.2.3 Kantate 170
  - 11.2.4 Messe 171
- 11.3 Tabellarische Übersicht 172

12 Musik zu Gesellschaftstänzen, Ballett und Schauspiel
- 12.1 Arten von Tanz. 173
- 12.2 Gesellschaftstanz 173
- 12.3 Ballett 175
- 12.4 Schauspielmusik. 176

13 Bearbeitung von Musik
- 13.1 Einleitung 178
- 13.2 Ausarbeitung eines vorgegebenen musikalischen Gedankens 178
- 13.3 Einrichtung eines Werkes für eine andere Besetzung (Arrangement) 178
- 13.4 Vervollständigung und Veränderung eines Werkes 179
- 13.5 Bearbeitung im Jazz, Rock und Pop. 180
- 13.6 Zur Edition (wissenschaftliche Herausgabe). 181

14 Musikalische Semantik
- 14.1 Definition und Allgemeines. 182
- 14.2 Charakter / Affekt / Ausdruck / Stimmung 183
- 14.3 Besondere Betonungen von Wörtern (bei Vokalmusik) 183
- 14.4 Tonmalerei und Tonsymbolik 184
- 14.5 Verwendung von bereits vorhandenen Melodien, Formen, Musikrichtungen usw.. 187
- 14.6 Erinnerungsmotive und Leitmotive. 187

15 Begleitung und Harmonisierung einer Melodie
- 15.1 Allgemeines zum Kontrapunkt und zur Harmonielehre 188
- 15.2 Aussetzen im dreistimmigen Satz bei vorgegebener Harmonik. 188
- 15.3 Hinweise zur Klavierbegleitung mit Akkorden. 196
- 15.4 Zur Harmonisierung einer Melodie. 197

16 Vertonung eines Textes
- 16.1 Einfache Rhythmisierung von regelmäßigen Zeilen 201
- 16.2 Einfache Rhythmisierung von unregelmäßigen Zeilen 203
- 16.3 Veränderung von Tondauern gegenüber der einfachen Rhythmisierung 204
- 16.4 Zur Melodik (die Tonhöhe betreffend) 205

Anhang
- Einfache Gitarrengriffe 206
- Weiterführende Musiklexika im Taschenbuchformat 208
- Personenregister. 208
- Sachregister 209

Zu diesem Buch

Die vorliegende Lernhilfe **Vorbereitung auf das Abitur Musiktheorie** wendet sich an Schülerinnen und Schüler der Oberstufe bzw. Sekundarstufe II, die den Grund- oder Leistungskurs Musik wählen oder bereits gewählt haben.

Dieser Titel ist hervorragend geeignet als Hilfe:
- zur Vorbereitung auf Klausuren sowie besonders auf das schriftliche und/oder mündliche Abitur,
- zur Wiederholung von Grundlagen und anderem Unterrichtsstoff, beispielsweise Akkorden oder Formen,
- zur Anfertigung von Referaten und Facharbeiten
- und als umfassendes Nachschlagewerk, aber auch als kontinuierliche Lektüre.

Die umfangreichen Informationen bieten die Möglichkeit, sich über den Unterrichtsstoff hinaus weiterzubilden und dieses Wissen bei Klausuren und Prüfungen erfolgreich einzubringen. Zahlreiche Verweise erleichtern das Auffinden und Erkennen von Zusammenhängen. Trotz der strengen Auswahl bei den Themenbereichen sind im Bereich der **Musiktheorie** alle wichtigen Unterrichtsstoffe und Inhalte der Lehrpläne aller Bundesländer abgedeckt. (Die **Musikgeschichte** ist in separaten Bänden aufbereitet.)

Die Fachbegriffe sind ausführlich und exakt definiert. Eine Definition ist durch farbige und fette Schrift des **Fachbegriffs** optisch kenntlich gemacht. *Farbiger Kursivdruck* kennzeichnet weitere, nicht ganz so wichtige Fachausdrücke. Die Etymologie (Herkunft) eines Fachbegriffes ist dann angegeben, wenn sie informativ erscheint. Weiterführende Ergänzungen sind durch die Bezeichnung „Anmerkung" markiert.

Wichtige Grundprinzipien bei der Abfassung der Texte waren zum einen eine komprimierte Darstellung, zum anderen eine möglichst leichte Verständlichkeit sowie eine sehr gute Übersichtlichkeit. Der Band enthält zahlreiche Notenbeispiele, die die Sachverhalte verdeutlichen und einprägsamer gestalten. Die Notenbeispiele sind treffend und stammen zum großen Teil aus bekannten Werken.

Ein Verzeichnis mit weiterführender Literatur, ein umfangreiches Personen- und Sachregister dokumentieren den großen Nutzen dieser Lernhilfe für die effiziente Vorbereitung auf das Abitur. Die Lebensdaten der Komponisten, Dichter und Instrumentenbauer sind im Personenregister genannt.

Zu Dank verpflichtet ist der Autor Herrn Rainer Butz und Herrn Dr. Peter Simonett für wertvolle Hinweise. Ganz besonderer Dank gebührt Frau Anita Riede für ihre umfangreiche Hilfe bei der Formulierung.

Der Verfasser

1 Notenschrift

Die heutige Form der Notenschrift entstand im 17. Jahrhundert.

1.1 Tonhöhen

Stammtöne

Unter **Stammtönen** versteht man die Töne ohne Vorzeichen: c d e f g a h. Auf der Tastatur des Klaviers sind die *Stammtöne* den weißen Tasten zugeordnet. Nach dem h beginnt die Stammtonreihe erneut mit c, d, usw. Der Abstand von einem Ton zum nächsten gleichen Namens heißt **Oktave**. Zur genauen Unterscheidung sind die Töne verschiedenen **Oktavlagen** zugeordnet, die jeweils beim c beginnen (siehe Übersicht weiter unten). Die Oktavlage etwa in der Mitte ist die *eingestrichene Oktavlage*. Ihr erster Ton heißt *eingestrichenes c* oder *c eins* (geschrieben c' oder c^1). Eine Oktave unter c^1 liegt das *kleine c*, jeweils eine Oktave tiefer liegen *großes C*, *Kontra-C* und *Subkontra-C*.

Die Notation der Stammtöne

Die Stammtöne werden in einem **Notensystem** mit 5 Linien notiert. Diese werden von unten nach oben nummeriert, ebenso die Zwischenräume.

5. Linie	
4. Linie	4. Zwischenraum
3. Linie	3. Zwischenraum
2. Linie	2. Zwischenraum
1. Linie	1. Zwischenraum

Zur genauen Zuordnung zwischen Noten und Tönen benötigt man einen **Notenschlüssel**. Die häufigsten Schlüssel sind heute der **Violinschlüssel** und der **Bassschlüssel**. Folgende Eselsbrücken sind dienlich:

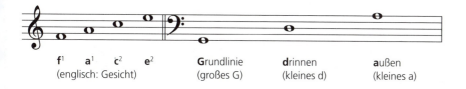

f^1 a^1 c^2 e^2 **G**rundlinie   **d**rinnen   **a**ußen
(englisch: Gesicht)   (großes G)   (kleines d)   (kleines a)

1 Notenschrift

Töne, die außerhalb des Fünfliniensystems liegen, werden mittels **Hilfslinien** notiert.

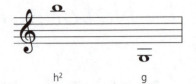

Übersicht über die Notation der Stammtöne:

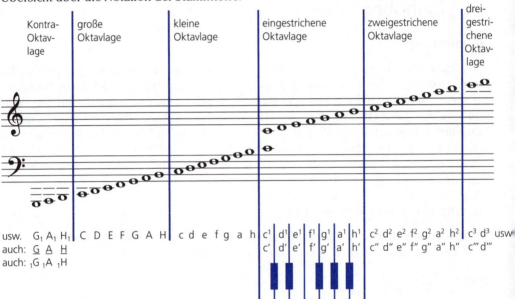

Der Vermeidung zu vieler Hilfslinien dient das Zeichen 8va----. Dies bedeutet, dass die markierten Töne eine Oktave höher zu lesen sind. Das Zeichen $8_{va\,bassa}\text{\_\_}$ besagt, dass die markierten Töne eine Oktave tiefer erklingen sollen.

Eine 8 *über* einem Violin- oder Bassschlüssel bedeutet, dass die Noten des ganzen Systems eine Oktave höher erklingen sollen. Umgekehrt bedeutet eine 8 *unter* einem Schlüssel, dass die Noten des Systems eine Oktave tiefer zu lesen sind.

1.1 Tonhöhen

Außer dem Violinschlüssel und dem Bassschlüssel sind heute noch der *Altschlüssel* und der *Tenorschlüssel* gebräuchlich.

Altschlüssel: c¹   Tenorschlüssel: c¹

Im Altschlüssel wird die Viola notiert. Im Tenorschlüssel werden in höheren Lagen Violoncello, Posaune und Fagott notiert.

Zur Bezeichnung von Tönen unabhängig von ihrer Oktavlage verwendet man in der Regel kleine Buchstaben; in diesem Fall heißt „c" entweder „C", „c", „c¹" usw.

Tonhöhenveränderung durch Vorzeichen

Um die *Tonhöhenveränderungen durch Vorzeichen* zu verstehen, ist zunächst die Klaviertastatur zu betrachten. Den Abstand von einem Ton zum allernächsten auf dem Klavier nennt man **Halbtonschritt**. Zwei Halbtonschritte bilden einen **Ganztonschritt**. Der Abstand von c zu d beträgt also einen Ganztonschritt.

Die Notenlinien täuschen vor, dass der Abstand der Stammtöne jeweils gleich ist. Dem ist aber nicht so, wie ein Blick auf die Tastatur verdeutlicht. Man sieht, dass zwischen den meisten Stammtönen (weiße Tasten) noch ein Ton dazwischen liegt (eine schwarze Taste), dass der Abstand zwischen zwei Stammtönen also zumeist ein Ganztonschritt ist. Nur zwischen e und f sowie h und c liegt ein Halbtonschritt.

Vorzeichen erhöhen oder erniedrigen eine Note um einen, selten zwei Halbtonschritte.

Ein **Kreuz** vor einer Note (♯) erhöht diese um einen Halbtonschritt. Man hängt an den Namen des Stammtones *-is* an, z. B. *ais*. Ein **Be** (♭) vor einer Note erniedrigt diese um einen Halbtonschritt; an die Tonsilbe wird *-es* angehängt, z. B. *des* (Ausnahmen: *es, as, b*). Das Vorzeichen wird „Be" genannt (Plural: die Be) im Unterschied zum Ton „B".

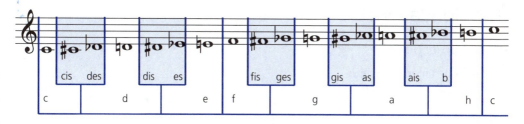

Selten sind **Doppelvorzeichen**. Ein **Doppelkreuz** (𝄪) erhöht einen Ton um zwei Halbtonschritte; an den Tonnamen wird *-isis* angehängt, z. B. *fisis*. Ein **Doppel-Be** (♭♭) erniedrigt einen Ton um zwei Halbtonschritte; an den Tonnamen wird *-eses* angehängt, z. B. *heses*.

1 Notenschrift

Vorzeichen direkt vor den Noten gelten (außer in neuerer Musik) bis zum folgenden Taktstrich. Außerdem gelten solche Vorzeichen nur für die entsprechende Oktavlage.

gis" aber g'

Vorzeichen am Anfang des Notensystems gelten für alle Oktavlagen und bis zum Ende des Stückes oder bis zu der Stelle, an der neue Vorzeichen angezeigt sind. In jeder Zeile müssen die Vorzeichen immer wieder angebracht werden.

Das **Auflösungszeichen** (♮) vor einer Note hebt eine Erhöhung oder Erniedrigung auf, und zwar wiederum bis zum nächsten Taktstrich.

Vorzeichen in Klammern dienen zur Sicherheit; sie gelten also.

Unter **enharmonischer Verwechslung** eines Tones versteht man seine Bezeichnung mittels eines anderen Stammtones. Die enharmonische Verwechslung von *dis* ist also *es* (oder auch *feses*).

Tonbezeichnungen in anderen Sprachen

Die *Tonnamen im englischsprachigen Raum* entsprechen hinsichtlich der Stammtöne den deutschen, mit Ausnahme des deutschen *h*, das im Englischen *b* heißt. Erhöht werden die Töne dort durch Anhängung eines Kreuzes, z. B. *C♯* (gesprochen *C sharp*). Erniedrigt werden sie durch Anhängung eines Be, z. B. *D♭* (gesprochen *D flat*).

Die Stammtöne heißen auf italienisch ab *c: do, re, mi, fa, so, la, si, do*. Erhöht wird ein Stammton durch den Zusatz *diesis*, erniedrigt durch *bemolle*. Der Ton *fis* heißt also beispielsweise *fa diesis*; *b* heißt *si bemolle*. Ähnlich werden die Töne in der französischen und spanischen Sprache bezeichnet.

1.2 Tondauern

Noten und Pausen

Bestandteile einer Note sind:

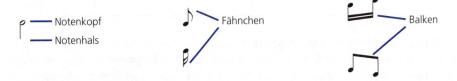

Der Notenhals wird immer rechts aufwärts oder links abwärts geführt. Ab der dritten Linie aufwärts richten sich die Hälse im Allgemeinen nach unten. Die Fähnchen beschreiben einen kleinen Bogen nach rechts in Richtung Notenhals.

1.2 Tondauern

Die Dauer der Töne wird durch Kombinationen dieser Bestandteile und durch hohle (weiße) und ausgefüllte (schwarze) Notenköpfe dargestellt. Jedem Notenwert entspricht ein Pausenzeichen gleicher Länge.

Selten kommt die doppelte ganze Note vor mit dem Zeichen  .

Anmerkung: Mehrtaktige Pausen werden üblicherweise mittels des unten stehenden Zeichens notiert, wobei die Anzahl der Takte über dem Notensystem angegeben wird. Diese Art der Notation wird häufig bei Orchesterstimmen verwendet.

Wie die Namen der Noten aussagen, hat eine Note bzw. eine Pause den doppelten Wert der nächst kleineren. Eine ganze Note lässt sich somit folgendermaßen unterteilen:

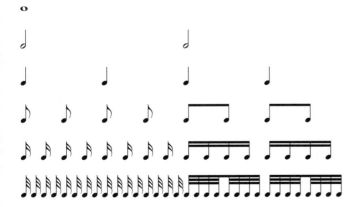

1 Notenschrift

Achtelnoten und kleinere Werte können Balken oder Fähnchen tragen. Die Anzahl der Balken entspricht dabei der Anzahl der Fähnchen. Für einzelstehende Noten sind keine Balken möglich.

Punktierung und Haltebogen

Ein **Punkt** *hinter* einer Note verlängert diese um die Hälfte ihres Wertes. Sie wird so zu einer **punktierten Note**.

Beispiele: ♩. = ♩ + ♪   ♪. = ♪ + ♫

Doppelte Punktierung liegt vor, wenn hinter einer Note zwei Punkte stehen. Die Notendauer erhöht sich in diesem Fall insgesamt um drei Viertel ihres Wertes.

Beispiel: ♩.. = ♩ + ♪ + ♫

Ein Punkt hinter einer Note ist nicht zu verwechseln mit dem *staccato-Punkt*, der *unter* der Note liegt (→ 1.3).

Genauso wie Noten können auch Pausen punktiert werden.

Beispiel: 𝄽· = 𝄽 + 𝄾

Wenn eine punktierte Achtelnote mit einer darauffolgenden Sechzehntelnote verbunden wird, ist folgende Schreibweise möglich, bei der der zweite Balken der Sechzehntelnote im Raume steht.

Der **Haltebogen** verbindet zwei Noten derselben Tonhöhe miteinander zu einer Note.

Beispiel: ♩‿♪

Steht vor einer Note mit Haltebogen ein Vorzeichen, so gilt es für alle angebundenen Noten, auch wenn ein Taktstrich dazwischen liegt.

Der *Haltebogen* ist nicht zu verwechseln mit dem *Bindebogen*, der Töne unterschiedlicher Tonhöhen miteinander verbindet (→ 1.3).

Triolen und andere unregelmäßige Unterteilungen

Unter einer **Triole** versteht man eine Note, die nicht die Hälfte, sondern nur ein Drittel des Wertes der nächstgrößeren besitzt. Drei Triolen werden durch eine eckige Klammer und einer „3" beziffert.

♩ = ♪♪♪ (3)   oder   ♪♪♪ (3)   oder   ♪♪♪ (3)   statt regulär ♩ = ♪♪

Früher waren auch runde Klammern üblich.

Es kommt vor, dass Zahlen direkt über einem Balken fehlen,

also  .

Jeder Notenwert kann in Triolen eingeteilt werden. Zur Unterscheidung verschiedener Arten von Triolen gibt man die genaue Bezeichnung an, z. B. *Triolenviertel*, *Triolenachtel* usw.; im obigen Fall liegen *Triolenachtel* vor.

Anstelle einfacher Triolen können auch kompliziertere Notenwerte notiert werden, z. B.:

Andere unregelmäßige Einteilungen. Wenn eine dreizeitige Note (z. B. eine punktierte Halbe) statt in drei in zwei gleich lange Notenwerte eingeteilt werden soll, spricht man von *Duolen*.

Noten können auch entsprechend in kleinere Einheiten geteilt werden. Es gibt *Quartolen* (4 Einheiten), *Quintolen* (5 Einheiten), *Sextolen* (6 Einheiten), *Septolen* (7 Einheiten), *Oktolen* (8 Einheiten), *Nonolen* (9 Einheiten). Die Notation entspricht derjenigen der Triolen und Duolen.

Die Anzahl dieser Noteneinheiten ersetzt immer die nächstkleineren der regelmäßigen Unterteilung, also z. B. 4 statt 3, 5 statt 4 usw.

Beispiele:

1.3 Artikulation und Phrasierung

Unter **Artikulation** versteht man die Art und Weise, wie Töne miteinander verbunden werden. Die vier wichtigsten Artikulationsformen sind:

| legato | non legato | portato | staccato |
| (gebunden) | (leicht abgesetzt) | (deutlicher abgesetzt) | (kurze Noten) |

Unter **Phrasierung** versteht man die sinnvolle Gliederung eines Musikstückes in kleinere Abschnitte. Die *Phrasierung* wird oft nicht genau notiert. Zuweilen wird eine Anzahl zusam-

1 Notenschrift

mengehöriger Noten durch einen **Phrasierungsbogen** miteinander verbunden. Dieser unterscheidet sich von der Form her nicht vom *Legatobogen*. Aus dem Zusammenhang geht hervor, um welche Art Bogen es sich im Einzelfall handelt.

1.4 Tempo, Ausdruck und Lautstärke (Dynamik)

Am Anfang von Musikstücken steht zumeist eine *Tempoangabe*. Zuweilen wird diese ergänzt durch eine *Ausdrucksbezeichnung*. Innerhalb des Musikstücks können Tempo- und Ausdrucksangaben wechseln.

Die vorgeschriebene *Lautstärke* ändert sich öfter, sodass am Anfang eines Stückes keine für die ganze Komposition geltende Lautstärke angegeben wird.

Die Tempo-, Ausdrucks- und Lautstärkebezeichnungen stammen aus dem Italienischen, weil im 17. und 18. Jahrhundert die italienische Musik in Europa eine herausragende Rolle gespielt hat.

Tempoangaben

Gleichbleibendes Tempo	*lentissimo*	sehr langsam
	lento	langsam
	largo	langsam
	larghetto [lar'geto]	ein wenig langsam
	adagio [a'da:dʒo]	ziemlich langsam
	andante	gehend, schreitend
	moderato	mittleres Tempo
	allegretto	ein wenig schnell
	allegro	schnell
	vivace [viva:tʃe]	lebhaft, schnell
	presto	sehr schnell
	prestissimo	äußerst schnell
Tempowechsel	*accelerando* [atʃele'rando] (Abkürzung: *accel.*)	schneller werden
	stringendo [strin'dʒɛndo] (Abkürzung: *string.*)	schneller werden
	ritardando (Abkürzung: *rit.*)	langsamer werden
	a tempo	(wieder) im Tempo
	Fermate (⌒) (ital.: Halt) über Noten	*Die Noten werden länger ausgehalten, als es ihrem Wert entspricht.*

Zur genauen Angabe des Tempos dienen *Metronomangaben*. Das **Metronom** ist ein Gerät, dessen gleichmäßige Schläge variabel und genau einzustellen sind. Es wurde 1816 von *Mälzel* erfunden. Angegeben wird die Anzahl der Schläge pro Minute. *M. M. (Mälzels Metronom)* ♩ = *120* heißt z. B., dass in einer Minute 120 Viertelnoten erklingen sollen.

1.4 Tempo, Ausdruck und Lautstärke (Dynamik)

Ausdrucksbezeichnungen

Von den zahlreichen *Ausdrucksbezeichnungen* seien nur einige wenige genannt:

agitato [adʒi'ta:to]	erregt
appassionato	leidenschaftlich
cantabile	gesanglich
con brio	mit Feuer
con fuoco	mit Feuer
con moto	mit Bewegung
dolce ['doltʃe]	sanft
espressivo	ausdrucksvoll
grazioso	anmutig
maestoso	majestätisch
mosso	bewegt
sostenuto	gehalten, getragen

Lautstärkeangaben

	Zeichen	Abkürzung	Italienisches Wort	Deutsches Wort
Gleich-bleibende Lautstärke		ppp	piano pianissimo	extrem leise
		pp	pianissimo	sehr leise
		p	piano	leise
		mp	mezzopiano	halbleise
		mf	mezzoforte	halblaut
		f	forte	laut
		ff	fortissimo	sehr laut
		fff	forte fortissimo	extrem laut
Lautstärken-wechsel	<	cresc.	crescendo [kre'ʃendo]	lauter werden
	>	decresc.	decrescendo [dekre'ʃendo]	leiser werden
	>	dim.	diminuendo	leiser werden
Vorüber-gehende Betonung		fp	fortepiano	laut, sofort leise
		sf, sfz, fz	sforzato	hervorgehoben
	> v ' ^	marc.	marcato	hervorgehoben

Zusätzliche Bezeichnungen

Die Begriffe für Tempo, Lautstärke und Ausdruck können durch *zusätzliche Bezeichnungen* verdeutlicht werden.

molto	sehr
meno	weniger
più [pju:]	mehr
assai	sehr
quasi	gleichwie
(ma) non troppo	(aber) nicht zu sehr
sempre	immer
simile	ähnlich

Die Endsilbe *-issimo* bedeutet Steigerung, die Endsilbe *-etto* Abschwächung.

1 Notenschrift

1.5 Zeichen der formalen Gliederung

Doppel- und Schlussstrich

Der **Doppelstrich** (||) dient dazu, zwei Formteile voneinander abzutrennen.

Das Ende eines Stückes wird durch einen **Schlussstrich** dargestellt, der aus einer dünnen und einer dicken Linie besteht (|).

Wiederholungen

Soll ein Formabschnitt wiederholt werden, steht am Anfang des zu wiederholenden Abschnittes das **Wiederholungszeichen** „|:" und am Ende dieses Abschnittes das Wiederholungszeichen „:|". Das erste Zeichen steht am Anfang eines Stückes nach den Vorzeichen, fällt in vielen Stücken aber weg. Die Wiederholungszeichen stehen zumeist anstelle eines Taktstriches. Sie können aber auch innerhalb eines Taktes positioniert werden.

Die Grafik besagt, dass nach zweimaligem Spielen des Abschnitts a der Abschnitt b, daraufhin Abschnitt c zweimal gespielt wird (Ablauf: a a b c c).

Oft sind bei Wiederholungszeichen *Klammern* oder *Kästen* angebracht:

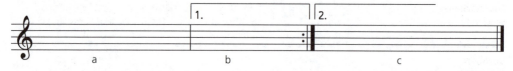

Hierbei wird beim ersten Mal bis zum Wiederholungszeichen gespielt, beim zweiten Mal wird Klammer 1 (bzw. Kasten 1) übersprungen und die zweite Klammer (bzw. Kasten 2) gespielt (Ablauf: a b a c).

Da capo und dal segno

Am Endes eines Musikstückes steht zuweilen: **da capo al fine** oder *d.c. al fine* (ital.: von vorne bis zum Schluss). Dies besagt, dass nach erstmaligem Spielen nochmals von vorne anzufangen ist und bis zum Wort *fine* oder bis zu einer (→) *Fermate* (⌢) zu wiederholen ist.

1.5 Zeichen der formalen Gliederung

Am Ende eines Stückes können auch folgende Bezeichnungen stehen: **dal segno al fine** [dal 'sɛnjo] (ital.: *il segno* – das Zeichen), *d.s. al fine* oder *dal 𝄋 al fine*. Diese bedeuten, dass nach erstmaligem Spielen nochmals ab dem Segno-Zeichen 𝄋 zu beginnen und bis zum Wort *fine* oder bis zu einer Fermate zu spielen ist.

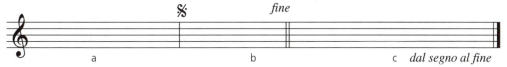

Ablauf: a b c b.

Al coda

Innerhalb eines Stückes steht zuweilen die Bezeichnung **da capo al coda** (ital.: *la coda* – der Schluss) oder *da capo al* ⊕ (*Coda-Zeichen*, auch *Kopf* genannt). Das heißt, dass zunächst bis zu *da capo al coda* zu spielen ist, darauf von vorne bis zu einer Stelle zu spielen ist, wo *al coda* oder ⊕ steht. Anschließend ist zur Coda (zum Schlussteil) zu springen, deren Beginn durch ⊕ oder *coda* markiert ist.

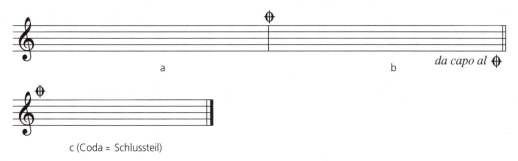

Ablauf: a b a c.

Das Coda-Zeichen erscheint auch öfter in Kombination mit dem Segno-Zeichen: *dal 𝄋 al* ⊕.

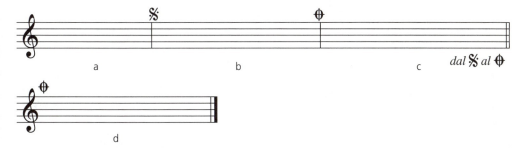

Ablauf: a b c b d.

1 Notenschrift

1.6 Zeichen der Verzierung

Im Folgenden werden die wichtigsten Zeichen für (→) *Verzierungen* und deren heute gebräuchlichen Ausführungen dargestellt. Die meisten *Verzierungen* verwenden Töne, die vom Hauptton eine (→) *Sekunde* entfernt sind.

Anmerkung: Wenn nicht anders vermerkt, ist dies stets die (→) *leitereigene* Sekunde; ein Triller auf h in D-Dur verwendet also die Töne h und cis. Soll die Sekunde nicht leitereigen sein, wird dies durch Vorzeichen über dem Zeichen der Verzierung notiert, z. B.: ♮tr~~~

Triller (Abkürzung: *tr*~~, selten ~~): rascher, mehrmaliger Wechsel zwischen dem notierten Ton und der darüberliegenden Sekunde

Kurzer Vorschlag (♪♩): kurze Note, die eine Sekunde über oder unter der Hauptnote liegt

Langer Vorschlag (♩♩): längere Note, die eine Sekunde über oder unter der Hauptnote liegt

Pralltriller (~~): schneller einmaliger Wechsel mit der darüberliegenden Sekunde

Mordent (~~): schneller einmaliger Wechsel mit der darunterliegenden Sekunde

Doppelschlag (∞): schneller Wechsel mit der darüber und darunter liegenden Sekunde

Arpeggio (harfenartig; von ital.: *l'arpa* – die Harfe): schneller (→) *gebrochener* Akkord

1.7 Weitere Abkürzungen

Glissando

Unter einem **Glissando** (franz.: *glisser* – gleiten; Abkürzung: *gliss.*) versteht man den kontinuierlichen Übergang von einem Ton zum nächsten, der deutlich ausgeführt und in einer Komposition vorgeschrieben ist (vgl. *Portamento*). Mit der menschlichen Stimme, auf (→) *Streichinstrumenten* und auf der (→) *Posaune* ist ein stufenloser Übergang möglich, da hier jede beliebige Tonhöhe erzeugt werden kann. Auf dem Klavier wird das Glissando durch schnelles Gleiten mit der Nagelseite der Finger über die (weißen oder schwarzen) Tasten erzeugt; hier ist ein stufenloser Übergang nicht möglich.

Verwandt mit dem *Glissando* ist das *Portamento*. Unter einem **Portamento** versteht man den kontinuierlichen Übergang von einem Ton zum nächsten, der in der Regel weniger deutlich ausgeführt ist und vom Komponisten nicht verlangt wird. Das Portamento wird im Gesang und bei Streichinstrumenten verwendet.

Wiederholungen von Tönen und Tongruppen

Für Wiederholungen von Tönen und Tongruppen haben sich abkürzende Schreibweisen eingebürgert.

Wiederholung von Tönen

1 Notenschrift

Wiederholungen von Tongruppen
Diese können durch das **Faulenzerzeichen** (✗.) notiert werden.

Unter einem **Tremolo** (ital.: *tremolare* – zittern; Abkürzung: *trem.*) versteht man

a) eine konstante schnelle Wiederholung eines Tones bzw. mehrerer gleichzeitig erklingender Töne oder

b) einen konstanten schnellen Wechsel zwischen zwei verschiedenen Tönen, deren Abstand größer als eine Sekunde ist.

Notiert wird das *Tremolo* in der Regel mit den oben angegebenen Abkürzungen. Die Ausführung kann rhythmisch exakt oder so schnell wie möglich sein.

1.8 Hinweise für korrekte Notenschrift

Schreibweise der Noten, Vorzeichen und Pausen

falsch   **richtig**

Am Anfang jedes Notensystems stehen zunächst der Schlüssel, anschließend die Vorzeichen. Die Taktangabe steht nur zu Beginn eines Stückes *nach* den Vorzeichen.

Die **Reihenfolge der Vorzeichen** am Anfang eines Notensystems sowie deren genaue Tonhöhe ist einzuhalten.

Ein **Vorzeichen** vor einer Note muss genau auf derselben Tonhöhe wie diese notiert werden.

1.8 Hinweise für korrekte Notenschrift

Größe der Noten. Noten zwischen zwei Linien sollen diese genau berühren. Noten auf einer Linie reichen jeweils genau bis zur Mitte der Zwischenräume.

Der **Abstand der Hilfslinien** untereinander muss genau so groß sein wie der Abstand der Notenlinien.

Die **Ganze Pause** „hängt" unter der 4. Linie, die **Halbe Pause** „liegt" auf der 3. Linie. Als Eselsbrücke für deren Unterschied kann man sich die Pause als Schinken vorstellen. Ein *hängender Schinken* (Ganze Pause) hält lange, ein *liegender Schinken* (Halbe Pause) wird bald gegessen. Ganze Pausen schreibt man in die Mitte des Taktes.

Gleichzeitig erklingende **Töne im Abstand einer Sekunde** werden nicht untereinander, sondern leicht versetzt notiert.

Halte- und Bindebögen befinden sich zumeist an den Notenköpfen gegenüber den Notenhälsen.

Werden zwei Stimmen in einem System notiert, wird von dieser Regel abgewichen.

1 Notenschrift

Wechseln in einem Stück die (generellen) Vorzeichen, so werden die neuen nach einem Doppelstrich angegeben. Nicht mehr gültige Vorzeichen werden durch Auflösungszeichen an den entsprechenden Stellen aufgelöst.

Anmerkung: Wenn am Anfang eines Notensystems Schlüssel, Vorzeichen oder Taktart wechseln, so wird dies bereits am Ende des vorigen Systems notiert.

Anmerkung: Bei Takten, die von einer Pause ausgefüllt werden, schreibt man unabhängig von der Taktart eine Ganze Pause (Ausnahme: 4/2-Takt).

Anmerkung: Wenn zwei Stimmen in einem Notensystem notiert sind und diese denselben Ton aufweisen, wird ein Notenkopf mit zwei Hälsen notiert. Treffen sich eine Note mit hohlem und eine mit ausgefülltem Notenkopf, werden die Noten nebeneinander angeordnet.

1.8 Hinweise für korrekte Notenschrift

Schreibweise des Rhythmus

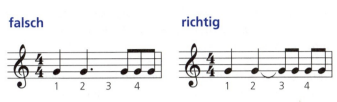

Bei Taktarten, die in zwei Hälften eingeteilt werden können, soll **der Beginn der zweiten Takthälfte** in der Regel durch eine Note oder eine Pause erkennbar sein. Dies dient der besseren Lesbarkeit. Wenn also eine Note über den Beginn der zweiten Takthälfte hinweg verläuft, muss sie mittels eines Haltebogens notiert werden. Entsprechendes gilt für eine Pause. Bei oft gebrauchten oder leicht eingängigen Rhythmen ist dies nicht nötig.

Ist eine Punktierung möglich, sollte kein Haltebogen verwendet werden, es sei denn, der Beginn der zweiten Takthälfte sollte verdeutlicht werden.

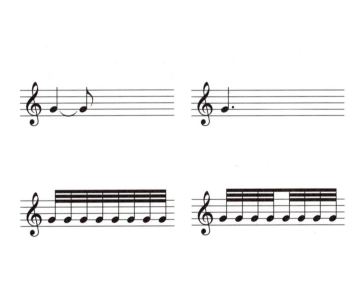

Anmerkung: Zum Zwecke der Übersichtlichkeit soll man zusammengehörige Notenwerte mit einem Balken verbinden. Bei Noten mit mehreren Balken kann durch die Unterbrechung des zweiten und der folgenden Balken eine Untergliederung vorgenommen werden.

Anmerkung: Balken werden üblicherweise nicht über den Taktstrich hinweggesetzt.

1 Notenschrift

Silbennotierung bei Vokalmusik

Erhält eine Silbe nur eine Note (→ *syllabische Textvertonung*), so steht diese einzeln; eine Achtelnote bekommt in diesem Fall also ein Fähnchen und darf nicht mit Balken versehen werden (Beispiel a).

Erklingen auf eine Silbe mehr als eine Note (→ *melismatische Textvertonung*), so müssen diese zusammengefasst werden. Das geschieht entweder durch *Balken* (Beispiel b), durch *Bindebogen* (Beispiel c) oder durch Kombination von beidem.

Im Jazz, Rock und Pop wird der Übersichtlichkeit halber von dieser Regel zuweilen abgewichen.

falsch

richtig

Weiterführende Literatur:
siehe Kapitel 2.

2 Grundsätzliches zu Tondauern, Intervallen, Akkorden und Tonleitern

2.1 Tondauer (Rhythmus, Puls, Takt, Taktarten)

Rhythmus

Unter einem **Rhythmus** versteht man eine Folge von Tondauern. Die folgenden beiden Tonfolgen haben beispielsweise denselben Rhythmus:

Puls

Musik besitzt einen **Puls**, wenn man in Gedanken regelmäßige Impulse unterlegen kann. Der Puls ist nicht eindeutig, zumeist ist aber ein bestimmter Puls naheliegend.

Beispiel:

Rhythmus:
möglicher Puls:
möglicher Puls:

Damit ein Puls unterlegt werden kann, müssen die Tondauern eine gewisse Regelmäßigkeit besitzen. Dies ist im Folgenden nicht der Fall:

Die Musik der meisten Kulturen besitzt einen Puls.

2 Grundsätzliches zu Tondauern, Intervallen, Akkorden und Tonleitern

Takt

Nicht jede Musik, die einen Puls besitzt, besitzt auch einen *Takt*. Der Begriff *Takt* hat zwei Bedeutungen. Musik besitzt einen **Takt (im weiteren Sinne)**, wenn ihr ein Puls unterlegt werden kann, der zusätzlich Betonungen aufweist. Die Betonungen sind dabei in unserer westlichen Musik im Großen und Ganzen regelmäßig, z. B.:

Die großen Noten stellen betonte Pulse dar, die kleinen unbetonte.
Im Beispiel a) ist jeder zweite Puls betont, im Beispiel b) jeder dritte. Im Beispiel c) ist die Betonung der Pulse unregelmäßig.

Die Betonungen können stark, leicht oder schwach sein.

Beispiel:

Die mittelgroßen Noten stellen hier schwach betonte Pulse dar.

Ein musikalischer Abschnitt, der von einem stark betonten Puls bis zum nächsten stark betonten reicht, heißt **Takt (im engeren Sinne)**. Der Anfang eines Taktes hat immer einen stark betonten Puls.

Im Notenbild trennt man Takte durch Taktstriche. Die erste Note nach einem Taktstrich ist also immer stark betont.

Taktarten

Die verschiedenen **Taktarten** unterscheiden sich durch die Folge der betonten und unbetonten Pulse. Sie werden in die Notenlinien als mathematischer Bruch geschrieben, wobei der „Bruchstrich" wegfällt (z. B. $\frac{3}{4}$).

Der oben stehende *Taktzähler* gibt die Zahl der Pulsschläge pro Takt an. Der unten stehende *Taktnenner* gibt den Notenwert des Pulses an.

In einem Takt werden Noten oder Pausen **Zählzeiten** zugeordnet, deren Anzahl mit dem Taktzähler übereinstimmt. Man unterscheidet zwischen *vollen Zählzeiten* und *Und-Zählzeiten*, die mit „u" bezeichnet werden, z. B.:

4/4:
Zählzeiten: 1 u 2 u 3 u 4 u | 1 u 2 u 3 u 4 u

2.1 Tondauer

Taktarten mit zwei Unterteilungen (zweiteilige Taktarten oder Zweiertakt)

2/4	♩	♩
2/2	ƒ	ƒ
Zählzeiten	1	2
Betonungen	betont	unbetont

Der 2/2-Takt wird auch *Alla-breve-Takt* genannt und auch mit ¢ bezeichnet.

Taktarten mit vier Unterteilungen (vierteilige Taktarten oder Vierertakte)

4/4, auch **C**	♩	♩	♩	♩
4/8	♪	♪	♪	♪
4/2	ƒ	ƒ	ƒ	ƒ
Zählzeiten	1	2	3	4
Betonungen	stark betont	unbetont	leicht betont	unbetont

Taktarten mit drei Unterteilungen (dreiteilige Taktarten oder Dreiertakte)

3/4	♩	♩	♩
3/8	♪	♪	♪
3/2	ƒ	ƒ	ƒ
Zählzeiten	1	2	3
Betonungen	stark betont	unbetont	schwach betont

Taktarten mit sechs Unterteilungen

6/8	♪	♪	♪	♪	♪	♪
6/4	♩	♩	♩	♩	♩	♩
Zählzeiten	1	2	3	4	5	6
Betonungen	stark betont	unbetont	unbetont	leicht betont	unbetont	unbetont

Der Unterschied zwischen Taktarten, bei denen die gleiche Zahl im *Taktzähler* steht, ist sehr gering. Allgemein ist bei schnelleren Tempi der *Taktnenner* eher größer; ein Stück im 2/4-Takt ist also schneller als eines im 2/2-Takt. Die Taktarten besitzen auch verschiedene Charaktere; ein 3/4-Takt ist beispielsweise beschwingter als ein 3/2-Takt.

2 Grundsätzliches zu Tondauern, Intervallen, Akkorden und Tonleitern

Weitere Taktarten. Taktarten mit 12 Unterteilungen sind u. a. der 12/8-Takt. Hier ist die 1. Zählzeit stark betont, die 4., 7. und 9. Zählzeit sind jeweils leicht betont. Ähnlich verhält es sich beim 9/8-Takt. Die 1. Zählzeit ist stark betont, die 4. und 7. Zählzeit sind jeweils leicht betont.

Zwei- und vierteilige Taktarten heißen auch **gerade**, drei-, sechs-, neun- und zwölfteilige auch **ungerade Taktarten**.

Besonders in der europäischen Volksmusik gibt es **unregelmäßige Taktarten**, d.h. solche, deren starke und leichte Betonungen unregelmäßig sind (5/4, 5/8, 7/4, 7/8, 11/8 usw.). Die Struktur der Betonungen ist hierbei nicht festgelegt: Ein 5/4-Takt beispielsweise kann neben der starken Betonung auf der 1. Zählzeit entweder auf der 3. oder auf der 4. eine leichte Betonung aufweisen.

Es gibt noch weitere Taktarten, insbesondere solche, in denen im Taktnenner eine 16 steht.

Taktwechsel

Unter einem **Taktwechsel** versteht man den kurzzeitigen oder dauerhaften Wechsel der Taktart innerhalb eines Stückes, z. B.:

Volltakt – Auftakt

Beginnt ein Stück mit der 1. Zählzeit eines Taktes, so spricht man von einem **Volltakt** oder *volltaktigen Beginn*. Beginnt ein Stück nicht mit der 1. Zählzeit, so besitzt es, wie im unteren Beispiel, einen **Auftakt** oder *auftaktigen Beginn*. Der letzte und der erste Takt müssen zusammen einen vollen Takt ergeben.

Dirigierfiguren

Den verschiedenen Taktarten entsprechen unterschiedliche **Dirigierfiguren**. Die erste Zählzeit wird immer durch einen Schlag der Hand nach unten dargestellt.

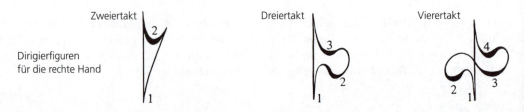

2.2 Intervalle

Grobbestimmung der Intervalle

Unter einem **Intervall** (lat.: *intervallum* – der Zwischenraum) versteht man den Abstand zweier Töne. Diese können dabei gleichzeitig oder hintereinander erklingen. Die Bezeichnungen für die Intervalle stammen aus dem Lateinischen (*primus* – der erste, *secundus* – der zweite, etc.). Beim Abzählen ist der erste Ton jeweils mitzurechnen.

| Prime | Sekunde | Terz | Quarte | Quinte | Sexte | Septime, Septe | Oktave | None | Dezime | Undezime | Duodezime | Tredezime |

Reine, große und kleine Intervalle

Intervalle, die auf dem Liniensystem gleich groß aussehen, also z. B. die Terzen *e–g* und *f–a*, sind in Wirklichkeit nicht gleich groß, da die Anzahl der Halbtonschritte verschieden ist. Man unterscheidet daher bei manchen Intervallen **große** und **kleine**. Von der Quarte, der Quinte und der Oktave gibt es keine kleinen und großen; man nennt diese **reine Intervalle**.

Anmerkung: Intervalle werden noch unterschieden in (→) *konsonant* und (→) *dissonant*.

Halbtonschritte	Intervall	Art
0	Prime	konsonant
1	kleine Sekunde (Halbtonschritt)	dissonant
2	große Sekunde (Ganztonschritt)	dissonant
3	kleine Terz	konsonant
4	große Terz	konsonant
5	reine Quarte	dissonant
6	(Tritonus)	dissonant
7	reine Quinte	konsonant
8	kleine Sexte	konsonant
9	große Sexte	konsonant
10	kleine Septime	dissonant
11	große Septime	dissonant
12	reine Oktave	konsonant

Übermäßige und verminderte Intervalle

Alle Intervalle können *übermäßig* und *vermindert* sein. Ein **übermäßiges Intervall** ist um einen Halbtonschritt größer als ein großes bzw. reines Intervall, z. B. ist c^1–dis^1 eine übermäßige Sekunde.

Entsprechend ist ein **vermindertes Intervall** um einen Halbtonschritt kleiner als ein kleines bzw. reines Intervall; z. B. ist gis^1-b^1 eine verminderte Terz.

Die übermäßige Quarte und die verminderte Quinte heißen auch **Tritonus**, weil dieses Intervall aus drei Ganztonschritten besteht.

Anmerkung: Sehr selten kommen folgende Intervalle vor. Ein *doppelt übermäßiges Intervall* ist um einen Halbtonschritt größer als das entsprechende übermäßige Intervall. Ein *doppelt vermindertes Intervall* ist um einen Halbtonschritt kleiner als das entsprechende verminderte Intervall.

Zur Bestimmung von Intervallen

Man bestimmt zunächst den Namen des Intervalls, indem man die Vorzeichen weglässt. Das Intervall e^1-as^1 beispielsweise ist eine Quarte, da (nach Weglassen der Vorzeichen) e^1-a^1 auch eine Quarte ist.

Anschließend zählt man die Halbtonschritte des ursprünglichen Intervalls und bestimmt, ob es groß, klein, übermäßig usw. ist. Das Intervall e^1-as^1 besteht aus vier Halbtonschritten, somit liegt eine verminderte Quarte vor.

2.3 Akkorde

Ein **Akkord** ist ein Zusammenklang von mehreren (zumeist mindestens drei) verschiedenen Tönen (also solchen mit unterschiedlichen Tonnamen).

Dreiklänge

Unter einem **Dreiklang im weiteren Sinne** versteht man einen Akkord aus drei verschiedenen Tönen. Ein **Dreiklang im engeren Sinne** besteht aus zwei Terzen.

Es gibt vier gebräuchliche Dreiklänge im engeren Sinne:

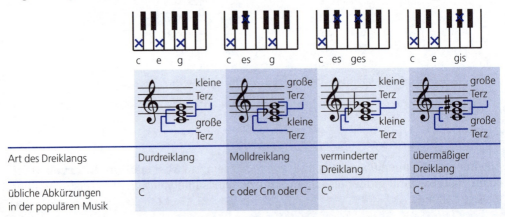

Art des Dreiklangs	Durdreiklang	Molldreiklang	verminderter Dreiklang	übermäßiger Dreiklang
übliche Abkürzungen in der populären Musik	C	c oder Cm oder C-	C⁰	C+

2.3 Akkorde

Man nennt den untersten Ton **Grundton**. Der mittlere heißt **Terzton**, weil er eine Terz über dem Grundton liegt. Darüber befindet sich der **Quintton**, weil er eine Quinte über dem Grundton liegt.

                           Quintton
                           Terzton
                           Grundton

Es empfiehlt sich, *Terzton* bzw. *Quintton* statt *Terz* bzw. *Quinte* zu sagen, um Verwechslungen zwischen einem Ton und einem Intervall zu vermeiden.

Erklingen die Töne eines Dreiklangs hintereinander, liegt ein **gebrochener Dreiklang** vor:

Auf englisch wird *Dur* mit *major* und *Moll* mit *minor* bezeichnet. Im Italienischen heißt *Dur maggiore* und *Moll minore*.

Konsonant und dissonant

Intervalle und Akkorde sind grundsätzlich entweder *konsonant* oder *dissonant*. **Konsonant** kann mit *wohlklingend* (lat.: *consonare* – zusammentönen) übersetzt werden, **dissonant** mit *spannungsvoll* (lat.: *dissonus* – verschieden tönend).

Auch ein einzelner Ton kann manchmal ein dissonanter Ton sein.

Konsonante Intervalle und Akkorde, kurz *Konsonanzen*, sind nicht auflösungsbedürftig, d. h. sie können beliebig hintereinander gesetzt werden. *Dissonanzen* werden zumeist nach bestimmten Regeln in Konsonanzen weitergeführt.

Der Dur- und Moll-Dreiklang sind konsonant; der verminderte und übermäßige Dreiklang sind dissonant. Fast alle Akkorde mit mehr als drei verschiedenen Tönen sind dissonant.

Akkordeigene und akkordfremde Töne

Töne einer Melodie, die in einem Akkord vorkommen, der zur Begleitung dient, nennt man **akkordeigene Töne**. Töne, die nicht im Akkord vorkommen, heißen **akkordfremde Töne**. Akkordfremde Töne sind immer dissonant. Sie stehen zumeist auf (→) *unbetonten Zählzeiten*. (vgl. auch 15.2.)

Akkordfremde Töne sind rot markiert.   A. Vivaldi: Die vier Jahreszeiten, aus: Op. 8, Der Frühling, 1. Satz, Beginn

2 Grundsätzliches zu Tondauern, Intervallen, Akkorden und Tonleitern

Umkehrungen von Akkorden

Eine **Umkehrung eines Akkordes** liegt vor, wenn der Grundton nicht in der untersten Stimme liegt. Man konstruiert die erste Umkehrung, indem man den untersten Ton eine Oktave höher legt. Entsprechend ist mit den folgenden Umkehrungen zu verfahren.

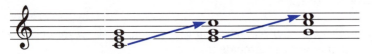

	Grundstellung	1. Umkehrung	2. Umkehrung	
Schreibweisen	C	C₃	C₅	C₃ bedeutet: C-Dur-Akkord mit Terzton (3) in der Unterstimme.
	C	C/E	C/G	C/E heißt: C-Dur-Akkord mit dem Ton E in der Unterstimme.

Enge und weite Lage

Ein Akkord besitzt **enge Lage**, wenn die *Oberstimmen*, d.h. alle Stimmen außer der *Unterstimme*, ganz dicht beisammen liegen. Der Abstand der Unterstimme zur zweituntersten ist beliebig. Ein Akkord besitzt **weite Lage**, wenn die Oberstimmen weiter auseinander liegen (eine Quinte und mehr).

Anmerkung: Liegen die Töne der Oberstimme zum Teil eng beisammen, zum Teil weit auseinander, spricht man von *gemischter Lage*.

Man bestimmt Akkorde in weiter und gemischter Lage, indem man die oberen Töne so dicht wie möglich *über* den untersten legt.

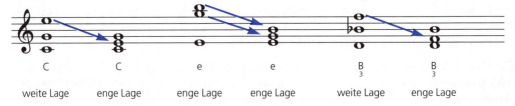

Verdopplung und Auslassung von Tönen

Wenn zu einem Dreiklang ein weiterer Dreiklangston eine oder mehrere Oktaven höher hinzutritt, spricht man von **Verdopplung** eines Dreiklangstons. Der Akkord bleibt ein Dreiklang, aber er wird **vierstimmig**.

dreistimmiger Dreiklang   vierstimmiger Dreiklang   fünfstimmiger Dreiklang

Ein *vierstimmiger Dreiklang* ist zu unterscheiden von einem (→) *Vierklang*.

2.3 Akkorde

In Dreiklängen und (→) *Septakkorden* kann der *Quintton* weggelassen werden, ohne dass sich der Akkord ändert.

Vierklänge

Einführung. Ein **Vierklang im weiteren Sinne** ist ein Akkord mit vier verschiedenen Tönen.

Unter einem **Vierklang im engeren Sinne** versteht man einen Akkord, der aus einem Dreiklang im engeren Sinne und einer Septime oder Sexte über dem Grundton besteht.

Septakkorde. Unter einem **Septakkord** versteht man einen Vierklang, der aus einem Dreiklang und einer Septime über dem Grundton besteht. Der oberste Ton heißt **Septton**. Er liegt eine Terz über dem Quintton.

Die gebräuchlichen Septakkorde und deren übliche Bezeichnungen sind (die beiden zuletzt genannten sind selten):

	kleine Terz	große Terz	kleine Terz	große Terz
Art des Akkords	Durdreiklang mit kleiner Septime	Durdreiklang mit großer Septime	Molldreiklang mit kleiner Septime	Molldreiklang mit großer Septime
Bezeichnung	**kleiner Durseptakkord**	**großer Durseptakkord**	**kleiner Mollseptakkord**	**großer Mollseptakkord**
übliche Abkürzungen in der populären Musik	C^7	C^{7+}, C^{maj7}	c^7, Cm^7, C^{-7}	c^{7+}, C^{-maj7}, c^{maj7}

	große Terz	kleine Terz	große Terz	verminderte Terz
Art des Akkords	verminderter Dreiklang mit kleiner Septime	verminderter Dreiklang mit verminderter Septime	hartverminderter Dreiklang mit kleiner Septime	übermäßiger Dreiklang mit kleiner Septime
Bezeichnung	**halbverminderter Septakkord**	**verminderter Septakkord**	**hartverminderter Septakkord**	
übliche Abkürzungen in der populären Musik	$C^{5-/7}$, C^{-7b5}, $C^{\emptyset}$	C^{07}, C^0	$C^{5-/7}$	C^{+7}

Quintsextakkorde. Unter einem **Quintsextakkord** versteht man einen Akkord, der aus einem Dreiklang und einer Sexte über dem Grundton besteht. Der oberste Ton heißt **Sextton**. Er liegt eine Sekunde über dem Quintton. Die gebräuchlichen Quintsextakkorde und deren übliche Bezeichnungen sind folgende:

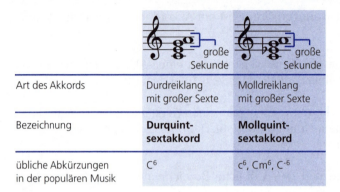

Art des Akkords	Durdreiklang mit großer Sexte	Molldreiklang mit großer Sexte
Bezeichnung	**Durquintsextakkord**	**Mollquintsextakkord**
übliche Abkürzungen in der populären Musik	C⁶	c⁶, Cm⁶, C⁻⁶

Weitere Vierklänge. Vierklänge können auch entstehen, indem auf einem Ton ein Dreiklang aufgebaut wird, der diesen Ton nicht enthält.

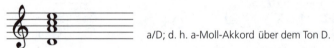

a/D; d. h. a-Moll-Akkord über dem Ton D.

Umkehrungen von Vierklängen. Diese entsprechen den (→) *Umkehrungen von Dreiklängen.*

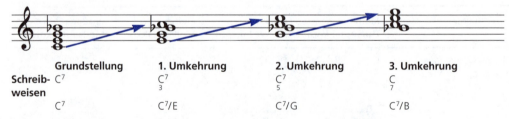

	Grundstellung	1. Umkehrung	2. Umkehrung	3. Umkehrung
Schreibweisen	C⁷	C⁷₃	C⁷₅	C₇
	C⁷	C⁷/E	C⁷/G	C⁷/B

Zur Schreibweise siehe Umkehrungen von Dreiklängen.

Fünfklänge

Ein **Fünfklang** ist ein Akkord mit fünf verschiedenen Tönen.

Unter einem **Septnonakkord** versteht man einen Akkord, der aus einem Septakkord und einer None über dem Grundton zusammengesetzt ist. Man bezeichnet den obersten Ton als **Nonton**. Er liegt eine Terz über dem Septton.

Gebräuchlich sind zwei Septnonakkorde:

	große Terz	kleine Terz
Art des Akkords	kleiner Dursept-akkord mit *großer* None	kleiner Dursept-akkord mit *kleiner* None
Bezeichnung	**großer Septnonakkord**	**kleiner Septnonakkord**
übliche Abkürzungen in der populären Musik	C^9	C^{9-}

2.4 Tonleitern und Hauptdreiklänge in Dur-Tonarten (mit Quintenzirkel)

Eine **Tonleiter** oder **Skala** (ital.: *la scala* – die Leiter) ist eine Folge von jeweils stetig auf- oder absteigenden Tönen in kleinen Intervallen. Die am weitesten verbreiteten Tonleitern sind die Dur- und die Moll-Tonleitern.

Die Begriffe *Tonleiter* und (→) *Tonart* sind zu unterscheiden. Dur und Moll werden allgemein als **Tongeschlechter** bezeichnet.

Die Dur-Tonleiter

Die **Dur-Tonleiter** besteht aus 5 Ganztonschritten und den Halbtonschritten zwischen dem dritten und vierten sowie zwischen dem siebten und achten Ton. Der achte Ton liegt eine Oktav höher als der erste.

Die einfachste Dur-Tonleiter ist die C-Dur-Tonleiter, die durch die weißen Tasten des Klaviers dargestellt ist. Die C-Dur-Tonleiter kann *transponiert* werden. Unter **Transponieren** bzw. **Transposition** versteht man das Versetzen eines Musikabschnittes nach oben oder unten, wobei die Intervalle und Rhythmen genau beibehalten werden (vgl. *Versetzung*).

Auf der Tastatur können Tonleitern konstruiert werden, indem man die Ganz- und Halbtonschritte in der richtigen Reihenfolge überträgt. Bei den Namen der Töne ist zu beachten, dass jeder (→) *Stammton* genau einmal vorkommt. Daraus ergibt sich beispielsweise eindeutig, dass der vierte Ton in der Es-Dur-Tonleiter nicht gis heißen kann, sonst käme der Stammton g zweimal vor und der Stammton a überhaupt nicht.

2 Grundsätzliches zu Tondauern, Intervallen, Akkorden und Tonleitern

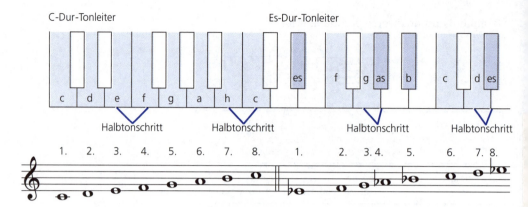

Der 7. Ton einer Tonleiter heißt **Leitton**. Er steht eine kleine Sekunde unter dem Grundton und hat die Tendenz, sich zum Grundton nach oben aufzulösen.

Der Quintenzirkel

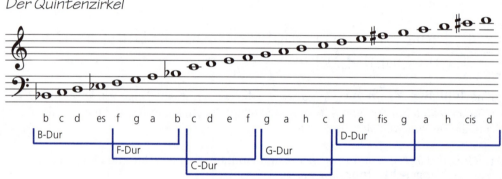

Die Dur-Tonleiter von *g* aus, also einer Quinte über *c*, enthält die Töne der C-Dur-Tonleiter außer dem *f*, stattdessen *fis*. Die Dur-Tonleiter auf *d*, also einer Quinte über *g*, enthält die Töne der G-Dur-Tonleiter außer dem Ton *c*, stattdessen *cis*; die D-Dur-Tonleiter hat also als Vorzeichen *fis* und *cis*. – Dies kann man weiter fortsetzen. Wenn also auf dem Quintton einer Tonleiter eine neue Tonleiter aufgebaut wird, so besitzt die neue Tonleiter ein Kreuz mehr als die alte. Dies veranschaulicht die rechte Seite des *Quintenzirkels* (siehe folgende Seite).

Die Dur-Tonleiter vom *f* aus, also einer Quinte unter *c*, enthält die Töne der C-Dur-Tonleiter außer dem *h*, stattdessen *b*.

Dies kann man entsprechend weiter fortsetzen. Wenn also eine Quinte unter dem Grundton einer Tonleiter eine neue Tonleiter aufgebaut wird, so besitzt die neue Tonleiter ein Be mehr als die alte. Dies veranschaulicht die linke Seite des *Quintenzirkels* (siehe folgende Seite). Am unteren Ende schließt sich der Kreis, da die Töne Ges und Fis identisch sind.

Würde man eine Quinte unter *ges* eine Tonleiter aufbauen, erhielte man Ces-Dur. Ces-Dur hat 7 Be. Einfacher ist es, stattdessen H-Dur zu schreiben.

2.4 Tonleitern und Hauptdreiklänge in Dur-Tonarten

Quintenzirkel (Kreis, der den Zusammenhang von Dur-Tonleitern und Vorzeichen veranschaulicht):

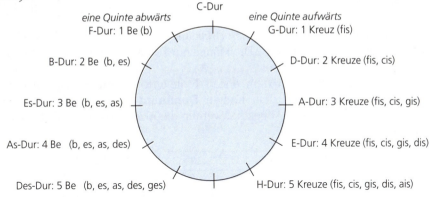

Vorzeichen, die für ein ganzes Stück gelten, werden am Anfang jedes Notensystems gesetzt. Dabei ist die Reihenfolge und die Lage der Vorzeichen immer dieselbe (zur Lage der Vorzeichen im Bassschlüssel siehe 2.5).

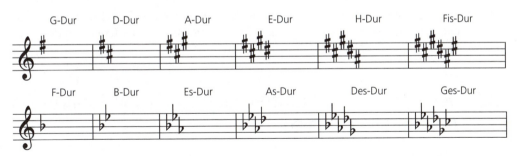

Merkspruch für die Tonleitern mit Kreuzen: **G**eh, **d**u **a**lter **E**mil, **h**ole **Fis**che.
Anzahl der Kreuze: 1   2   3   4   5   6

Merkspruch für die Tonleitern mit Be: **F**rische **B**rötchen **es**sen **As**se **des** **Ges**angvereins.
Anzahl der Be: 1   2   3   4   5   6

Anmerkung: Wenn man diese Sprüche und die Namen der Vorzeichen kennt, kann man leicht Dur-Dreiklänge bilden. Will man z. B. den A-Dur-Dreiklang konstruieren, suche man zunächst den Dreiklang auf a ohne Vorzeichen; er lautet: a–c–e. Nun sind noch mögliche Vorzeichen zu bestimmen. A-Dur besitzt gemäß den Sprüchen fis, cis und gis; demnach lautet der A-Dur-Dreiklang: a–cis–e.

2 Grundsätzliches zu Tondauern, Intervallen, Akkorden und Tonleitern

Hauptdreiklänge in Dur

Mit den *Hauptdreiklängen* einer Tonleiter kann man viele einfache Lieder begleiten, denen diese Tonleiter zugrunde gelegt ist.
Hauptdreiklänge sind die *leitereigenen* Dreiklänge auf dem 1., 4. und 5. Tonleiterton. **Leitereigen** bedeutet hierbei, dass die Dreiklänge nur Tönen der zugrunde gelegten Tonleiter entnommen sind.
Man nennt den Dreiklang auf dem ersten Tonleiterton **Tonika**, den auf dem vierten **Subdominante** und den auf dem fünften **Dominante**. Diese Bezeichnungen heißen (→) *Funktionsbezeichnungen*. Abgekürzt werden die Akkorde in Dur mit großen Buchstaben (T, S, D).

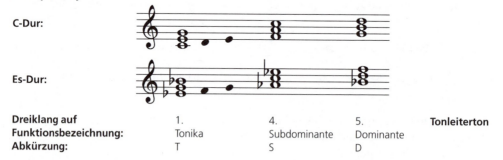

Dreiklang auf	1.	4.	5.	Tonleiterton
Funktionsbezeichnung:	Tonika	Subdominante	Dominante	
Abkürzung:	T	S	D	

Man findet die Hauptdreiklänge auch mittels des Quintenzirkels. Der Grundton der Subdominante liegt um einen Quintschritt gegen den Uhrzeigersinn. Der Grundton der Dominante liegt um einen Quintschritt im Uhrzeigersinn.

2.5 Tonleitern und Hauptdreiklänge in Moll-Tonarten (mit Parallel-Tonarten)

Natürliche Moll-Tonleiter und parallele Tonleitern

Die **natürliche Moll-Tonleiter** besteht aus 5 Ganztonschritten und 2 Halbtonschritten zwischen dem zweiten und dritten sowie zwischen dem fünften und sechsten Ton. Die einfachste Moll-Tonleiter ist die a-Moll-Tonleiter, die durch die weißen Tasten des Klaviers dargestellt ist. Man kennzeichnet Moll-Tonleitern mit kleinen Anfangsbuchstaben.

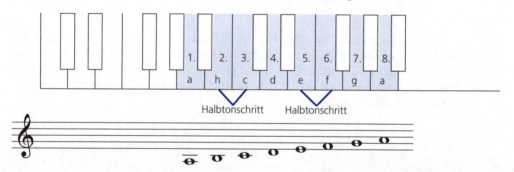

2.5 Tonleitern und Hauptdreiklänge in Moll-Tonarten

Die natürliche a-Moll-Tonleiter besitzt dieselben Töne wie die C-Dur-Tonleiter. Die a-Moll-Tonleiter ist somit die **parallele Moll-Tonleiter** der C-Dur-Tonleiter. Zu jeder Dur-Tonleiter gibt es eine parallele Moll-Tonleiter. Der erste Ton der Moll-Tonleiter liegt eine kleine Terz unter dem ersten Ton der parallelen Dur-Tonleiter. Anders ausgedrückt ist der sechste Ton einer Dur-Tonleiter der Anfangston der parallelen Moll-Tonleiter.

Die Vorzeichen zu Anfang jedes Notensystems eines Stückes können also immer entweder auf eine Dur- oder eine Moll-Tonleiter verweisen, sodass sich folgende Übersicht ergibt:

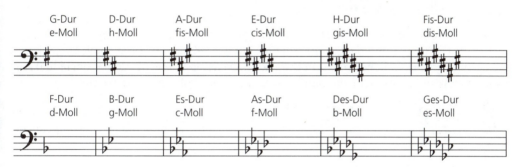

Andere Moll-Tonleitern

Während in einem einfachen Stück in Dur selten andere Töne als diejenigen der zugrunde liegenden Tonleiter vorkommen, ist das in Moll nicht der Fall. Hier werden oft der 6. und/oder 7. Tonleiterton erhöht. Durch Kombination der verschiedenen Erhöhungen entstehen unterschiedliche Moll-Tonleitern:

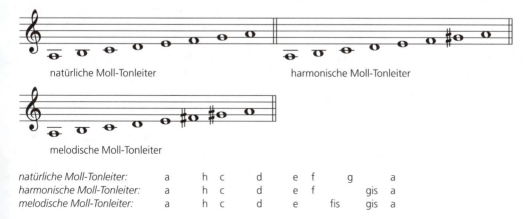

natürliche Moll-Tonleiter:	a	h	c	d	e	f	g	a
harmonische Moll-Tonleiter:	a	h	c	d	e	f	gis	a
melodische Moll-Tonleiter:	a	h	c	d	e	fis	gis	a

Die **harmonische Moll-Tonleiter** besitzt zwischen dem 2. und 3. Ton einen Halbtonschritt sowie zwischen dem 6. und 7. Ton einen übermäßigen Sekundschritt. Die **melodische Moll-Tonleiter** besitzt zwischen dem 2. und 3. sowie zwischen dem 7. und 8. Ton einen Halbtonschritt.

Zu beachten ist, dass es zwar unterschiedliche *Moll-Tonleitern*, aber nicht unterschiedliche *Moll-Tonarten* gibt. Innerhalb eines Stückes in Moll erscheinen Ausschnitte aus den verschiedenen Moll-Tonleitern. Zumeist sind nach oben verlaufende Moll-Tonleitern melodisch, nach unten verlaufende natürlich.

Anmerkung: Zu erklären sind die verschiedenen Tonleitern damit, dass in der natürlichen Moll-Tonleiter kein (→) *Leitton* vorkommt. Zur Bildung des Leittons muss der 7. Tonleiterton erhöht werden. Der nun entstehende übermäßige Sekundschritt wird oft überbrückt, indem auch der 6. Tonleiterton erhöht wird.

Hauptdreiklänge in Moll

Wie bei Durtonarten liegen die Hauptdreiklänge bei Molltonarten auf dem 1., 4. und 5. Tonleiterton. Die Tonika und die Subdominante sind leitereigene Akkorde, somit Mollakkorde. Die Dominante ist üblicherweise ein Durakkord. Da der leitereigene Akkord ein Mollakkord wäre, muss der Terzton der Dominante somit um einen Halbton erhöht werden.

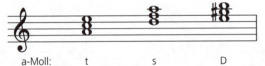

Mollakkorde bei Funktionszeichen werden mit kleinen Buchstaben abgekürzt.

a-Moll: t   s   D

Anmerkung: Dass die Dominante ein Durakkord ist, liegt in Folgendem begründet: Der 7. Ton einer Moll-Tonleiter wird bei Melodien oft erhöht, damit er zum (→) *Leitton* wird. Dieser ist der Terzton der Dominante.

Definition und Finden der (Haupt-)Tonart eines Stückes

Ein Stück steht in einer bestimmten **Tonart**, wenn seine Töne hauptsächlich der entsprechenden Tonleiter entnommen sind und es hauptsächlich mittels der entsprechenden Hauptdreiklänge begleitet werden kann. Wenn man also die Tonart eines Musikstückes bestimmen will, so schaut man zuerst auf die Vorzeichen. Diese können entweder eine Dur- oder eine Molltonart darstellen. Da ein Stück zumeist mit dem Grundton aufhört, ist es möglich, durch den letzten Ton die Tonart zu identifizieren.

Bei Molltonarten stammen die Töne aus der melodischen, harmonischen und natürlichen Moll-Tonleiter (in a-Moll kommen also sowohl f und fis, als auch g und gis vor). Nicht selten ist der siebte Tonleiterton erhöht. Wenn der Schluss nicht eindeutig ist, kann man daher auch anhand der direkt vor den Noten stehenden Vorzeichen erkennen, ob die mögliche Dur- oder Moll-Tonleiter vorliegt.

2.6 Weitere Tonleitern

Chromatische Tonleiter

Die **chromatische Tonleiter** besteht nur aus *Halbtonschritten*. Sie enthält 12 Töne; der 13. Ton liegt eine Oktave über dem ersten.

Zur Ersparnis von Vorzeichen wird die chromatische Tonleiter aufwärts mit Kreuzen und abwärts mit Be notiert.

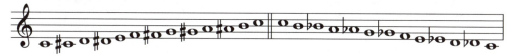

Der Gegenbegriff zu *chromatisch* ist *diatonisch*. Eine **diatonische Tonleiter** besteht aus Ganz- und Halbtonschritten.

Ganztonleiter

Eine **Ganztonleiter** besteht nur aus Ganztonschritten. Sie enthält 6 verschiedene Töne; der 7. Ton liegt eine Oktave über dem ersten.

Es gibt nur diese beiden Ganztonleitern. Die auf d konstruierte hat die gleichen Töne wie diejenige auf c.

Ausschnitte aus Ganztonleitern werden zuweilen in der Kunstmusik des 20. Jahrhunderts verwendet.

Pentatonische Tonleitern

Unter einer **pentatonischen Tonleiter** (*Pentatonik*, griech.: Fünftönigkeit) versteht man eine Leiter, die aus fünf verschiedenen Tönen besteht. Der 6. Ton liegt eine Oktave über dem ersten.

Halbtonlose pentatonische Tonleiter. Verbreitet ist die **halbtonlose pentatonische Tonleiter**. Diese besteht aus zwei nicht nebeneinanderliegenden kleinen Terzen und drei großen Sekunden, deren Lage nicht genau festgelegt ist.

Beispiele für halbtonlose pentatonische Tonleiter:

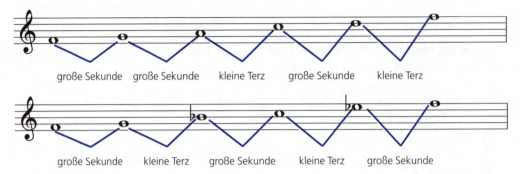

Aus der Definition folgt, dass es in der halbtonlosen Pentatonik keinen Grundton gibt, wobei natürlich diese in grundtonbezogener Musik vorkommen kann.

Die schwarzen Tasten des Klaviers bilden eine halbtonlose pentatonische Tonleiter. Man findet leicht weitere, indem man diese Tonleiter transponiert.

Halbtonlose pentatonische Tonleitern sind beispielsweise zu finden in nicht-westlichen Kulturen, Spirituals, Kinderliedern und in der Werbemusik. – Diese Tonleitern eignen sich besonders zum Improvisieren.

Andere pentatonische Tonleitern. Es gibt eine Reihe von anderen pentatonischen Tonleitern, die in unserer Kultur aber nicht verbreitet sind.

Kirchentonleitern

Unter einer **Kirchentonleiter** versteht man eine Tonleiter auf einem (→) *Stammton* als Grundton, die nur aus Stammtönen besteht, sowie deren Transpositionen.

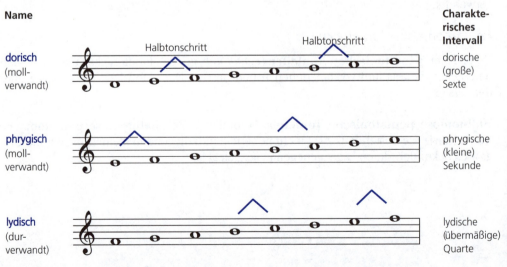

2.6 Weitere Tonleitern

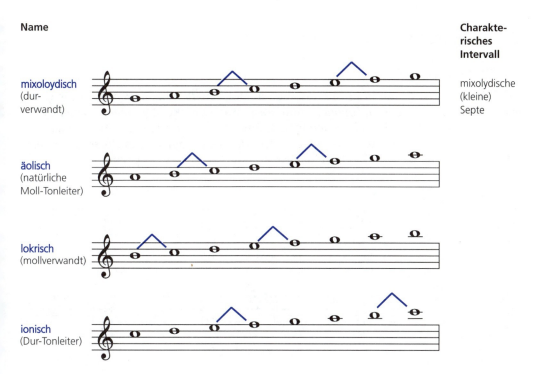

Durverwandt nennt man Kirchentonleitern, deren dritter Ton wie bei der Durtonleiter eine große Terz über dem Grundton liegt. *Mollverwandt* sind solche, deren dritter Ton sich eine kleine Terz über dem Grundton befindet. Die charakteristischen anderen Intervalle unterscheiden die Kirchentonleitern von den jeweils verwandten Dur- bzw. Moll-Tonleitern.

Kirchentonleitern können auch transponiert werden.

Beispiel:

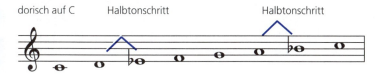

Ähnlich wie zwischen Dur-Tonleiter und Dur-Tonart muss zwischen (→ Bd. II) *Kirchentonart* und *Kirchentonleiter* unterschieden werden. Beide wurden im 9. Jahrhundert n. Chr. festgelegt. Letztere basieren auf Tonleitern der griechischen Musik, wie die Namen verdeutlichen. Während die Definition der Kirchentonarten sehr kompliziert ist und öfter gewechselt hat, lebt diejenige der Kirchentonleitern unverändert fort. Heute werden Kirchentonleitern besonders in der Jazztheorie für die Improvisation angewandt.

2.7 Weitere Akkord-Funktionen

Dominantseptakkord

Die Dominante wird sowohl in Dur- als auch in Moll-Tonarten häufig *durch Hinzufügung einer kleinen Septe über dem Grundton* zum **Dominantseptakkord** erweitert (Schreibweise: D^7). Die kleine Septe ist in Dur- und in Moll-Tonarten immer leitereigen. Man findet den Septton, indem man über dem Quintton des Akkordes der Dominante eine leitereigene Terz bildet; diese ist immer klein. Der Dominantseptton wird auch *Gleitton* genannt.

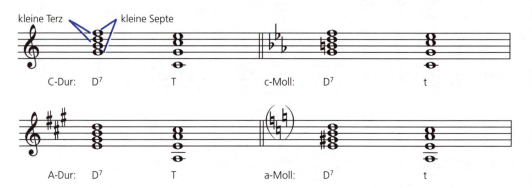

Die Dominante erhält durch den Septton mehr Spannung; sie wird zum (→) *dissonanten Akkord*. Wie alle dissonanten Akkorde wird auch der Dominantseptakkord in der Regel aufgelöst. Dies geschieht im Allgemeinen, indem der Dominantseptton stufenweise (= sekundschrittweise) nach unten weitergeführt wird.

Subdominanten mit Sexte

Zu den Subdominanten mit Sexte gehören S^6 und die *Subdominante mit sixte ajoutée*.

S^6. Die Subdominante wird sowohl in Dur- als auch in Moll-Tonarten *mittels Ersetzung des Quinttones durch eine große Sexte über dem Grundton der Subdominante* zum S^6. Die große Sexte ist in Dur- und in Molltonarten immer leitereigen. Man findet den Sextton, indem man über dem Quintton der Subdominante eine leitereigene Sekunde bildet; diese ist immer groß.

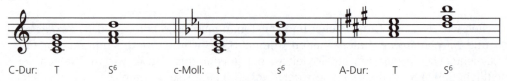

Der S^6 ist ein (→) *konsonanter* Dreiklang und somit nicht auflösungsbedürftig.

2.7 Weitere Akkord-Funktionen

Die Subdominante mit sixte ajoutée. Die Subdominante wird durch Hinzufügung des leitereigenen Sexttones zum Dreiklang zur **Subdominante mit sixte ajoutée** (hinzugefügte Sexte) (S_5^6).

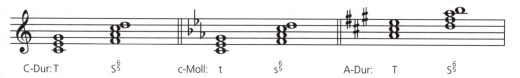

| C-Dur: T | S_5^6 | c-Moll: t | s_5^6 | A-Dur: T | S_5^6 |

Die *Subdominante mit sixte ajoutée* ist ein Vierklang, d.h. sie besteht aus vier verschiedenen Tönen. Dieser Akkord kann als konsonant aufgefasst werden und ist somit nicht auflösungsbedürftig.

Nebendreiklänge bei Durtonarten

In vielen Stücken erscheinen außer den *Hauptdreiklängen* auch *Nebendreiklänge*. Mit Haupt- und Nebendreiklängen kann man Musikstücke auf sehr abwechslungsreiche Weise begleiten.

Bildet man auf den Tönen der Dur-Tonleiter die leitereigenen Dreiklänge, so erhält man folgende Akkorde:

Dreiklang auf	1.	2.	3.	4.	5.	6.	7. Tonleiterton
Art des Akkordes	Dur	Moll	Moll	Dur	Dur	Moll	vermindert
Stufenbezeichnung	I	II	III	IV	V	VI	VII
Funktionsbezeichnung	Tonika	Subdominantparallele	Dominantparallele	Subdominante	Dominante	Tonikaparallele	
Abkürzung	T	Sp	Dp	S	D	Tp	

Wie bekannt, sind die Akkorde auf dem 1., 4. und 5. Tonleiterton Durakkorde; sie stellen die Hauptdreiklänge oder Hauptfunktionen dar.

Nebendreiklänge oder **Nebenfunktionen** bei Durtonarten nennt man die leitereigenen Dreiklänge auf dem 2., 3. und 6. Tonleiterton; sie sind Mollakkorde.

2 Grundsätzliches zu Tondauern, Intervallen, Akkorden und Tonleitern

Eine bequeme Art und Weise der Notierung der Haupt- und Nebendreiklänge ist die **Stufenbezeichnung**, bei der römische Ziffern die vollständigen leitereigenen Akkorde angeben.

Funktionsbezeichnungen benennen Akkorde mittels der Begriffe Tonika, Subdominante und Dominante sowie mit Begriffen, die aus diesen zusammengesetzt sind. Die *Funktionsbezeichnungen* gehen davon aus, dass die Nebendreiklänge Stellvertreter der Hauptdreiklänge sind, d. h. dass sie an deren Stelle treten können. Bei einer Abkürzung der Funktionsbezeichnung eines Nebendreiklanges in einer Durtonart ist daher der erste Buchstabe groß, weil er die Durfunktion bezeichnet, der zweite klein, weil es sich hierbei um einen Mollakkord handelt.

Anmerkung: Der Akkord auf dem siebten Tonleiterton ist ein verminderter Dreiklang und wird nicht als Haupt- oder Nebendreiklang aufgefasst, sondern im Allgemeinen als (→) *verkürzter Dominantseptakkord*.

Nebendreiklänge bei Molltonarten

Bildet man auf den Tönen der natürlichen Moll-Tonleiter die leitereigenen Dreiklänge, so erhält man folgende Akkorde:

Dreiklang auf	1.	2.	3.	4.	5.	6.	7. Tonleiterton
Art des Akkordes	Moll	vermindert	Dur	Moll	Moll	Dur	Dur
Stufenbezeichnung	I	II	III	IV		VI	VII
Funktionsbezeichnung	Tonika		Tonika-parallele	Subdominante	(Moll-)Dominante	Subdominantparallele	(Moll-)Dominantparallele
Abkürzung	t		tP	s	d	sP	dP

Nebendreiklänge oder **Nebenfunktionen** bei Molltonarten nennt man die leitereigenen Dreiklänge auf dem 3., 6. und 7. Tonleiterton; sie sind Durakkorde.
Bei der *Stufenbezeichnung* wird im Allgemeinen mit „V" immer ein Durakkord symbolisiert. Die Moll-Dominante erhält daher keine Stufenbezeichnung.
Bei einer Abkürzung der *Funktionsbezeichnung* eines Nebendreiklanges in einer Molltonart ist der erste Buchstabe klein, weil er die Mollfunktion bezeichnet, der zweite groß, weil es sich hierbei um einen Durakkord handelt.

2.7 Weitere Akkord-Funktionen

Man kann sich die Namen der Nebendreiklänge leicht merken, indem man sich klar macht, dass parallele Akkorde, wenn sie Toniken wären, gleiche Vorzeichen hätten. Beispielsweise ist in jeder Tonart die Parallele des D-Dur-Dreiklangs der h-Moll-Dreiklang.

Anmerkung: Der Akkord auf dem 2. Tonleiterton ist ein verminderter Dreiklang und wird oft nicht als Nebendreiklang aufgefasst. Da dieser Akkord als Septakkord aber nicht selten als subdominantischer Akkord erscheint, wäre die Bezeichnung *su* (*Subdominantunterklang*) möglich.

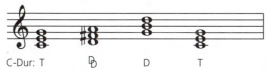

c-Moll: su⁷   D⁷   t

Die Doppeldominante

Unter der **Doppeldominante** (Abkürzung: DD) versteht man die Dominante der Dominante. Sie ist der Dur-Akkord auf dem zweiten Tonleiterton. Auf die *Doppeldominante* folgt in der Regel die Dominante.

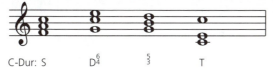

C-Dur: T   DD   D   T

Der Vorhaltsquartsextakkord vor der Dominante

Unter dem **Vorhaltsquartsextakkord vor der Dominante** versteht man die zweite Umkehrung des Tonika-Dreiklanges, wenn auf ihn die Dominante folgt (Schreibweise: $D_{4\,3}^{6\,5}$). Er erscheint des öfteren in (→ 7.6) *harmonischen Schlusswendungen*.

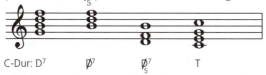

C-Dur: S D_4^6 $_3^5$ T

Der verkürzte Dominantseptakkord

Unter dem **verkürzten Dominantseptakkord** versteht man den *Dominantseptakkord* ohne Grundton (Schreibweise $\cancel{D}_5^7$). Er erscheint in der Regel mit Quintton im Bass ($\cancel{D}_5^7$).

C-Dur: D⁷ $\cancel{D}^7$ $\cancel{D}_5^7$ T

Weiterführende Literatur:
Hempel, Christoph: Neue Allgemeine Musiklehre. Mainz: Schott, 1997
Ziegenrücker, Wieland: ABC Musik. Wiesbaden: Breitkopf und Härtel, ²1998.
Riede, Bernd: „Der Tonartenschieber: ein Hilfsmittel zum besseren Verständnis der allgemeinen Musiklehre". Musik in der Schule. Nov./Dez./1992. S. 290–293.

3 Akustik, Ohr, Schallübertragung und -aufzeichnung, Aufnahme im Tonstudio

3.1 Akustik

Die **Akustik**, ein Teilgebiet der Physik, ist die Lehre vom Schall.

Entstehung des Schalls: Schwingungen

Schall entsteht, indem eine Schallquelle schwingt, d. h. indem sich Teile der Schallquelle hin- und herbewegen. Diese Bewegung kann man beispielsweise dadurch verdeutlichen, dass eine schwingende Stimmgabel mit Schreibstift über eine rußgeschwärzte Platte entlang gezogen wird:

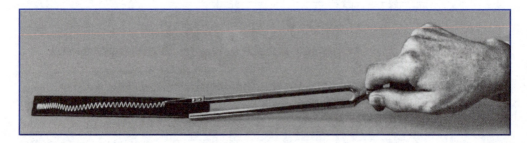

Aus der gleichmäßigen Wellenlinie kann man schließen, dass die Stimmgabel regelmäßige Schwingungen ausführt.

Weiterleitung des Schalls: Schallwellen, Schallgeschwindigkeit

Eine Klingel unter einer Glasglocke ist deutlich wahrzunehmen. Pumpt man die Luft aus der Glocke, so wird der Ton leiser und ist schließlich gar nicht mehr zu hören. Daraus schließt man, dass ein Stoff erforderlich ist, der die Bewegungen der Schallquelle weiterleitet. Dieser Stoff ist im Allgemeinen die Luft.

Die Schwingungen der Schallquelle werden zunächst an die unmittelbar benachbarten Teilchen der Luft abgegeben. Diese geben die Schwingungen ihrerseits weiter. Die Teilchen der Luft schwingen dabei auf der Stelle. Es breitet sich eine **Schallwelle** aus. Diese kann modellartig mithilfe von Verdichtungen und Verdünnungen der Luft dargestellt werden:

●●●● ●● ●●●●●● ● ● ●●●●●● ● ● ● ●●●
Verdichtung Verdünnung Verdichtung Verdünnung Verdichtung

3.1 Akustik

Die Teilchen in der Luft schwingen auf die gleiche Art und Weise wie die Schallquelle. Die Schwingungen kommen – etwas abgeschwächt durch die Reibungen in der Luft – an unser Ohr, wo sie das Trommelfell in entsprechende Schwingungen versetzen. Von dort gelangen sie weiter ins Innenohr.

Die Geschwindigkeit, mit der sich die Schallwellen ausbreiten, ist abhängig vom Medium. In der Luft beträgt die **Schallgeschwindigkeit** 340 m/s.

Eigenschaften des Schalls: Frequenz und Tonhöhe

Wenn die Bewegungen eines Materialteilchens einer Stimmgabel in Abhängigkeit von der Zeit aufgezeichnet werden, ergibt sich folgendes Bild:

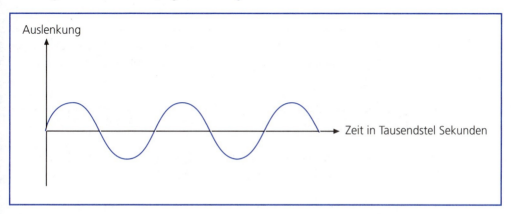

Ein Materialteilchen einer Geige schwingt in folgender Art und Weise:

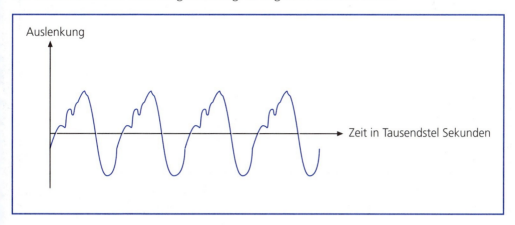

Ein Materialteilchen einer Trommel schwingt folgendermaßen:

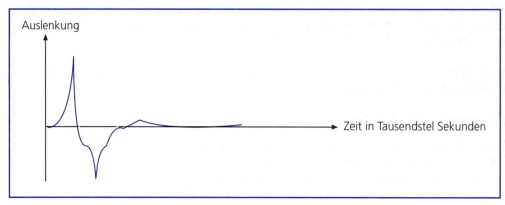

Die Stimmgabel erzeugt Schwingungen, die relativ einfach sind. Die Schwingungen einer Geige sind komplex, aber dennoch regelmäßig. In beiden Fällen hören wir einen Ton mit bestimmter Tonhöhe.

Sind die Schwingungen unregelmäßig wie bei der Trommel, so hören wir ein Geräusch, welches keine bestimmbare Tonhöhe besitzt.

Bei regelmäßigen Schwingungen wird die **Schwingungsdauer** definiert als die Zeit, in welcher ein Teilchen eine vollständige Schwingung ausgeführt hat.

Ein Geigenton mit einer höheren Tonhöhe als oben besitzt folgende Schwingungen:

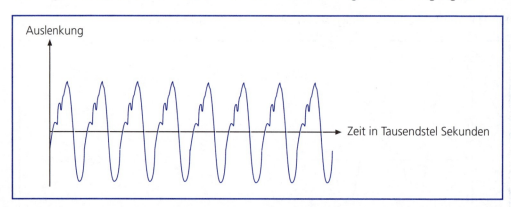

Die Teilchen schwingen bei einem höheren Ton auf die gleiche Art und Weise, aber die Schwingungsdauer ist kürzer. Somit ist die Anzahl der Schwingungen pro Zeiteinheit größer.

Unter **Frequenz** (lat.: *frequentia* – die Häufigkeit) versteht man die Anzahl der Schwingungen pro Sekunde. Ihre Einheit ist *Hertz* (Hz). Je höher die Frequenz ist, desto höher ist der Ton. Die Menschen hören – abhängig vom Alter – etwa zwischen 20 Hz und 20 000 Hz.

Früher war die Zuordnung zwischen Tonnamen und genauer Frequenz nur ungefähr festgelegt. 1939 wurde der **Kammerton a¹** mit 440 Hz geeicht.

Unter **Vibrato** versteht man das periodische Schwanken der Tonhöhen im kleinen Bereich. Ein Ton mit Vibrato gilt als warm.

Eigenschaften des Schalls: Lautstärke

Ein Ton oder ein Geräusch ist umso lauter, je größer die Schwingungen ausschlagen. Die Auslenkung der schwingenden Teilchen der Luft oder des Instruments nennt man **Amplitude**. Je größer die *Amplitude*, desto intensiver die Lautstärke.

Im Folgenden sind die Schwingungen eines Geigentons dargestellt, der gegenüber den oben wiedergebenen eine größere Lautstärke besitzt:

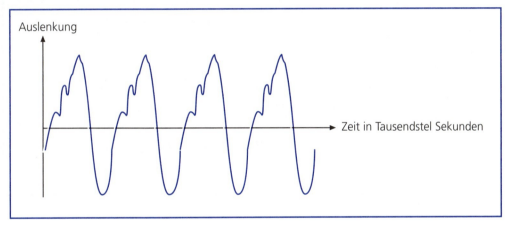

Die Lautstärke kann objektiv gemessen werden mithilfe des **Schalldrucks**. Der *Schalldruck* ist die durch Schallerzeuger hervorgerufene Abweichung des Luftdrucks von dem sonst herrschenden Luftdruck. Seine physikalische Einheit ist **Pascal (Pa)**. Da der Unterschied beim Schalldruck zwischen lauten und leisen Tönen sehr groß ist, verwendet man im Allgemeinen zu seiner Kennzeichnung den **Schalldruckpegel**. Der *Schalldruckpegel* (auch **Schallpegel** genannt) ist das logarithmische Maß des *Schalldrucks*, gemessen in **Dezibel (dB)**.

Das menschliche Ohr empfindet bei gleichem *Schalldruck* tiefe und hohe Töne als weniger laut als Töne mittlerer *Frequenz*. Daher gibt es auch ein Maß für das **subjektive Lautstärkeempfinden**, das mithilfe normalhörender Versuchspersonen normiert wurde. Ein dem Gehör entsprechender Schalldruck wird mit **dB (A)** gekennzeichnet. „A" bedeutet, dass bei der Messung ein Filter mit der Bezeichnung A verwendet wird. Auch das Maß für das subjektive Lautstärkempfinden ist logarithmisch.

3 Akustik, Ohr, Schallübertragung und -aufzeichnung, Aufnahme im Tonstudio

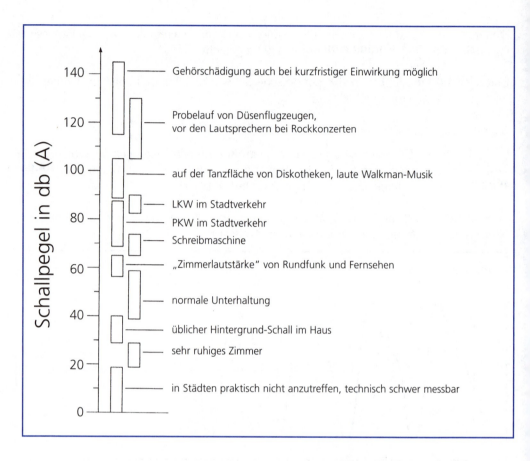

Resonanz

Eine Stimmgabel ist ganz leise. Sie wird aber wesentlich lauter, wenn sie an eine Tischplatte oder an eine Gitarre gehalten wird. Diese Körper zeigen **Resonanz** (lat.: *resonare* – widerhallen), d. h. sie schwingen mit. Die Schwingungen können von der Tischplatte oder der Gitarre besser abgestrahlt werden als von den feinen Zinken der Stimmgabel. Die gleiche Wirkung haben die *Resonanzkörper* der Musikinstrumente.

Die Naturtonreihe

Wenn man in ein Blasinstrument, z. B. in eine Blockflöte oder in eine Trompete, allmählich immer stärker hineinbläst bzw. die Lippen immer stärker spannt, ohne Ventile, Klappen oder Löcher zu betätigen, erklingt die **Naturtonreihe**. Die Luftsäule innerhalb der Röhre kann nämlich nur in bestimmten Frequenzen schwingen. Die Lage der Naturtöne hängt von der Länge der schwingenden Luftsäule ab, somit von der Länge der Röhre. Je länger die Röhre ist, desto tiefer liegen die Naturtöne.

3.1 Akustik

Die Naturtonreihe einer Trompete in B:

Naturton-Nr.	Frequenz in Hertz	Tonname	Abstand zum nächsten Naturton	Frequenzverhältnis der Intervalle
1	116,5	B (unbrauchbar)		
			Oktave	1 : 2
2	116,5 x 2 = 233	b		
			Quinte	2 : 3
3	116,5 x 3 = 349,5	f^1		
			Quarte	3 : 4
4	116,5 x 4 = 466	b^1		
			große Terz	4 : 5
5	116,5 x 5 = 582,5	d^2		
			kleine Terz	5 : 6
6	116,5 x 6 = 699	f^2		
			zwischen kleiner Terz und großer Sekunde	6 : 7
7	116,5 x 7 = 815,5	etwa as^2		
			etwas größer als große Sekunde	7 : 8
8	116,5 x 8 = 932	b^2		
			große Sekunde	8 : 9
9	116,5 x 9 = 1048,5	c^3		
			etwas kleiner als große Sekunde	9 : 10
10	116,5 x 10 = 1165	d^3		

Reine Intervalle

Die ersten Intervalle, die aufgrund der Naturtonreihe entstehen, nennt man **reine Intervalle**. Ihre Frequenzverhältnisse sind durch einfache natürliche Zahlen darzustellen. Zwei Töne beispielsweise bilden eine Oktave, wenn ihre Frequenzen das Verhältnis 2 : 1 haben; sie bilden eine Quinte, wenn ihre Frequenzen das Verhältnis 3 : 2 besitzen usw.

Reine Intervalle sind dadurch gekennzeichnet, dass sie keine *Schwebungen* besitzen. **Schwebungen** nennt man periodische Lautstärkeschwankungen.

Reine Intervalle können auch auf Saiten dargestellt werden. Halbiert man eine Saite, teilt sie also im Verhältnis 2 : 1, so erklingt ein um eine Oktave höherer Ton. Teilt man die Saite im Verhältnis 2 : 3, so erklingt ein Ton, der eine Quinte höher liegt usw.

Stimmungen

Unser Tonsystem teilt die Oktave in 12 mehr oder weniger gleich große Halbtonschritte ein.

Teilt man die Oktave in 12 genau gleich große Halbtonschritte ein, so erhält man als Verhältnis zwischen den Halbtönen $\sqrt[12]{2}$, eine mathematisch irrationale Zahl. Addiert man Intervalle, so sind deren Frequenzverhältnisse miteinander zu multiplizieren. In diesem System sind die Frequenzverhältnisse aller Intervalle bis auf das der Oktave irrational. Das bedeutet, dass hier alle Intervalle außer der Oktave nicht rein sind, d. h. schweben.

Man kann in unserem Tonsystem die Halbtonschritte geringfügig ungleich machen, damit einige Intervalle möglichst rein sind. Daraus ergeben sich verschiedene *Stimmungen* bzw. *Temperierungen*. Unter einer **Stimmung** versteht man somit die spezielle Ausprägung bezüglich der Reinheit bzw. Unreinheit der Intervallgrößen in unserem Tonsystem.

Unter der **gleichstufig temperierten Stimmung** auch unexakt **gleichschwebend temperierte Stimmung** genannt, versteht man die Stimmung, bei der alle Halbtonschritte gleich groß sind. In dieser Stimmung ist das Frequenzverhältnis des Halbtons $\sqrt[12]{2}$. Mit Ausnahme der Oktave sind alle Intervalle unrein.

Es gab früher eine Reihe anderer Stimmungen, bei denen verschiedene Intervalle rein waren, z. B. die *pythagoreische Stimmung* und die *mitteltönige Stimmung*. Der Vorteil solcher Stimmungen ist, dass die Musik in bestimmten Tonarten schwebungsarm ist, der Nachteil, dass bestimmte Tonarten unmöglich sind, weil ihre Intervalle zu stark schweben. Bei Aufführungen alter Musik werden noch öfter alte Stimmungen verwendet.

Die *gleichstufig temperierte Stimmung* setzte sich in der westlichen Musik ab etwa 1800 durch. Entgegen der verbreiteten Meinung hat *J. S. Bach* sein *Wohltemperiertes Klavier* nicht für diese Stimmung geschrieben, sondern für eine heute ungebräuchliche, welche aber alle Tonarten möglich machte.

3.2 Das Ohr

Aufbau des Ohres

Das menschliche Ohr besteht aus dem **Außen-**, **Mittel-** und **Innenohr**.

Das **Außenohr** ist ein luftgefüllter Raum. Die **Ohrmuschel** fängt den Schall auf und verstärkt ihn; sie ist auch für das Richtungshören verantwortlich. Die Schallwellen werden durch den **Gehörgang** weitergeleitet.

Das **Mittelohr** ist ein im Wesentlichen luftgefüllter Raum. Die Schallwellen vom *Gehörgang* treffen auf das **Trommelfell**, eine annähernd ovale Membran. Dieses ist durch die drei **Gehörknöchelchen** (Hammer, Amboss, Steigbügel) fest mit dem Innenohr verbunden. Der

3.2 Das Ohr

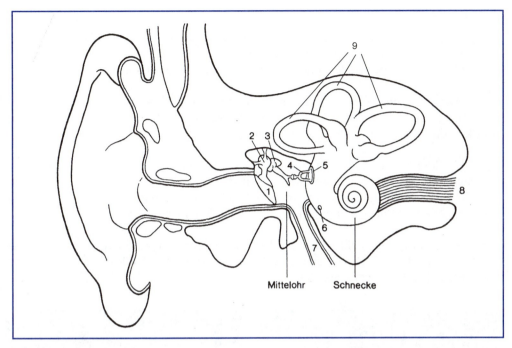

Aufbau des Ohres
1 Trommelfell, 2 Hammer, 3 Amboss, 4 Steigbügel, 5 Ovales Fenster, 6 Rundes Fenster, 7 Eustachische Röhre, 8 Hörnerv, 9 Gleichgewichtsorgan

Name der Knöchelchen erklärt sich durch deren Form. Das Mittelohr ist durch die *Eustachische Röhre* mit dem *Nasen-Rachen-Raum* verbunden. Sie sorgt für den Druckausgleich zwischen Außenluft und Luft im Mittelohr.

Das **Innenohr** ist ein flüssigkeitsgefüllter Raum. Es besteht u. a. aus dem **Gleichgewichtsorgan** und der **Schnecke**. Die *Schnecke* ist ein etwa 3 cm langer Körper mit 2 1/2 Windungen. Sie besitzt drei Gänge (auf der Zeichnung nicht ersichtlich). Zwei Gänge sind am inneren Ende miteinander verbunden. Einer dieser beiden Gänge ist durch das *ovale Fenster* fest mit dem *Steigbügel*, also mit dem *Mittelohr*, verbunden. Der zweite dieser beiden Gänge ist durch das *runde Fenster* mit dem Mittelohr verbunden. Dieses sorgt für den Druckausgleich zwischen Innen- und Mittelohr. – Die Schwingungen des Steigbügels werden also mittels des ovalen Fensters in Schwingungen der Flüssigkeit im Innenohr übertragen.

Der dritte Gang der Schnecke, der **Schneckengang**, trennt gewissermaßen die beiden anderen Gänge voneinander. In ihm befinden sich ca. 16 000 Sinneszellen, die **Haarzellen**, auf denen sich etwa jeweils 30 sehr feine Härchen (**Zilien**) befinden. Durch Schwingungen der Flüssigkeit in der Schnecke werden diese Härchen bewegt und dadurch in den *Haarzellen* elektrische Impulse ausgelöst. Von den *Haarzellen* im *Schneckengang* verläuft der **Hörnerv** zum Gehirn.

Beeinträchtigung des Hörens durch Musik und Lärm

Einführung. Das Gehör hat sich im Verlauf der Evolution zu einem wichtigen Warninstrument entwickelt, das auch sehr leise Geräusche und Töne wahrnehmen kann. Es ist daher auch während des Schlafs aktiv und nicht, wie das Auge, verschließbar.

In der Natur kommen extrem laute Geräusche und Töne selten vor. Das Ohr ist somit entwicklungsgeschichtlich nicht für große Lautstärken geschaffen, wie sie heutzutage bei Musik, in der Fabrik und im Verkehr auftreten.

Laute Musik und Lärm führen zu *auralen* (das Ohr betreffend) *Schädigungen*, auch wenn sie weit unterhalb der Schmerzschwelle liegen. Die Hörschädigung entsteht dadurch, dass die *Zilien* verklumpen, schlaff werden oder abbrechen. Dabei ist *Impulslärm* (z. B. Abfeuern von Schußwaffen) bei gleichem Schalldruck gefährlicher als *Dauerlärm*.

Anmerkung: Lärm verursacht neben *auralen Schädigungen* auch *extraaurale Schädigungen* (nicht das Ohr betreffend, z. B. Herz-Kreislauf-Erkrankungen, Schlaflosigkeit usw.), die im Folgenden nicht thematisiert werden.

intakte Zilien　　　　　　　　　　　　　　　abgebrochene Zilien

Bezüglich der Hörschäden unterscheidet man zwischen *vorübergehender und dauerhafter Hörminderung* sowie *Ohrgeräuschen*.

Vorübergehende Hörminderung. Starke Belastung des Ohres, besonders durch *Impulslärm*, führt zu vorübergehender Hörminderung. Das Gehör kann sich in längeren Ruhepausen jedoch wieder erholen. Jede Schädigung der *Zilien* macht das Ohr aber bei späterer Schallüberlastung leicht verletzlich.

Dauerhafte Hörminderung. Eine dauerhafte Hörminderung ist unheilbar. Musikalische Ursachen sind zumeist Besuche von *Diskotheken* und das Hören von *Walkman*. Aber auch Orchester-Musiker leiden unter berufsbedingten Gehörschäden.

Die Belastung des Ohrs hängt von der Dauer der Einwirkung und der Stärke des Schalles ab. Eine Verdopplung der Schallintensität, also eine Erhöhung um 3 dB, ergibt die gleiche Belastung wie die Verdopplung der Dauer der Einwirkung.

Anmerkung:
1. Bei Schallbelastungen von 85 dB (A) für 8 Stunden pro Tag sind 16 Stunden Erholungszeit mit Schallpegeln unter 70 dB (A) notwendig, um Hörschäden vorzubeugen.
2. Bei insgesamt 10-stündigem Aufenthalt pro Woche in einer Diskothek mit Musik von 100 dB (A) tragen nach 5 Jahren 60% der 16-jährigen Jugendlichen eine Hörminderung um mindestens 10 dB (bei 4 000 Hertz gemessen) davon; d. h. sie hören einen Ton bei 4000 Hz um 10 dB leiser als ein durchschnittlicher Hörer gleicher Altersstufe.

Hörschäden werden zuweilen durch einen *Hörsturz* hervorgerufen. Unter einem **Hörsturz** versteht man einen plötzlich auftretenden starken Hörverlust, der zumeist durch mehrstündige Schallüberlastung, durch Impulsschall oder allgemeinen Stress verursacht wird.

Die Hörschädigung bewirkt nicht nur eine Minderung, sondern auch eine Veränderung der Tonqualität, vergleichbar dem Hören mit Watte im Ohr. – Mit einem *Hörgerät* kann man die Hörfähigkeit verbessern, die normale Hörfähigkeit aber nicht wiederherstellen.

Ohrgeräusche. Nach starker Belastung des Ohres kann es zu *Ohrgeräuschen* kommen, die wieder verschwinden. Ein **dauerhaftes Ohrgeräusch** (**Tinnitus**), das auf einer Schädigung des Innenohrs beruht, ist schwer heilbar und unaufhörlich wahrnehmbar. Die Art der Geräusche ist sehr unterschiedlich: Pfeifen, Dröhnen, Knattern, Brummen usw.

In Deutschland leiden bereits ca. 5% der 15- bis 19-Jährigen unter solchen Ohrgeräuschen. – Ein *Tinnitus* kann durch elektrische Geräte teilweise verdeckt werden.

Das innere Gehör

Vom physischen Ohr unterscheidet man das psychische **innere Gehör**, also die Fähigkeit zur gedanklichen Vorstellung von Musik. Das *innere Gehör* wird durch musikalische Erfahrung ausgebildet und kann auch bei Ausfall des physischen Ohrs funktionieren; *Beethoven* komponierte beispielsweise nach völliger Ertaubung noch jahrelang, u. a. seine Neunte Sinfonie.

Unter einem **absoluten Gehör** versteht man die Fähigkeit, den Namen eines Tones *absolut* zu bestimmen, d. h. ohne Vergleich mit einem anderen Ton, dessen Name bekannt ist. Dementsprechend ist ein **relatives Gehör** ein solches, mit dem man den Namen eines Tones nur im Vergleich mit einem anderen zuvor gehörten bestimmen kann.

3.3 Analoge und digitale Schallübertragung und -aufzeichnung

Die Begriffe *analog* und *digital* sind nicht nur bei der Schallübertragung und -aufzeichnung von Bedeutung, sondern auch bei der Produktion von Schall, also bei (→ 4.5) *elektronischen Musikinstrumenten*.

Analoge Schallübertragung

Seit dem Ende des 19. Jahrhunderts ist es möglich, Schallschwingungen mittels elektrischen Stroms zu übertragen.

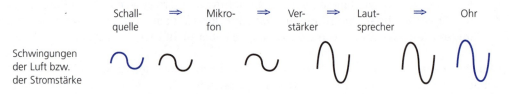

Die Schallwellen, die auf ein Mikrofon treffen, werden dort in Schwingungen der Stromstärke verwandelt. Durch einen Verstärker wird die Amplitude der Schwingungen vergrößert. Ein Lautsprecher wandelt die Stromschwingungen wieder in Schwingungen der Luft um. Eine solche Art der Schallübertragung nennt man **analog**.

Unter **analoger Schallübertragung** versteht man eine solche, in der die Stromschwingungen *analog* (= entsprechend) zu den Schwingungen der Luft verlaufen.

Digitale Schallübertragung

Seit den 70er Jahren des 20. Jahrhunderts ist zunehmend digitale Schallübertragung üblich.

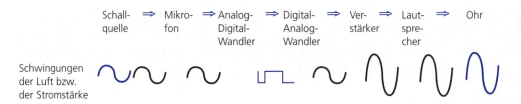

Wie bei der analogen Schallübertragung werden die Schallwellen, die auf ein Mikrofon treffen, zunächst in analoge Schwingungen der Stromstärke verwandelt. Ein **Analog-Digital-Wandler** verwandelt die analogen Stromschwingungen in **digitale** Schwingungen, d. h. solche, die nur zwei Zustände kennen, nämlich „Strom an" und „Strom aus". Nach jeweils gleichen Zeitintervallen wird der Wert der Stromstärke gemessen und in eine *binäre* Zahl zerlegt. Abgetastet wird ein akustisches Signal für die CD mit einer Frequenz von 41100 Hz.

3.3 Analoge und digitale Schallübertragung und -aufzeichnung

Beispiel einer Wandlung von analogen Daten in digitale:

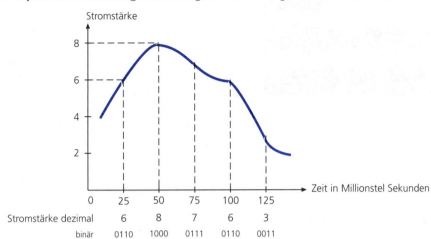

Ein **Digital-Analog-Wandler** wandelt die digitalen Informationen wieder in analoge um, von wo sie verstärkt und einem Lautsprecher zugeführt werden.

Unter **digitaler** Schallübertragung versteht man eine solche, in der die Schwingungen der Luft *digitalisiert* bzw. in *digitale* oder *binäre* Daten umgewandelt werden, also in Daten, die nur aus Einsen und Nullen bestehen (engl.: *digit* – Zahl).

Analoge Schallaufzeichnung

Eine **Schallaufzeichnung** ist **analog**, wenn sie entsprechend den Schwingungen der Luft verläuft.

Die Schallplatte (mechanisch). Auf der **Schallplatte** sind die Schallschwingungen **mechanisch** aufgezeichnet. Eine *Mono-Schallplatte* besitzt eine Rille mit horizontalen Ausbuchtungen, die genau den Schwingungen der Luft entsprechen. Eine Nadel oder ein Saphir – auf die sich drehende Schallplatte gesetzt – wird durch die Ausbuchtungen in horizontale Schwingungen versetzt. Diese Schwingungen werden zunächst in Stromschwankungen umgewandelt, elektrisch verstärkt und einem Lautsprecher zugeführt.

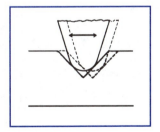

Abtastnadel

Anmerkung: Eine *Stereo-Schallplatte* besitzt sowohl horizontale als auch vertikale Ausbuchtungen. Eine Nadel bzw. ein Saphir schwingt also horizontal *und* vertikal. Dadurch können zwei voneinander unabhängige Kanäle übertragen werden.

Das Tonband (magnetisch). Eine **magnetische** Aufzeichnung des Schalls erfolgt, wenn ein mit feinstem Eisenpulver überzogenes Band (**Tonband**) entsprechend den Tonschwingungen verschieden stark magnetisiert wird.

Bildausschnitt einer Lichttonspur

Der Tonfilm (optisch). Bei der **optischen Aufzeichnung**, früher beim **Tonfilm** angewandt, werden die Schallschwingungen in Helligkeitsschwankungen eines Lichtstrahls umgewandelt und auf der *Lichttonspur* eines Films festgehalten. Bei der Wiedergabe wird diese Spur mit einem Lichtstrahl abgetastet und dessen Helligkeitsschwankungen in Schwingungen eines elektrischen Stromes umgewandelt.

Die optische Aufzeichnung beim Tonfilm wurde von der elektromagnetischen analogen Aufzeichnung und schließlich von der digitalen abgelöst.

Digitale Schallaufzeichnung

Gegenüber der analogen Schallübertragung und -aufzeichnung bestehen die Vorteile der digitalen darin, dass die Klangqualität erheblich besser ist und keine Abnutzungserscheinungen auftreten. Üblicherweise zerkratzen Schallplatten und die Magnetisierung der Bänder schwächt sich mit der Zeit und dem ständigen Gebrauch ab.

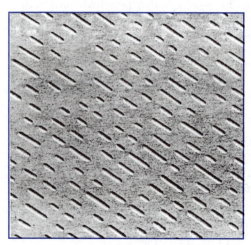

CD unter dem Elektronenmikroskop

Die **Compact Disk (CD).** Die **CD**, die 1982 auf den Markt kam, hat auf der Unterseite sehr kleine Vertiefungen (*Pits*), die binäre Zahlen darstellen. Diese Pits werden mit einem Laserstrahl berührungslos abgetastet, sodass keinerlei Abnutzung der Plattenoberfläche eintreten kann. Die CD wird von innen nach außen abgetastet.

Digitale Bandaufzeichnung. Bei dieser werden digitale Schallinformationen auf einem Magnetband gespeichert. Der **DAT-Recorder** (DAT = *Digital Audio Tape*) speichert die Klänge zweispurig (in Stereo). Andere Geräte erlauben **Mehrspuraufzeichnung** (d. h. mehr als zwei Spuren).

Seit der Einführung der CD hat sich als Sammelbezeichnung für Schallplatten, Kassetten und CDs der Begriff **Tonträger** eingebürgert.

Aufzeichnung auf eine Festplatte eines Computers. Dies ist Teil des (→) *Harddisc Recording*.

3.4 Die Aufnahme im Tonstudio

Die Aufnahme

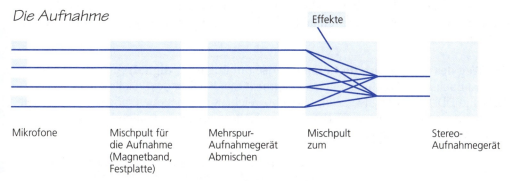

Oft wird zum Abmischen dasselbe Mischpult wie für die Aufnahme verwendet.

Häufig wird – z. B. bei Live-Mitschnitten – unmittelbar eine Zweispuraufnahme angefertigt, d. h. die *Mehrspuraufnahme* entfällt und ein Mischpult dient gleichzeitig für die Aufnahme und die Abmischung.

Mikrofone. Während einer Aufnahme ist die **räumliche Position** der Mikrofone von großer Bedeutung für die Art des Klanges. Der Klang wird ebenfalls stark beeinflusst durch die Wahl der Mikrophone. Man unterscheidet zwischen *Luft-* und *Kontakt-Mikrofonen*. **Luftmikrofone** reagieren auf Luftschwingungen, **Kontaktmikrofone** auf Bewegungen direkt am Instrument.

Hinsichtlich der Richtwirkung der Mikrofone unterscheidet man bei Luftmikrofonen hauptsächlich zwischen zwei Arten:
- Mikrofone mit *Kugelcharakteristik* nehmen den Schall aus allen Richtungen auf,
- Mikrofone mit *Nierencharakteristik* dagegen nur den Schall, der von vorne kommt.

Mischpult für die Aufnahme. Die Signale der Mikrofone werden im Mischpult für die Aufnahme verändert, beispielsweise bzgl. Höhen, Tiefen und Lautstärke; anschließend werden sie dem Aufnahmegerät zugeführt.

Mehrspur-Aufnahmegerät. Besonders in der Rock- und Popmusik werden einzelne Instrumente möglichst deutlich getrennt auf verschiedenen Spuren aufgezeichnet. Je größer die Anzahl der Spuren, desto flexibler kann die sich anschließende Verarbeitung gestaltet werden. Die Speicherung erfolgt zumeist digital auf Magnetband oder Festplatte des Computers.

Endabmischung. Nach der Aufnahme auf mehrere Spuren wird das Aufgezeichnete abgemischt. Dabei wird es durch Effektgeräte dynamisch und klanglich (z. B. durch Hall) bearbeitet. Schließlich wird das Aufgezeichnete auf 2 Spuren übertragen und auf DAT-Band oder CD gespeichert.

Harddisc recording. Unter **harddisc recording** versteht man die Aufzeichnung von akustischem Material auf die Festplatte des Computers und die Verarbeitung dieses Materials, beispielsweise durch Effekte, Mischung und Schnitt. Beim *harddisc recording* können demnach das Mischpult für die Aufnahme und / oder das Mischpult zum Abmischen durch *Software* ersetzt werden.

Der Weg des Schalls auf die Compact Disc (analog oder digital). Auf CDs finden sich zumeist Buchstabenkombinationen aufgedruckt, die den Weg des Schalls darstellen (AAD, ADD und DDD). Die Tabelle versinnbildlicht, welche Kombinationen möglich sind. Neuere Aufzeichnungen sind immer DDD-Aufnahmen. Allerdings können auch die anderen Kombinationen zu sehr guten Klängen führen.

	Mikrofone	Speicherung auf mehreren Spuren	Verarbeitung: Schnitt und Abmischung	Überspielung auf die CD
Möglichkeiten der Aufnahme	immer analog	**A**nalog oder **D**igital	**A**nalog oder **D**igital	immer **D**igital

Besondere Bearbeitungsmöglichkeiten

Schnitte. Im Bereich der Produktion von Tonträgern der Kunstmusik ist es üblich, aus verschiedenen Aufnahmen die am besten gelungenen Teile zusammenzuschneiden. Bei manchen Aufnahmen werden bis zu 100 verschiedene Abschnitte für ein Stück von ca. 30 Minuten verwendet. Früher wurden einzelne Bandteile geschnitten und aneinandergeklebt. Heutzutage wird zumeist elektronisch „geschnitten", indem die Abspielreihenfolge der auf der Festplatte des Computers befindlichen Teile verändert wird.

Getrennte Aufnahme und mehrfaches Aufnehmen von Spuren. Bei der Rock- und Popmusik kommt es häufig vor, dass einzelne Spuren eines Stückes getrennt aufgenommen werden. Man zeichnet beispielsweise zunächst das Schlagzeug auf, anschließend eine Gitarre, sodann den Gesang usw. Üblich ist, dass eine Spur oder ein Teil der Spur so lange aufgenommen wird, bis das gewünschte Ergebnis vorliegt. Diese Aufnahmetechniken machen es möglich, dass die Musiker, die zusammen auf einer CD zu hören sind, in Wirklichkeit niemals zusammen gespielt haben, ja sich vielleicht überhaupt nicht kennen. – Im Bereich der Kunstmusik kommt dies selten vor.

Einbeziehung von nicht akustisch aufgenommenem Material. In der Rock- und Popmusik ist für die Einbeziehung elektronischer Klänge die Arbeit mit (→) *Sequenzern* üblich, besonders hinsichtlich des Schlagzeugs. Es kommt auch vor, dass bestimmte Teile aus bereits vorhandenen CDs verwendet werden.

Weiterführende Literatur:
Roederer, Juan G.: Physikalische und psychoakustische Grundlagen der Musik. Berlin: Springer, [2]1993.

4 Instrumentenkunde und die menschliche Stimme

4.1 Einführung

Definition

Unter einem **Musikinstrument** (lat.: *instrumentum* – das Werkzeug) versteht man ein in der Natur vorhandenes oder vom Menschen geschaffenes Gerät zur Erzeugung von Tönen oder Geräuschen. Musikinstrumente sind in der Musik aller Kulturen zu finden. Im Folgenden werden nur Instrumente des westlichen Kulturkreises dargestellt. Notation und Klangumfang werden in einem eigenen Abschnitt behandelt.

Einteilung

Instrumente sind nach verschiedenen Kriterien einteilbar. Hier wird die in der Wissenschaft übliche Grobeinteilung in fünf große Gruppen vorgenommen, die für Instrumente aller Kulturkreise üblich ist. Instrumente werden nach dem Merkmal eingeteilt, was zuerst schwingt:
- Ein **Idiophon** (Selbstklinger) schwingt unmittelbar selbst.
- Bei einem **Membranophon** (Membranklinger) schwingt zunächst eine Membran (Haut).
- Ein **Chordophon** (Saitenklinger) besitzt Saiten, die zuerst schwingen.
- In einem **Aërophon** wird zunächst die Luft in Schwingungen versetzt.
- Ein **Elektrophon** schließlich ist ein Instrument, bei dessen Klangerzeugung elektrischer Strom beteiligt ist.

Weitere Einteilungen folgen praktischen Erwägungen.

Stimmen und Intonation

Alle Instrumente mit bestimmter Tonhöhe werden **gestimmt**, d. h. mit vorgegebenen Tönen auf gleiche Tonhöhe gebracht. Im Orchester gibt für gewöhnlich die Oboe den *Stimmton* an. Das Stimmen geschieht bei Blasinstrumenten in der Regel durch Verlängern oder Verkürzen des Instruments. Je länger ein Instrument ist, desto tiefer ist es. Bei Saiteninstrumenten erfolgt die Stimmung durch Änderung der Saitenspannung.

Während alle Töne der Tasteninstrumente nach dem Stimmen festgelegt sind, ist dies bei den meisten Blas- und Saiteninstrumenten nicht der Fall. Bei Blasinstrumenten kann man einen gegriffenen Ton durch die Blastechnik beträchtlich verändern. Beim Spiel von Saiteninstrumenten ohne (→) *Bünde* wird zuweilen die genaue Griffstelle nicht getroffen. Daher kommt es manchmal zu unsauberer *Intonation*. Unter **Intonation** versteht man das richtige Treffen der Tonhöhe während des Spielens von Instrumenten oder beim Singen.

4 Instrumentenkunde und die menschliche Stimme

Zur Geschichte

Die ersten Musikinstrumente dürften *Idiophone* gewesen sein. Steine oder Hölzer, die zusammengeschlagen werden, finden sich in der Natur, müssen also nicht präpariert werden. Die Instrumente unseres Kulturkreises haben sich im Laufe der Geschichte stark verändert. Dabei beeinflussten sich wechselseitig Wünsche von Musikern und Entwicklungen, die von Instrumentenbauern in Gang gesetzt wurden. Die meisten heutigen Instrumente sind schwerer als ihre Vorläufer und somit lauter. Moderne Instrumente sind auch dynamisch und klanglich kontrastreicher, ermöglichen größere Virtuosität und sind zum Teil auch intonationssicherer. Man ist heute davon abgekommen, dies grundsätzlich als Verbesserung anzusehen (→ 6.2).

4.2 Schlaginstrumente (= Idiophone und Membranophone)

4.2.1 Allgemeines und Einteilung

Die im Folgenden genannten Idiophone und Membranophone sind **Schlaginstrumente**. Andere Bezeichnungen sind *Schlagzeug* oder *Perkussionsinstrumente* (vgl. *Percussion*).

Schlaginstrumente können eingeteilt werden in solche
- mit genau bestimmbarer,
- mit ungefähr bestimmbarer und
- ohne bestimmbare Tonhöhe.

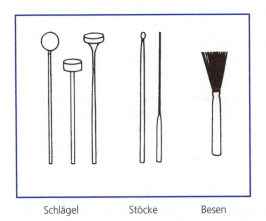

Schlägel   Stöcke   Besen

Sie werden zumeist mit einem **Schlägel** oder **Schlegel** angeschlagen. Darunter versteht man einen Stab mit einem Kopf. Die Form des Kopfes und sein Material können sehr unterschiedlich sein und beeinflussen die Klangfarbe stark. Schlaginstrumente können auch mit **Stöcken** (engl.: *sticks*), **Stahlbesen** (engl.: *brush*), anderen Geräten (z. B. einem Hammer), mit der Hand oder aufeinander geschlagen werden. Ein besonderer Effekt ist der **Wirbel**, d. h. eine schnelle Tonwiederholung mit zwei Schlägeln, was mit „tr" (→ *Triller*) notiert wird.

Manche Instrumente werden geschüttelt; dadurch schlagen Teilchen im Instrument gegen seine Wand.

4.2 Schlaginstrumente

Membranophone sind mit einem Fell aus Tierhaut oder Plastik überzogen. Sie können einfach oder doppelt bespannt sein.

Im Folgenden werden die Schlaginstrumente eingeteilt in
- *Rhythmusinstrumente des Sinfonieorchesters,*
- *Rhythmusinstrumente der populären Musik* und in
- *Melodieinstrumente.*

4.2.2 Rhythmusinstrumente des Sinfonieorchesters

Die **Pauke** besteht aus einem halbkugelförmigen, mit Fell bespannten Kupfer- oder Kunststoffkessel. Angeschlagen wird sie mit zwei Filzschlägeln. Sie besitzt im Gegensatz zu den Trommeln eine bestimmte Tonhöhe. Gestimmt wird sie durch Anspannen des Fells. Dies geschieht durch Flügelschrauben, durch Drehen des Kessels oder mittels eines Pedals. Pauken kommen im Orchester zumeist paarweise in verschiedener Größe vor. Sie gehören zur Standardbesetzung des Sinfonieorchesters.

Pedalpauke

Die **kleine Trommel** (engl.: *snare drum*) besteht aus einem zylindrischen, mit Fell bespannten Klangkörper aus Messing oder Holz und zwei Fellen. Unter dem unteren Fell befinden sich *Schnarrsaiten* aus Metall, die beim Schlagen auf die Trommel gegen das untere Fell schlagen und den charakteristischen schnarrenden Klang ergeben. Durch Abheben der Saiten kann das Schnarren verhindert werden. Die kleine Trommel wird mit Stöcken aus Holz oder mit Besen geschlagen.

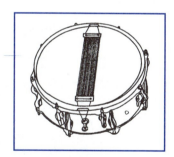
kleine Trommel (von unten)

Die **große Trommel** (engl.: *bass drum*) hat wie die kleine Trommel einen zylindrischen Klangkörper und zwei Felle. Im Orchester wird sie mit einem Filz- oder Lederschlägel angeschlagen (→ 4.2.3 *Drumset*).

Das **Becken** (engl.: *cymbal*) ist eine flache Metallscheibe mit einer Ausbuchtung in der Mitte. Becken werden in der sinfonischen Musik paarweise gegeneinandergeschlagen oder selten mit einem Schlägel bedient.

Die oder das **Triangel** (lat.: *triangulum* – das Dreieck) ist ein einfaches, an einer Ecke offenes Metalldreieck, das mit einem Metallstab angeschlagen wird. Es hat keine bestimmte Tonhöhe.

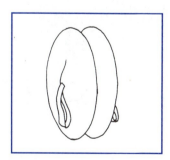
Becken

4 Instrumentenkunde und die menschliche Stimme

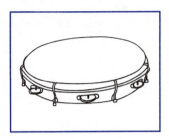

Tamburin (Schellentrommel)

Das **Tamburin** (**Schellentrommel**) besitzt einen flachen, zylindrischen Körper und ein Fell. Am Körper sind kleine Schellenpaare eingelassen, die beim Anschlagen mitschwingen. Es wird mit der Hand angeschlagen oder geschüttelt.

Der **Schellenring** oder Schellenreif ist wie das Tamburin gebaut, jedoch ohne Fell. Ein Instrument, das wie das Tamburin gebaut ist, jedoch ohne Schellen, nennt man **Handtrommel**.

Das **Tamtam** ist eine leicht gewölbte, große Metallscheibe. Es hat keine bestimmte Tonhöhe.

Der **Gong** ist ähnlich dem Tamtam gebaut, jedoch mit gebogen abgewinkeltem Rand. Seine Tonhöhe ist bestimmt.

Kastagnetten sind jeweils zwei mit einer Schnur verbundene kleine Holzklappern in der Form einer Muschel (mit oder ohne Stiel), die in der Hand gegeneinander geschlagen werden.

Röhrenglocken bestehen aus verschiedenen hängenden Metallröhren mit bestimmter Tonhöhe. Angeschlagen werden sie mit einem Holzhämmerchen. Sie dienen im Orchester zur Nachahmung des Glockenklangs.

4.2.3 Rhythmusinstrumente der populären Musik

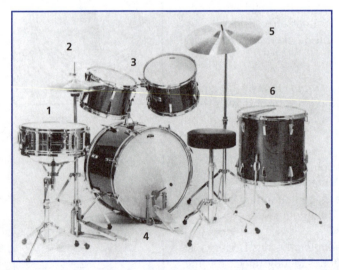

Drumset:
1 kleine Trommel, 2 Hi-Hat, 3 Hänge-Tomtoms, 4 große Trommel mit Fußmaschine, 5 Becken, 6 Stand-Tomtom

Das Drumset

Im Jazz, Rock und Pop hat sich das **Drumset** (üblicherweise *Schlagzeug* genannt) allgemein durchgesetzt. Es wird mit Stöcken oder Besen gespielt.

Zur Standard-Ausrüstung gehören folgende Instrumente: *kleine Trommel, große Trommel mit Fußmaschine, Hänge-Tomtoms, Stand-Tomtom, Hi-Hat, Ride-Becken, Crash-Becken.*
Die meisten Instrumente stammen aus dem Sinfonieorchester.

4.2 Schlaginstrumente

Die **große Trommel** ist im *Drumset* kleiner als im Orchester, steht auf der Erde und wird mit einer *Fußmaschine* bedient. Oft wird zum Spielen eine Membran abmontiert.

Das **Tomtom** ist eine ein- oder zweifellige Trommel mit zylindrischem Körper aus Holz. Es hat eine ungefähr bestimmbare Tonhöhe und wird in verschiedenen Größen gebaut (als Stand- oder Hänge-Tomtom).

Die **Hi-Hat** (engl. ausgesprochen) besteht aus zwei Becken, die mittels eines Fußmechanismus aufeinander geschlagen werden können. Sie werden auch mit Stöcken gespielt.

Das **Ride-Becken** (engl.: *ride cymbal*) ist zumeist größer als das Crash-Becken; es klingt heller als dieses und wird für dauerhaftes Spielen verwendet.

Das **Crash-Becken** (engl.: *crash cymbal*) dient für einzelne Akzente und Effekte.

Das *Drumset* wird zuweilen durch folgende Instrumente erweitert: (→) *Cow Bells*, (→) *Tamburins*, (→) *Bongos*, (→) *Congas*, (→) *Holzblöcke* usw.

(Percussion-)Instrumente lateinamerikanischen Ursprungs

Fast alle weiteren gebräuchlichen Rhythmusinstrumente, die in der populären Musik heimisch geworden sind, stammen aus der lateinamerikanischen Folkore. Sie werden für gewöhnlich Percussion(-Instrumente) (engl. ausgesprochen) genannt (vgl. Perkussionsinstrumente).

Claves (englisch oder deutsch ausgesprochen; auch **Klanghölzer** genannt) sind zwei gleich lange, runde Holzstäbe, von denen man einen in die linke Hand legt und den anderen auf ihn schlägt. Mit den Claves wird zumeist folgender Grundrhythmus markiert:
4/4: ♩. ♩. ♩ | ♪ ♩ ♩ ♪ |

Eine **Bongo** ist eine kleine, nach unten enger werdende Holztrommel mit ungefähr bestimmbarer Tonhöhe. Bongos werden fast immer paarweise in verschiedener Größe eingesetzt. Sie stehen auf Ständern oder werden zwischen den Knien gehalten. Gespielt werden sie mit den Fingern.

Eine **Conga** ist eine fassförmige schlanke Holztrommel mit ungefähr bestimmbarer Tonhöhe. Congas werden für gewöhnlich paarweise in verschiedener Größe gebraucht, zuweilen auch in einer Dreierkombination. Sie werden mit der ganzen Hand geschlagen, wobei es verschiedene Anschlagsarten gibt.

Die **Cow-Bell** (**Kuhglocke**) ist eine kleine Metallglocke ohne Klöppel, die mit einem Holzstab angeschlagen wird.

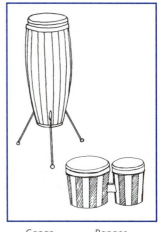

Conga   Bongos

4 Instrumentenkunde und die menschliche Stimme

Guiro

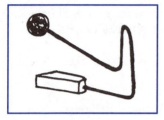
Vibraslap

Cabasa

Agogo Bells

Der **Guiro** ['giro] (auch **Gurke** genannt) ist ein hohles Rohr aus Holz oder ein ausgehöhlter Kürbis. Sie besitzt zwei Öffnungen auf der Unterseite zum Halten des Instruments und Kerben auf der Oberseite. Mit einem Holzstäbchen wird an der Oberseite hin- und hergestrichen.

Die **Maracas** (**Rumbakugeln**) sind zwei mit Steinchen oder Sand gefüllte Holzkugeln (ursprünglich Kokosnüsse) auf einem Stiel. Sie werden abwechselnd geschüttelt.

Das **Schüttelrohr** (auch **Tubo** oder **Chocalho** [tʃoˈkaʎo] genannt) ist ein mit Steinchen gefülltes Rohr.

Der **Holzblock** (auch **wood block** oder **Holzblocktrommel** genannt) ist rechteckig und besitzt einen Schlitz. Angeschlagen wird er mit einem Holzstock. Seine Tonhöhe ist ungefähr bestimmbar.

Der **Vibraslap** (engl. ausgesprochen) besteht aus einer Holzkugel, einem gebogenen Metallstab und einem Holzkästchen mit losen Metallstäbchen. Mit einer Hand hält man den Stab, mit der anderen schlägt man auf die Holzkugel, wodurch die Metallstäbe zum Rasseln gebracht werden.

Die **Cabasa** (auch **Afuché** [afuˈʃeː] genannt) ist ein Metallzylinder, um den Metallketten gelegt sind. Mit einer Hand umfasst man die Ketten, mit der anderen dreht man den Zylinder, wodurch ein rasselnder Klang entsteht.

Agogo Bells (**Sambaglocken**) sind zwei Glocken verschiedener Größe, die an einen u-förmigen Metallbügel angebracht sind. Sie werden mit einem Holzstab angeschlagen.

4.2.4 Melodieinstrumente (Stabspiele = Mallet-Instrumente)

Allgemeines

Stabspiele sind Idiophone, bei denen gestimmte Holz- oder Metallplatten in einer Reihe angeordnet sind. Sie werden in unterschiedlichen Größen gebaut. Man unterscheidet zwischen (→) *diatonischen* und (→) *chromatischen* Stabspielen. Angeschlagen werden sie mit Schlägeln (engl.: *mallet*). Im Orchester werden sie von Schlagzeugern gespielt.

Der Ton eines Stabspiels wird durch einen darunter liegenden Holzrahmen verstärkt. Manche Instrumente haben zusätzlich *Resonanzröhren* zur Verstärkung des Klangs.

Stabspiele aus Holz

Ein **Xylophon** (griech.: *xylos* – Holz) besitzt Holzstäbe. Sein Klang ist hell und kurz. Es wird mit und ohne Resonanzröhren gebaut.

Das **Marimbaphon** besitzt immer Resonanzröhren und ist tiefer als das tiefste Xylophon.

Stabspiele aus Metall (Metallophone)

Metallophone werden mit und ohne Resonanzröhren gebaut. Sie klingen lange nach; daher gibt es bei diesen zuweilen auch Dämpfer und ein Pedal, das dem rechten Pedal des Klaviers entspricht. Kleine Metallophone werden für gewöhnlich **Glockenspiele** genannt.

Stabspiel mit und ohne Resonanzröhren

Die **Celesta** [tʃeˈlɛsta] ist ein Metallophon mit Tastatur. Die Tasten bewegen Hämmerchen, die gegen Metallplättchen schlagen.

Das **Vibraphon** ist ein Stabspiel mit Resonanzröhren. Zwischen Stäben und Röhren befinden sich Scheiben, die mittels eines Elektromotors die Resonanzröhren öffnen und schließen. Dadurch erhält der Ton ein Vibrato.

4.3 Saiteninstrumente (= Chordophone)

4.3.1 Allgemeines und Einteilung

Bei den **Saiteninstrumenten** schwingen eine oder mehrere Saiten, bevor der Ton an den Klangkörper weitergegeben wird. Saiten bestehen in unserem Kulturkreis aus Tierdarm, Metall oder Kunstfaser.

Zum Stimmen einer Saite ist an einem Ende ein *Wirbel* angebracht, mit dem die Saitenspannung verändert werden kann. Je höher die Spannung, desto höher ist der Ton.

Saiteninstrumente werden im Folgenden eingeteilt in Instrumente **ohne** und **mit** Tastatur (z. B. Klavier).

4 Instrumentenkunde und die menschliche Stimme

Bei Saiteninstrumenten ohne Tastatur wird die Schwingung der Saiten auf einen **Resonanzkörper** (→ *Resonanz*) übertragen. Für gewöhnlich besitzen sie ein oder mehrere *Schalllöcher*, damit die im Resonanzkörper eingeschlossene Luft die Schwingungen besser an die äußere Luft übertragen kann.

Die meisten Saiteninstrumente ohne Tastatur besitzen ein *Griffbrett*. Auf diesem wird die Saite niedergedrückt und schwingt von der abgegriffenen Stelle ab. Oft sind am Griffbrett *Bünde* (zumeist quer zum Griffbrett verlaufende Metallstäbe) angebracht, die das Finden des Tones erleichtern.

Saiteninstrumente ohne Tastatur können gestrichen, gezupft oder angeschlagen werden.

4.3.2 Streichinstrumente (ohne Tastatur)

Bau einer Violine

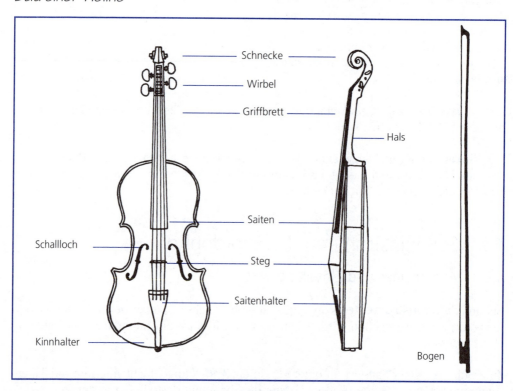

Die *Saiten* bestehen bei modernen Instrumenten aus Darm, Kunststoff oder Metall. Der *Steg* dient zur Übertragung der Saitenschwingungen auf den Klangkörper. Der *Stimmstock* im Inneren des Instruments überträgt die Schwingungen der Decke auf den Boden. Mittels des *Kinnhalters* kann die Geige zwischen Schulter und Kinn ohne Hand gehalten werden.

4.3 Saiteninstrumente

*Übersicht über die wichtigsten Instrumente
(Violine, Viola, Violoncello, Kontrabass)*

Name	Violine, Geige	Viola, Bratsche	Violoncello, Cello	Kontrabass
Spielhaltung	an der Schulter	an der Schulter	sitzend zwischen den Beinen, auf einem Stachel	stehend oder auf einem hohen Stuhl sitzend
Saitenstimmung	g, d^1, a^1, e^2	c, g, d^1, a^1,	C, G, d, a,	E_1, A_1, D, G

Zu Spielweise und Klang

Die Streichinstrumente werden mit der linken Hand abgegriffen, mit der rechten Hand werden die Saiten zum Klingen gebracht. Üblicherweise werden sie mit einem **Bogen** gestrichen, dessen Form bei den einzelnen Typen unterschiedlich ist. Der Bogen ist mit Pferdehaaren bespannt. Seine Haare müssen regelmäßig mit *Kolophonium*, einem speziellen Harz, bestrichen werden, um die Haftwirkung an den Saiten zu verstärken.

Die Streichinstrumente sind in ihrem Klang und in der Spielweise sehr flexibel. Da sie keine Bünde besitzen, sind sie in ihrer (→) *Intonation* sehr anpassbar. Sie verschmelzen gut miteinander. Aus diesen Gründen sind die Streicher seit dem Barock wesentlicher Bestandteil des Orchesters. – Der Kontrabass wird transponiert notiert (→ 4.6).

Besondere Spieltechniken

Durch Verwendung von *Doppelgriffen* ist auf Streichinstrumenten auch Zweistimmigkeit möglich.
Die Saiten können zudem mit dem Finger gezupft *(pizzicato)* oder mit der Bogenstange geschlagen werden (*col legno* = mit dem Holz). *Arco* (ital.: *l'arco* – der Bogen) bedeutet: wieder mit dem Bogen gestrichen.
Beim Spiel mit *Dämpfer (con sordino)* wird eine Klammer (Dämpfer) auf den Steg gesetzt und so dessen Schwingungsfähigkeit verringert. Der Ton wird leiser und in seiner Klangfarbe verändert.
Beim *Flageolett* wird ein Finger der linken Hand (Griffhand) nur leicht auf die Saite gelegt; dadurch ändert sich die Schwingungsart der Saite. Der Klang wird leise und sphärisch.

Zur Geschichte

Die heute üblichen Streichinstrumente entstanden im Laufe des 16. Jahrhunderts. Die Zeit zwischen 1600 und 1800 ist die Blütezeit des Geigenbaus mit den Familien *Amati*, *Guarneri* und *Stradivari*. Der Klang ihrer Instrumente ist bis heute unübertroffen.

Weitere gestrichene Instrumente

Früher waren noch eine Reihe weiterer Streichinstrumente im Gebrauch. Neben Violinen, Violen und Violoncelli gab es vor allem bis ins 18. Jahrhundert die **Gamben-Familie**. Diese besitzen im Gegensatz zu Violinen Bünde.

4.3.3 Zupfinstrumente (ohne Tastatur)

Zupfinstrumente werden entweder mit dem Finger oder mit einem **Plektrum**, einem kleinen Metall- oder Kunststoffplättchen, gezupft.

Alle folgenden Instrumente besitzen ein Griffbrett, mit Ausnahme der Harfe und der Leier.

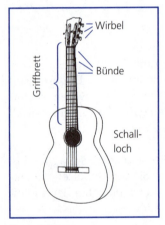

Konzertgitarre

Die akustische Gitarre

Man unterscheidet *Konzert-*, *Wander-* und *Westerngitarre*. Die **Konzertgitarre** besitzt ein breites Griffbrett. Ihre Saiten bestehen heute meist aus Nylon. Das Griffbrett der **Wandergitarre** ist schmaler; ihre Saiten sind aus Nylon oder Stahl. Die **Westerngitarre** besitzt Saiten aus Stahl und eine breitere Form.

Die Saiten der Gitarre sind folgendermaßen gestimmt: E A d g h e^1. Sie wird transponiert notiert (→ 4.6).

Die akustische Gitarre kann mit den Fingern oder mit einem *Plektrum* gezupft werden. Außerdem können Akkorde mit mehreren Fingern geschlagen werden.

Eine besondere Griffart ist der **Barré-Griff**, bei dem alle Saiten vom querliegenden Zeigefinger niedergedrückt werden. Beim *Halbbarré-Griff* geschieht dies mit einem Teil der Saiten.

Zur Veränderung der Stimmung dient ein **Kapodaster**; darunter versteht man eine Klammer, die auf das Griffbrett gespannt wird und das Instrument gewissermaßen verkürzt.

Wie bei Streichinstrumenten kann auch auf der Gitarre (→) *Flageolett* gespielt werden.

4.3 Saiteninstrumente

Zur Geschichte. Die Gitarre wurde im 13. Jahrhundert in Spanien entwickelt. Sie war im ausgehenden 18. und 19. Jahrhundert ein Modeinstrument der klassischen Musik. Im 20. Jahrhundert entwickelte sie sich durch die vielseitige Verwendungsmöglichkeit als Rhythmus- und Melodieinstrument und wegen der relativ einfachen Spielmöglichkeiten zu einem der am meisten verbreiteten Instrumente.

Die Elektrogitarre (E-Gitarre) und die halbakustische Gitarre

Die *Elektrogitarre* und die *halbakustische Gitarre* gehören zu den (→) *Elektrophonen*.

Der Körper der **Elektrogitarre** ist ein massives Brett aus Holz oder Kunststoff. Ihr Hals ist schmaler und länger als derjenige der Konzertgitarre. Ihre Saiten sind aus Stahl. Ein Ton wird erzeugt, indem die Schwingungen der Saiten bei *Tonabnehmern* Strom induzieren. Eine Elektrogitarre besitzt zumeist mehrere Tonabnehmer, die mittels Schalter am Instrument ein- und ausgeschaltet werden können, damit die Klangfarbe beeinflusst werden kann. Regler dienen zur Veränderung von Lautstärke, Höhen und Tiefen. Manche Elektrogitarren besitzen einen *Vibrator*, einen Stab, der die Saiten durch An- und Entspannung in der Tonhöhe verändert.

Die **halbakustische Gitarre** besitzt einen hohlen Klangkörper und Tonabnehmer wie die Elektrogitarre.

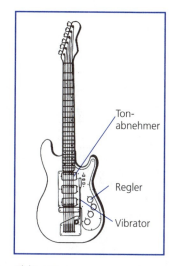

Elektrogitarre

Effektgeräte werden zwischen Instrument und Verstärker geschaltet. Sie werden auch bei anderen elektrischen Instrumenten eingesetzt (→ *E-Bass*, → *Keyboard*). Für die Rockmusik ist der *Verzerrer* typisch geworden. Ein *Wahwah* ahmt eben diese Lautfolge nach. Die Effekte *Chorus* und *Leslie* intensivieren den Klang.

Der E-Bass

Der **Elektrobass** oder **E-Bass** besitzt einen massiven Körper, *Tonabnehmer* und vier Saiten, die wie beim Kontrabass gestimmt sind: E_1, A_1, D, G. Er wird transponiert notiert (→ 4.6). Der E-Bass wird auch ohne Bünde gebaut (engl.: *fretless* – bundlos).

Die Laute

Der Klangkörper der **Laute** ist halbbirnenförmig, ihr Hals nach hinten geknickt. Sie besitzt 11 Saiten; von 10 Saiten sind je zwei auf den gleichen Ton gestimmt, sodass insgesamt also 6 verschiedene Töne vorhanden sind. Die Laute war bis zum 18. Jahrhundert das meistgespielte Zupfinstrument und wurde dann in ihrer Bedeutung von der Gitarre abgelöst.

4 Instrumentenkunde und die menschliche Stimme

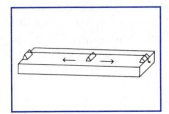
Monochord

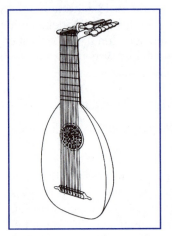
Laute

Mandoline

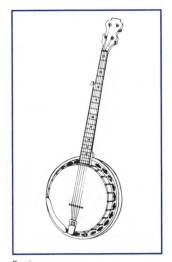
Banjo

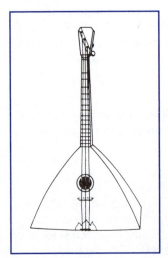
Balalaika

Die Mandoline

Der Klangkörper der **Mandoline** ist halbbirnenförmig. Sie besitzt 8 Saiten, von denen jeweils 2 auf demselben Ton gestimmt sind. Sie wird mit einem *Plektrum* gezupft, häufig im (→) *Tremolo*. In der Folklore sind Mandolinen-Orchester beliebt.

Das Monochord

Das **Monochord** ist ein *einsaitiges* Instrument mit *verschiebbarem* Steg zur Demonstration der Beziehungen zwischen Saitenverhältnissen und Intervallen (→ 3.1 *Reine Intervalle*). Es wurde bei den alten Griechen und im Mittelalter in der Musiktheorie verwendet.

Das Banjo

Der Klangkörper des **Banjos** ähnelt dem einer kleinen Trommel, da sein Rahmen mit einem Fell bespannt ist. Es hat in der Regel 5 Saiten, sein Griffbrett hat Bünde. Das Instrument wird mit einem *Plektrum* gespielt.

Die Balalaika

Die **Balalaika** besitzt einen dreieckigen Körper, ein Griffbrett mit Bünden und drei Saiten. Sie stammt aus der russischen Folklore.

Die Zither

Die **Konzertzither** liegt auf dem Tisch und wird von oben bespielt. Teil des Instruments ist ein schmales Griffbrett mit Bünden und 5 Melodiesaiten. Diese werden mit einem Metallring mit dem rechten Daumen gezupft. Die bis zu 42 Begleit- oder Basssaiten werden mit den übrigen Fingern der rechten Hand gezupft. Die Zither stammt aus der alpenländischen Folklore.

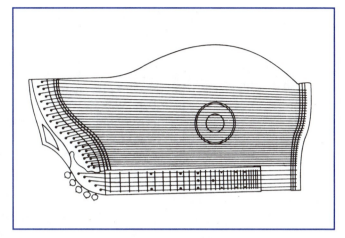
Zither

Die einfache **Akkordzither** besitzt kein Griffbrett und somit auch keine abzugreifenden Melodiesaiten.

Die Harfe

Die **Harfe** gehört zu den *Instrumenten ohne Griffbrett*. Bei diesen sind mehrere Saiten von verschiedener Tonhöhe angebracht. Sie zählt zu den frühesten Saiteninstrumenten und war schon bei den alten Ägyptern bekannt.

Die Harfe ist aus dem Schießbogen entstanden. Die moderne Konzertharfe besitzt 45 bis 47 Saiten unterschiedlicher Länge, die (→) *diatonisch* gestimmt sind. Durch Pedale können einzelne Saiten um einen oder zwei Halbtöne nach oben gestimmt werden. Demnach sind alle (→) *chromatischen* Töne möglich.

Die Harfe wird mit beiden Händen gespielt; ihre Töne

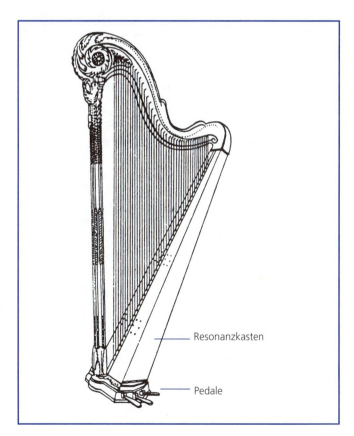

4 Instrumentenkunde und die menschliche Stimme

werden gedämpft, indem die Saiten mit der Hand berührt werden.

Die Leier

Bei der **Leier** stehen auf einem Resonanzkörper zwei nach oben laufende Arme, die durch eine Querstange miteinander verbunden sind. Zwischen dieser und dem Resonanzkörper sind die Saiten angebracht. Die Leier war und ist vornehmlich ein Instrument der Volksmusik.

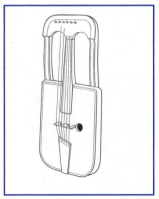
Crwth (keltische Leier)

4.3.4 Geschlagenes Saiteninstrument (ohne Tastatur)

Das Hackbrett

Das **Hackbrett** besteht aus einem Resonanzkörper, über dem Saiten gespannt sind. Angeschlagen wird es mit zwei *Holzschlägeln*. Es wird in der Volksmusik Südosteuropas und der Alpenländer gepflegt.

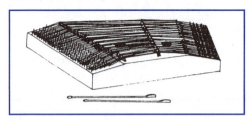
Hackbrett

4.3.5 Saiteninstrumente mit Tastatur

Allgemeines

Allen **Saiteninstrumenten mit Tastatur** ist gemeinsam, dass durch Tastendruck eine Saite zum Schwingen gebracht wird. Die Saiten werden
a) mit einem Metallstift angeschlagen und festgehalten (Clavichord),
b) gezupft (Cembalo),
c) mit einem Hammer angeschlagen (Klavier).
Die Schwingung der Saiten wird durch einen **Resonanzboden** verstärkt.

Bis ins ausgehende 18. Jahrhundert waren Kompositionen für Tasteninstrumente nicht eindeutig für eines dieser Instrumente bestimmt, wenngleich oft eines bevorzugt war. Kompositionen für Orgel waren eindeutig, wenn sie eine (→) *Pedalstimme* und somit häufig 3 Systeme aufwiesen.

Das Clavichord

Beim **Clavichord** werden die Saiten mittels eines Metallstiftes angeschlagen und festgehalten. Wird eine Taste niedergedrückt, so schlägt ein Stift auf die Saite. Der vom Spieler her gesehene linke Abschnitt der geteilten Saite wird durch einen Filzstreifen abgedämpft, der rechte Abschnitt der Saite kann schwingen. Wird die Taste wieder losgelassen, dämpft der Filzstreifen (wieder) die ganze Saite.

4.3 Saiteninstrumente

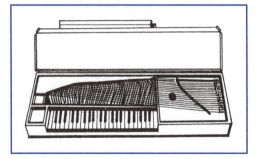

Clavichord

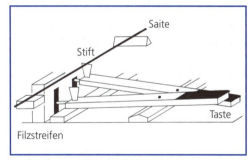

Mechanik eines Clavichords

Der Ton des Clavichords ist sehr leise und stark veränderbar. Zum einen kann die Lautstärke durch den Anschlag bestimmt werden, zum anderen kann der Ton nach dem Niederdrücken der Taste durch Vibrieren der Finger ein (→) *Vibrato* erhalten.

Zur Geschichte. Das Clavichord entwickelte sich aus dem (→) *Monochord* des Mittelalters. Es war besonders im 18. Jahrhundert beliebt. Im ausgehenden 18. Jahrhundert wurde es durch das (→) *Hammerklavier* abgelöst.

Das Cembalo

Beim **Cembalo** [ˈtʃɛmbalo] werden die Saiten gezupft. Wird eine Taste niedergedrückt, so wird ein *Springer* nach oben geworfen. An diesem Springer ist ein Kiel, also ein Stift, befestigt, der die Saite anreißt. Die Saite kann jetzt frei schwingen. Da beim Loslassen der Taste der Kiel die Saite nicht nochmals anreißen soll, legt er sich beim Hochschnellen der Taste zurück. Beim Loslassen der Taste fällt der Springer in seine ursprüngliche Lage, in der ein Dämpfer das Weiterklingen der Saite verhindert.

Beim Cembalo hat die Stärke des Anschlags keinen Einfluss auf die Tongebung. Der Klang ist wesentlich kräftiger als derjenige des Clavichords.

Es gibt auch Instrumente, bei denen einer Taste mehrere Saiten zugeordnet sind. Mittels Hand-, Knie- oder Fußhebel können die Saiten jeweils an- und ausgeschaltet werden. Die

Cembalo

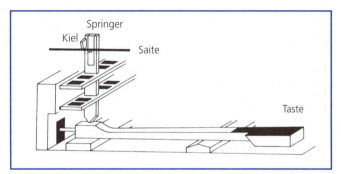

Mechanik eines Cembalos

79

einer Taste zugeordneten Saiten können sich in Klangfarbe, Tonstärke und Tonhöhe unterscheiden. Deren Anzahl entspricht der Anzahl der (→) *Register* eines Instruments. – Auch zweimanualige Cembali waren bzw. sind im Gebrauch.

Zur Geschichte. Das Cembalo wurde um 1500 konstruiert. Es war neben der Orgel das wichtigste Tasteninstrument, bis es im 18. Jahrhundert vom (→) *Hammerklavier* ersetzt wurde. Heute werden im Zuge der (→) *historischen Aufführungspraxis* wieder verstärkt Cembali gebaut.

Das Klavier

Der Begriff **Klavier** besitzt verschiedene Bedeutungen.
a) Ursprünglich und in einem ganz weiten Sinne bezeichnet der Begriff alle Instrumente mit Tastatur, also sowohl Saiteninstrumente mit Tastatur, als auch die Orgel (engl.: *keyboard*).
b) In einem engeren Sinne versteht man unter *Klavier* ein Instrument, bei welchem die Saiten mittels eines Hammers angeschlagen werden, wonach sie in ihrer ganzen Länge schwingen können. Die Saiten können horizontal oder vertikal angeordnet sein.
c) Im engen Sinne versteht man unter dem Begriff ein Instrument wie bei b) beschrieben, bei welchem die Saiten vertikal verlaufen. Die Form, bei der die Saiten horizontal verlaufen, wird **Flügel** genannt.

Im Folgenden wird der unter c) erläuterte Begriff von Klavier verwendet.

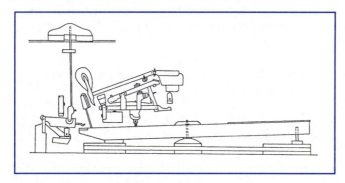

Bild einer modernen Flügelmechanik

Jeder Taste eines Flügels oder Klaviers sind eine oder mehrere Saiten zugeordnet: bei tiefen Tönen eine, bei mittleren zwei und bei hohen Tönen drei Saiten. Wird eine Taste gedrückt, so schnellt mittels eines komplizierten Mechanismus ein *Hämmerchen* gegen die Saite(n) und schnellt ein Stück zurück, damit die Saite(n) frei schwingen kann (können). Gleichzeitig wird ein Filzdämpfer von der (den) Saite(n) gelöst, damit diese frei schwingen kann (können). Wird die Taste losgelassen, wird der Filzdämpfer wieder gegen die Saite(n) gedrückt.

Durch das (linke) *Dämpferpedal* wird der Klang gedämpft, d. h. er wird leiser und von anderer Klangfarbe. Beim Klavier geschieht dies, indem die Hämmerchen näher an die Saiten geführt werden; beim Flügel wird die gesamte Tastatur verschoben, sodass die Hämmerchen nicht mehr alle Saiten treffen können.

Das (rechte) *Haltepedal* entfernt die Dämpfer von den Saiten. Angeschlagene Saiten können so ungehindert schwingen; zudem werden durch (→) *Resonanz* andere Saiten in Schwingung versetzt und sorgen für größere Klangfülle. Das rechte Pedal wird sehr häufig verwendet, ohne dass es eigens notiert ist. Das Treten des rechten Pedals wird seit dem ausgehenden 18. Jahrhundert zuweilen durch das Zeichen ℘. gefordert; das Loslassen wird durch das Zeichen ❋ markiert.

Bei modernen Flügeln können durch ein drittes (mittleres) Pedal einzelne Töne ausgehalten werden, während die übrigen Saiten abgedämpft werden.

Der **Flügel** besitzt gegenüber dem Klavier ein größeres Klangvolumen, außerdem eine schnellere Mechanik, sodass insbesondere Töne rascher wiederholt werden können. Klaviere und Flügel werden in unterschiedlichen Größen gebaut.

Zur Geschichte. Zu Beginn des 18. Jahrhunderts wurde in Italien der erste Flügel mit Hammermechanik gebaut. Die Mechanik wurde bis zum ausgehenden 19. Jahrhundert stark verändert. In der zweiten Hälfte des 19. Jahrhunderts erhielten Flügel und Klavier ihren heutigen Klang. Zur Unterscheidung von den modernen Instrumenten hat sich für die älteren der Begriff *Hammerflügel* bzw. *Hammerklavier* eingebürgert, obwohl vom Bau her das moderne Klavier auch ein „Hammerklavier" ist. Der Hammerflügel ist schwächer im Klang, weniger kontrastreich in der Dynamik und nicht so lange nachklingend wie sein moderner Nachkomme.

4.4 Blasinstrumente, Harmonikainstrumente und Orgel (= Aërophone)

4.4.1 Einteilungen

Bei **Aërophonen** wird ein Luftstrom in periodische Schwingungen versetzt. Man unterscheidet bzgl. der Tonerzeugung zwischen *Blasinstrumenten*, *Harmonikainstrumenten* und *Orgel*.

Bei **Blasinstrumenten** befindet sich eine schwingende *Luftsäule* in einem Rohr; der Luftstrom wird durch den menschlichen Atem erzeugt. Blasinstrumente werden nach dem Merkmal eingeteilt, wie die Luft zum Schwingen gebracht wird: Man unterscheidet
∞ *Blechblas-*,
∞ *Flöten-* und
∞ *Rohrblattinstrumente*.
Flöten- und *Rohrblattinstrumente* werden auch **Holzblasinstrumente** genannt. Aus dieser Bezeichnung kann man aber keine Rückschlüsse auf das Material der Instrumente ziehen.

Bei **Harmonika-** oder **Zungeninstrumenten** wird ein Ton erzeugt, indem der Luftstrom durch ein kleines Metallblättchen (*Zunge*) in periodische Schwingungen versetzt wird. Hier schwingt keine in einem Rohr eingeschlossene Luftsäule.

4 Instrumentenkunde und die menschliche Stimme

Bei der **Orgel** wird der Luftstrom durch einen Blasebalg oder mit einem elektrischen Gebläse erzeugt; die Pfeifen gehören zu den Flöten- und zu den Zungeninstrumenten.

4.4.2 Blechblasinstrumente

Tonerzeugung und Bau

Die **Tonerzeugung** in **Blechblasinstrumenten** geschieht dadurch, dass der Bläser seine Lippen derart spannt, dass sie durch den Atemstrom in Schwingung versetzt werden.

Alle Blechblasinstrumente besitzen folgende **allgemeinen Baumerkmale**. Das **Mundstück** dient dazu, dass die Lippen freier schwingen können, sowie zur besseren Übertragung der Lippenschwingungen auf das Instrument. Der Hauptteil des Instruments wird **Röhre** genannt; diese ist zumeist gewunden, wobei die Windungen keinen Einfluss auf den Klang haben. Der **Trichter**, auch *Stürze* genannt, dient zur Verstärkung des Schalles und zu dessen besserer Ausbreitung im Raum.

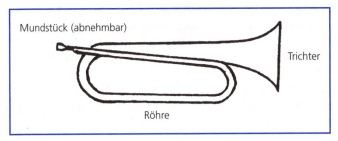

Bau einer Naturtrompete, also einer Trompete ohne Ventile

Erzeugung verschiedener Tonhöhen. Wenn der Spieler eines Blechblasinstruments die Lippen allmählich immer stärker anspannt, ohne *Zug* oder *Ventile* zu betätigen, entstehen die (→) *Naturtöne*. Um die fehlenden Töne der (→) *chromatischen Tonleiter* spielen zu können, sind Mechanismen erforderlich, die das Instrument gewissermaßen verlängern. Bei der Posaune geschieht dies durch einen **Zug**, ein bewegliches Rohrstück, mit dem die Länge des Instruments stufenlos verändert werden kann.

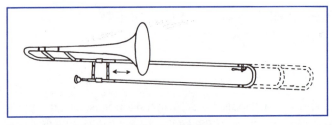

Posaune mit verschiedenen Stellungen des Zuges

Bei den übrigen Blechblasinstrumenten geschieht dies durch **Ventile**, welche zusätzliche Röhren zur Verlängerung des Instruments öffnen.

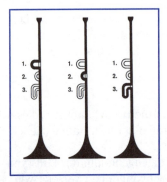

Funktionsweise der Ventile

Das Drücken des vorderen Ventils transponiert das Instrument um zwei Halbtöne, das mittlere um einen und das

4.4 Blasinstrumente, Harmonikainstrumente und Orgel

hintere um drei Halbtöne nach unten. Durch Kombination der drei Ventile kann das Instrument bis zu sechs Halbtönen tiefer werden.

Übersicht über die wichtigsten heutigen Blechblasinstrumente

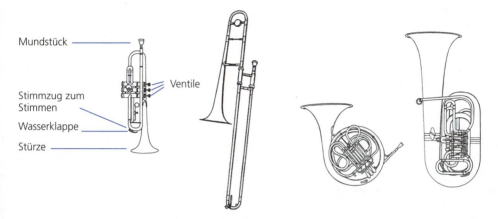

	Trompete in B	**Tenorposaune**	**Waldhorn in B und F**	**Basstuba**
Mundstück	kesselförmig		trichterförmig	
Form des Rohres (vorwiegend)	gerade, Durchmesser bleibt gleich		gewunden, Durchmesser wird größer	
Trichter	eher klein, nach vorne gerichtet		eher groß, schräg nach hinten gerichtet	eher groß, nach oben gerichtet
Verlängerung der Röhre durch	3 Ventile	Zug	4 Ventile	4 bis 6 Ventile
Vorläufer	Röhre aus Holz oder Bambus		Tierhorn	—
Entstehung	Ventiltrompete Anfang des 19. Jahrhunderts	im 16. Jahrhundert	Ventilhorn Anfang des 19. Jahrhunderts	1835
Klang	hell und schmetternd	wandlungsfähig	dunkel und weich	

Dämpfer sind Körper verschiedenen Materials und unterschiedlicher Form, die in den Trichter gesteckt werden können. Sie schwächen den Klang ab und verändern ihn. Besonders leise sind spezielle *Übedämpfer*.

4   Instrumentenkunde und die menschliche Stimme

Die Posaune

Posaunen wurden seit ihrer Entstehung in verschiedenen Größen gebaut (Sopran, Alt, Tenor, Bass). Sie konnten von Anfang an eine chromatische Skala erzeugen und sind seitdem nur wenig verändert worden. Am Ende des 18. Jahrhunderts verschwand die Sopran-Posaune allmählich. Die Tenorposaune wurde vorherrschend. Die Bassposaune wird heute meistens durch die *Tenor-Bassposaune* ersetzt. Diese besitzt ein *Quartventil*, mit welchem das Instrument um eine Quarte nach unten transponiert werden kann (siehe auch 4.6).

Da der Zug der Posaune stufenlos herausgezogen werden kann, ist ein kontinuierlicher Übergang zwischen zwei Tönen (→ *glissando*) möglich.

Die Trompete

Trompeten waren bereits im Altertum bekannt. Bis zu Beginn des 19. Jahrhunderts wurden **Naturtrompeten** verwendet, also Trompeten ohne Ventile. Sie konnten lediglich die Naturtöne hervorbringen, ihr Tonvorrat war somit ziemlich eingeschränkt. Damit die Instrumente in verschiedenen Tonarten gespielt werden konnten, waren verschiedene Stimmungen vonnöten. Man baute hierzu zum einen Instrumente unterschiedlicher Größe (in C, D, E usw.); zum anderen konnte ein Instrument durch Aufstecken von verschiedenen Bögen in seiner Länge verändert werden.

Zu Beginn des 19. Jahrhunderts kamen die **Ventiltrompeten** auf, die nur halb so lang sind wie die Naturinstrumente. Die Ventiltrompeten setzten sich aber erst in der zweiten Hälfte des 19. Jahrhunderts gänzlich durch. Heute ist die (Ventil-)Trompete in B üblich.

Am Ende des 19. Jahrhunderts wurde die sog. **Bachtrompete in hoch B** entwickelt; sie hat die halbe Länge der normalen Trompete und dient zur besseren Bewältigung hoher Partien der (→ 6.2) *Barockmusik*. Trompeten werden transponiert notiert (→ 4.6).

Das Waldhorn (Horn)

Das **Naturwaldhorn** entstand im 17. Jahrhundert. Wie im Fall der Trompeten gab es Instrumente verschiedener Größe und unterschiedliche Aufsätze zur Veränderung der Länge des Instruments. Im 19. Jahrhundert wurde das Naturwaldhorn durch Anbringen von Ventilen zum (Ventil-)**Waldhorn** (kurz: Horn). Heute sind Stimmungen in F und (hoch) B üblich. Gebräuchlich ist außerdem das **Doppelhorn**, eine Kombination von Horn in F und B, bei dem durch ein Ventil zwischen beiden Stimmungen hin- und hergeschaltet werden kann. Beim Spielen des Waldhorns wird üblicherweise die rechte Hand in die Stürze gesteckt, um den Klang zu verändern und um die Tonhöhe zu beeinflussen. Es wird transponiert notiert (→ 4.6).

Die Basstuba (Tuba)

Neben der **Basstuba** (kurz: Tuba) ist heute die **Kontrabassstuba** im Gebrauch, die eine Quarte tiefer klingt. Von der gleichen Größe und von ähnlichem Klang wie die Kontrabasstuba ist das *Sousaphon* mit nach vorne gerichteter Stürze.

4.4 Blasinstrumente, Harmonikainstrumente und Orgel

Weitere Blechblasinstrumente

Althorn, **Tenorhorn** und **Bariton** sind gewissermaßen kleine Basstuben. Sie sind vor allem in der Blasmusik von Bedeutung.

Die **Wagnertuba** ist eine Mischform zwischen Basstuba und Waldhorn. Sie wurde von *Richard Wagner* ins Orchester eingeführt.

Der **Zink** (ital.: *cornetto*) besitzt einen hölzernen Körper mit Grifflöchern wie die Flöte. Wegen seines Trompetenmundstückes gehört er zu den *Blechblasinstrumenten*. Sein Klang ähnelt dem einer Trompete. Zinken wurden in mehreren Größen gebaut; das Bassinstrument ist der schlangenförmig gewundene **Serpent**. Zinken und der Serpent wurden vom 16. bis ins 19. Jahrhundert verwendet.

4.4.3 Flöteninstrumente

Allgemeines zur Veränderung der Tonhöhe bei Holzblasinstrumenten

Bläst man auf einem Holzblasinstrument, also einer Flöte oder einem Rohrblattinstrument, allmählich immer stärker, so entstehen wie bei den Blechblasinstrumenten verschiedene (→) *Naturtöne*. Im Fall der Holzblasinstrumente wird für den leichteren Ansatz des zweiten Naturtones das *Oktavloch* oder die *Oktavklappe* betätigt.

Während die schwingende Luftsäule der Blechblasinstrumente durch den Zug oder durch Ventile *verlängert* wird, wird sie bei den Holzblasinstrumenten *verkürzt*. Dies geschieht durch Öffnen von Löchern.

))))))))))))))))))))))))))))   )))))))))))))

schwingende Luftsäule

Bei vielen Instrumenten geschieht das Öffnen und Schließen der Löcher auch mit Klappen.

Tonerzeugung und Einteilung

Bei den **Flöten** trifft ein bandförmiger Luftstrom auf eine Kante oder Schneide. Dadurch kommen Luftwirbel zustande, welche die Luftsäule im Instrument in Schwingung versetzen. Man unterscheidet zwei Arten von Flöten. Bei den **Flöten mit Kernspalte** wird der bandförmige Luftstrom durch eine schmale Spalte erzeugt. Die bei uns gebräuchliche Form der Flöten mit Kernspalte ist die **Blockflöte**. Bei den **Flöten ohne Kernspalte** wird der bandförmige Luftstrom durch die Lippen hervorgebracht. Die bei uns gebräuchliche Form ist die **Querflöte**.

Die Blockflöten

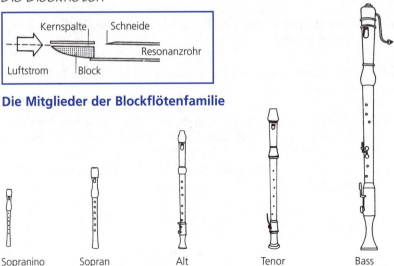

Die Mitglieder der Blockflötenfamilie

Sopranino   Sopran   Alt   Tenor   Bass

Heute wird vor allem die Sopran-Blockflöte verwendet. Sie wird transponiert notiert (→ 4.6).

Zur Geschichte. Die Blockflöte kam im Mittelalter aus Asien nach Europa. Im 18. Jahrhundert wurde sie von der Querflöte verdrängt. Im 20. Jahrhundert fand die Blockflöte als einfach zu lernendes Instrument in der Musikpädagogik weite Verbreitung.

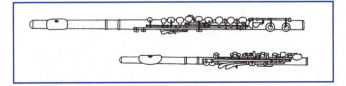

Große Querflöte und Piccoloflöte

Die Querflöten

Die **(Große) Querflöte** besitzt ein Loch seitlich an der Röhre, die an einem Ende geschlossen ist. Im 18. Jahrhundert verdrängte die Querflöte die bis dahin übliche Blockflöte. Sie bestand bis zum 19. Jahrhundert aus Holz. Heute ist sie aus Metall; dennoch gehört sie zu den *Holzblasinstrumenten*.

Die **Kleine Flöte (Piccoloflöte)** besteht aus Holz und klingt eine Oktave höher als die Große Querflöte, da sie nur halb so groß ist. Sie wird transponiert notiert (→ 4.6). Die Piccoloflöte ist das in der Tonlage höchste Orchesterinstrument.

Weitere Flöte: Die Panflöte

Die einfachste Flöte ohne Kernspalte entsteht, wenn ein auf einer Seite offenes, auf der anderen Seite geschlossenes Rohr seitlich angeblasen wird. Sind solche Flöten in verschiedener Größe nebeneinander angeordnet, spricht man von einer **Panflöte**.

4.4.4 Rohrblattinstrumente

Tonerzeugung

Bei den **Rohrblattinstrumenten** schwingt durch das Anblasen zunächst ein Mundstück mit einem oder zwei Rohrblättern. Die Blätter bestehen aus Schilfrohr. Einfache Rohrblätter sind wesentlich größer als Doppelrohrblätter.

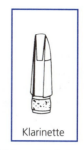
Klarinette

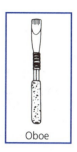
Oboe

Nicht maßstabsgerechte Mundstücke

Die wichtigsten heutigen Rohrblattinstrumente

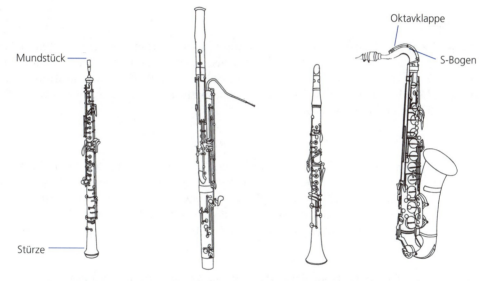

	Oboe	Fagott	(Große) Klarinette in B und A	Tenorsaxophon
Mundstück	doppeltes Rohrblatt		einfaches Rohrblatt	
Material	Holz	Holz	Holz	Metall
Teile	3	5	5	3
Trichter	recht klein	recht klein	relativ klein	recht groß
Entstehung	im 17. Jahrhundert	im 16. Jahrhundert	um 1700	um 1840
Klang	klar	ruhig und markant	glatt, weich, auch kräftig	sehr wandlungsfähig

4 Instrumentenkunde und die menschliche Stimme

Die Oboe

Die **Oboe** ist seit dem 17. Jahrhundert das wichtigste hohe Holzblasinstrument des Orchesters (→ 4.1 *Stimmton*). Verwandte Formen sind die **Oboe da caccia** (eine Quinte tiefer), das **Englisch Horn** mit einem birnenförmigen Trichter (eine Quinte tiefer) und die **Oboe d´amore** ebenfalls mit einem birnenförmigen Trichter (eine kleine Terz tiefer). Diese Instrumente werden transponiert notiert (→ 4.6).

Das Fagott

Seit dem 17. Jahrhundert ist das **Fagott** eines der wichtigsten Blasinstrumente in der Basslage. Eine verwandte Form ist das **Kontrafagott**, das eine Oktave tiefer klingt und transponiert notiert wird (→ 4.6).

Die Klarinette

Die **(Große) Klarinette** bekam erst am Ende des 18. Jahrhunderts einen festen Platz im Orchester. Ihre Grifftechnik ist komplizierter als diejenige anderer Holzblasinstrumente. Die Große Klarinette ist heute in B und A im Gebrauch. Verwandt sind die **Kleine Klarinette** in Es (eine Quarte höher) und die **Bassklarinette** (eine Oktave tiefer). Klarinetten werden transponiert notiert (→ 4.6).

Das Saxophon

Das **Saxophon** wurde um 1840 von dem Belgier *Adolphe Sax* erfunden. Es gehört zu den Holzblasinstrumenten, obwohl es aus Metall besteht. Es wird in sehr verschiedenen Größen gebaut. Heute sind Alt- und Tenorsaxophon am weitesten verbreitet. Durch seine flexible Tongebung ist es im Jazz eines der am meisten verwendeten Instrumente. Es wird auch in der Rock- und Popmusik eingesetzt. Saxophone werden transponiert notiert (→ 4.6).

Formen und Größenverhältnisse der verschiedenen Saxophonarten

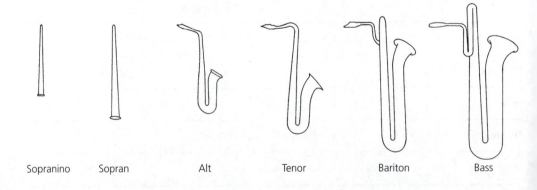

Sopranino   Sopran   Alt   Tenor   Bariton   Bass

4.4 Blasinstrumente, Harmonikainstrumente und Orgel

Weiteres Rohrblattinstrument:
Das Krummhorn

Das **Krummhorn** ist ein altes Doppelrohrblattinstrument mit einer *Windkapsel*. Der Spieler bläst durch ein einfaches Mundstück in diese, in der sich das Doppelrohrblatt befindet. Klangfarbe und Lautstärke können beim Spielen nicht beeinflusst werden.

Krummhörner wurden in verschiedenen Größen gebaut. Ihre Löcher entsprechen denen der Blockflöte.

Das Krummhorn war im 16. und 17. Jahrhundert eines der gebräuchlichsten Instrumente. Heute werden Krummhörner im Zuge der (→ 6.2) *historischen Aufführungspraxis* wieder gebaut.

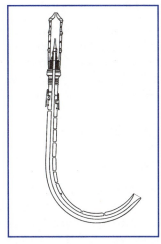

Querschnitt durch ein Krummhorn

4.4.5 Harmonikainstrumente (Zungeninstrumente)

Bei den **Harmonika-** oder **Zungeninstrumenten** wird der Luftstrom durch ein kleines Metallblättchen (*Zunge*) in periodische Schwingungen versetzt. Eine schwingende Luftsäule ist für die Klangerzeugung nicht nötig.

Das Akkordeon

Das **Akkordeon** besteht aus zwei festen Teilen und einem *Balg* dazwischen, welcher vom Spieler abwechselnd auseinander- und zusammengezogen wird. Es wird durch Gurte am Körper gehalten. Die linke Hand kann mittels Knöpfen Einzeltöne oder Akkorde zur Begleitung spielen. Die rechte Hand greift auf einer Tastatur (*Pianoakkordeon*) oder auf Knöpfen (*Knopfakkordeon*) einzelne Töne.

Akkordeons haben verschiedene (→) *Register*. Die Anzahl der Tasten, Register und Knöpfe variiert je nach der Größe des Instruments.

Das Akkordeon wird hauptsächlich in der Volksmusik eingesetzt.

Das Bandoneon

Das **Bandoneon** ist eng verwandt mit dem Akkordeon. Es ist zumeist quadratisch und wird auf den Knien gespielt. Für die rechte und linke Hand sind Knöpfe vorgesehen. Es wird vor allem im Tango eingesetzt.

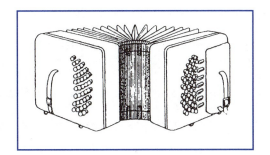

Bandoneon

89

Die Mundharmonika

Die **Mundharmonika** besteht aus einem Holzstück mit *Windkanälen*. Jeder Windkanal besitzt zwei Zungen unterschiedlicher Tonhöhe, eine für Druck-, eine für Saugluft. Bei der *chromatischen Mundharmonika* kann durch einen Hebel das ganze Instrument um einen Halbton nach oben transponiert werden. Mundharmonikas werden in verschiedenen Größen gebaut. Sie werden in der Volksmusik und der populären Musik verwendet.

4.4.6 Die Orgel

Einführung

Die **Orgel** im engeren Sinne oder die **Pfeifenorgel** (griech.: *organon* – das Werkzeug, Instrument) ist ein Tasteninstrument, bei dem mittels Tastendruck Luft durch Pfeifen strömt, wodurch Töne entstehen. Der Begriff der Orgel im weiteren Sinne schließt neben der *Pfeifenorgel* auch (→) *elektronische Orgeln* ein.

Die Pfeifenorgel ist das größte und komplizierteste Musikinstrument und wird auch als „Königin" der Instrumente bezeichnet. Sie findet hauptsächlich in Kirchen ihren Platz, wo es oft prächtige Außenansichten gibt. Die Zahl der Pfeifen variiert stark. Eine kleinere Orgel hat nur einige Hundert, eine mittelgroße Orgel zwischen 2000 und 3000 Pfeifen, die größte Orgel über 50 000 Pfeifen. Die Länge der Pfeifen reicht von wenigen Millimetern bis zu knapp 6 Metern.

Der **Spieltisch** der Orgel besteht mindestens aus einem, zumeist mehreren **Manualen** (bis zu 5) (lat.: *manus* – die Hand), also (→) *Tastaturen* für die Hände. Jede Orgel hat darüber hinaus ein **Pedal** (lat.: *pes* – der Fuß), d. h. eine Tastatur für die Füße. Neben den Manualen sind **Registerzüge** oder **Registerschalter** angebracht, mit denen man die Klangfarbe wählen kann.

Funktionsweise

Allgemeines. Jeder Taste am Spieltisch ist eine *Tonkanzelle*, ein hölzernes Kästchen, zugeordnet, auf dem verschiedene Pfeifen für einen Ton, z. B. c^1, angeordnet sind. Mittels eines elektrischen Gebläses wird in der *Windkammer* ein Überdruck erzeugt. Früher wurde dieser mittels eines mechanischen Blasebalgs hervorgerufen.

Wird nun eine Taste gedrückt, so wird diese Bewegung auf das *Spielventil* übertragen. Dieses wird geöffnet und der Überdruck aus der Windkammer wird in die dieser Taste zugeordnete Tonkanzelle weitergeleitet. Es erklingt jedoch noch kein Ton, da die Luft noch nicht durch die Pfeifen strömen kann.

Erst wenn am Spieltisch ein bestimmter **Registerschalter** betätigt („ein Register gezogen") wird, beispielsweise für die Trompete, kann die Luft durch die entsprechende Pfeife strömen. Der Ton klingt so lange, bis die Taste wieder losgelassen wird.

4.4 Blasinstrumente, Harmonikainstrumente und Orgel

Die Betätigung eines *Registerschalters* öffnet alle Ventile für eine bestimmte Pfeifenart, die Betätigung des Trompetenregisters also alle Ventile für die „Trompeten". Hierzu ist ein komplizierter Mechanismus notwendig, bei dem heute auch elektrischer Strom verwendet wird. Bei Betätigung eines bestimmten Registerschalters kann also auf der Tastatur mit einer bestimmten Klangfarbe gespielt werden.

Unter einem **Register** bei einem mehrstimmigen Instrument versteht man also die Gesamtheit aller Töne gleicher Klangfarbe. Jedem Manual und dem Pedal sind jeweils mehrere Register zugeordnet. Die Register sind beliebig kombinierbar, was den großen Klangreichtum der Orgel ausmacht.

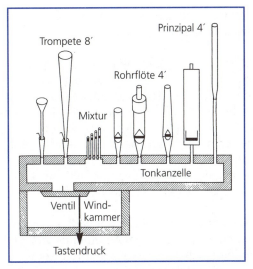

Schematische Darstellung der Funktionsweise *einer* Taste

Genaueres zu Pfeifen und Registern. Die Klangfarben der Register sind sehr unterschiedlich. Man unterscheidet zwei verschiedene Pfeifenarten. Die **Labialpfeifen** (auch **Lippenpfeifen** genannt) funktionieren wie (→) *Blockflöten*. Die Länge der Pfeifen ist für deren Tonhöhe verantwortlich. Die **Zungenpfeifen** entsprechen den (→) *Harmonikainstrumenten*. Ihr Klang ist oboenartig näselnd oder schnarrend. Die Form ist zuweilen recht bizarr. Nicht nur die Länge der Röhren ist hier für die Tonhöhe verantwortlich, sondern auch die Länge der Zungen. – Die Klangfarbe einer Pfeife hängt außer von der Tonerzeugung auch vom Material (Holz oder Metall) und von der Form der Pfeifen ab.

Die Namen der Register beziehen sich oft auf Instrumente (z. B. Posaune, Rohrflöte), auf Funktionen (*Prinzipal* = Hauptstimme) oder auf Phantasievorstellungen (z. B. *vox humana* = die menschliche Stimme).

Die einer Taste zugeordneten Pfeifen besitzen unterschiedliche Tonhöhen. Die Pfeifen, die der normalen Tonhöhe (wie auf dem Klavier) entsprechen, nennt man **8-Fuß-Pfeifen**; ein Register, das aus 8-Fuß-Pfeifen besteht, heißt **8-Fuß-Register** bzw. **8'-Register**. Register, die eine Oktave höher klingen, als gespielt wird, nennt man **4'-Register**, solche die zwei Oktaven höher klingen **2'-Register**. Ein **16'-Register** ist eine Oktave tiefer, als gespielt wird. Die Namen rühren daher, dass eine Labialpfeife für das große C 8 Fuß (8 × 30 cm) lang ist, für das kleine c nur 4 Fuß usw.

Durch Hinzuziehen von Pfeifen „höherer Register" (z. B. 4' und 2') hört man beim Niederdrücken einer Taste nicht zwei oder drei Töne, vielmehr wird der Ton des 8'-Registers durch den oder die höheren Töne der kleineren Pfeifen verändert und verstärkt.

Mixtur nennt man ein Register, das aus einer Kombination von Pfeifen verschiedener Fußlagen besteht.

Registrieren. Wenn den Manualen und dem Pedal unterschiedliche Register zugeordnet werden, können drei selbstständige Stimmen in unterschiedlicher Klangfarbe gespielt werden. Außerdem sind verschiedene Abschnitte eines Stückes in unterschiedlicher Klangfarbe spielbar. Unter dem **Registrieren** eines Stückes für die Orgel versteht man die Zuordnung einzelner Musikabschnitte zu Registern und Manualen. Da die Orgeln sehr unterschiedlich sind, haben die Komponisten selten genaue Vorschläge zur Registrierung gegeben. Diese ist von der Orgel abhängig und besonders vom Organisten. Zur Erleichterung der Registrierung sind bei manchen moderneren Orgeln am Spieltisch Schalter für Voreinstellungen angebracht.

Schweller. Unter einem **Schweller** versteht man eine vor manchen Pfeifengruppen angebrachte jalousieartige Anordnung von Holzbrettern, die mittels eines Fußhebels am Spieltisch gedreht werden können, wodurch der Klang der Pfeifen stufenlos lauter und leiser wird. Schweller sind bei manchen modernen Orgeln zu finden.

Zur Geschichte

Die Orgel entstand in der Antike im 3. Jahrhundert vor Christus. Um 800 gelangte sie in die westlichen Kirchen. Die große Zeit des Orgelbaus beginnt nach 1600. Berühmte Orgelbauer sind *Arp Schnitger* sowie *Andreas und Gottfried Silbermann* (17./ 18. Jahrhundert).

4.5 Elektromechanische und elektronische Instrumente (= Elektrophone)

4.5.1 Begriffe und Allgemeines

Man kann grundsätzlich unterscheiden zwischen
a) *elektromechanischen*,
b) *rein elektronischen (→) analogen* und
c) *(→) digitalen Musikinstrumenten*, die immer rein elektronisch sind.

Bei **elektromechanischen Instrumenten** schwingen zunächst mechanische Teile (Saiten, Zungen usw.), deren Schwingungen in Stromschwankungen übertragen werden; dies gilt beispielsweise für die Elektrogitarre. **Rein elektronische Instrumente** erzeugen Stromschwankungen, ohne dass mechanische Teile schwingen. **Analoge elektronische Instrumente** bringen auf elektronischem Wege Schwingungen hervor, die den Schallwellen analog sind. Bei **digitalen Instrumenten** werden zunächst digitale Informationen erzeugt, die anschließend durch einen (→) *Digital-Analog-Wandler* in Schwingungen gewandelt werden, die den Schallwellen analog sind. Allen Gruppen ist gemeinsam, dass Lautsprecher für das Hören nötig sind.

4.5 Elektromechanische und elektronische Instrumente

Oft heißen elektromechanische Instrumente *elektrisch*, die übrigen Elektrophone *elektronisch*. Die Trennung ist aber nicht deutlich.

Unter einer **Elektronenorgel** (auch: **elektronische Orgel** oder **E-Orgel** genannt) versteht man ein elektromechanisches oder ein rein elektronisches Instrument, dessen Spieltisch dem einer (→) *Pfeifenorgel* entspricht. Die E-Orgel besitzt demnach mehrere Manuale, ein Pedal, Registerschalter und einen Fußschweller zur Regelung der Lautstärke.

4.5.2 Elektromechanische Instrumente

Die **Wurlitzer-Orgel** (seit 1911) und die **Hammond-Orgel** (seit 1934) sind elektromechanische Instrumente, die Töne über Zahnradgeneratoren (rotierende Scheiben aus Metall) und Tonabnehmer erzeugen.

Beim **E-Piano von Fender** werden durch Hämmerchen Metallplatten angeschlagen, deren Schwingungen wie im Fall der (→) *Elektrogitarre* verstärkt werden.

Ebenfalls elektromechanische Instrumente sind (→) *Elektrogitarre* und (→) *Elektrobass*.

4.5.3 Rein elektronische analoge Musikinstrumente

Frühe elektronische Instrumente

Bereits um 1900 entstand das erste rein elektronische Musikinstrument. *Elektronische Orgeln* wurden nach dem 2. Weltkrieg verstärkt gebaut. Solche Orgeln werden auch in Kirchen verwendet.

Der analoge Synthesizer

Unter einem **Synthesizer** versteht man ein Gerät, mit welchem man Klänge synthetisieren, also selbst zusammensetzen kann. Im Unterschied dazu kann man auf einer elektronischen Orgel nur verschiedene feststehende Klangfarben (→ *Register*) miteinander kombinieren.

Der erste analoge Synthesizer wurde 1964 von *Robert Moog* konstruiert (*Moog-Synthesizer*). Die ersten Instrumente waren einstimmig. In den 70er Jahren wurden auch mehrstimmige Synthesizer auf den Markt gebracht.

4.5.4 Digitale Musikinstrumente

Eine wesentliche Neuerung brachte die Einführung der digitalen Produktion von Musik in den 80er Jahren des 20. Jahrhunderts.

Tasteninstrumente: Sampler, Sample-Player, Synthesizer, Keyboard

Man unterscheidet die folgenden digitalen Musikinstrumente mit Tastatur.

Sampler. Es wurde möglich, natürliche Klänge digital zu speichern und zu bearbeiten. Unter einem **Sample** (engl.: Probe, Muster) versteht man die digitale Aufzeichnung eines natürlichen Klanges. Ein **Sampler** ist ein Gerät, mit welchem man Klänge digital aufzeichnen, weiterverarbeiten und wiedergeben kann. Das *Sampeln* kostet viel Speicherplatz.

Ein **Sample-Player** ist ein Gerät, welches *Samples* abspielen, jedoch nicht aufnehmen kann. Die *Samplingtechnik* bringt es mit sich, dass in der Popmusik in zunehmendem Maße echte Instrumente durch *gesampelte* ersetzt werden.

Synthesizer wurden allmählich digitalisiert; sie besitzen aber teilweise noch analoge Elemente.

Unter **Keyboard** (engl.: Tasteninstrument) **im weiteren Sinne** wird jegliches Tasteninstrument verstanden. Ein *Keyboard-Spieler* in einer Rock-Gruppe betätigt sämtliche Tasteninstrumente, vom akustischen Klavier bis zum Synthesizer. Ein **Keyboard im engeren Sinne** ist ein Gerät, das *Sample-Player*, Abspielgerät von synthetischen Klängen und *Synthesizer*, zuweilen auch (→) *Sequenzer* miteinander verbindet.

Tastatur und Klangerzeugungselektronik können räumlich voneinander getrennt werden. In diesem Fall wird die Tastatur ebenfalls *Keyboard*, oft auch **Master-Keyboard**, genannt. Die Klangerzeugungselektronik heißt **Expander** (auch **Soundmodul**). Unter einer **Soundkarte** versteht man unter anderem ein elektronisches Bauteil, das wie ein *Expander* arbeitet und in einen Computer gesteckt wird.

Sequenzer, Drumcomputer

Mit der Einführung der Digitaltechnik wurde auch die Aufzeichnung elektronischer Klänge mittels *Sequenzer* verbreitet. Unter einem **Sequenzer** (engl. ausgesprochen, lat.: *sequentia* – die Folge) versteht man ein Computerprogramm oder ein Gerät mit einem solchen Programm, das nicht Klänge selbst, sondern Informationen für das Abspielen (die Erzeugung) von Klängen aufzeichnet. Eine solche Information kann beispielsweise lauten: „Spiele den Ton cis^2 auf Kanal 3 genau 0,25 Sekunden lang mit der Dynamik 0,3." Ein Sequenzerprogramm kann also ein Keyboard oder einen Expander steuern, ersetzt somit gewissermaßen den Spieler.

In einem Sequenzer gespeicherte Musik kann bzgl. der Geschwindigkeit, der Klangfarbe, der Lautstärke usw. beeinflusst werden. Man kann auch einzelne Töne austauschen und

Teile schneiden wie bei einem Tonband. Die Töne können auf einem Bildschirm in Noten sichtbar gemacht und ausgedruckt werden. In der Pop- und Rockmusik sind Sequenzer bei der (→ 3.4) *Aufnahme im Studio* und bei Live-Auftritten weit verbreitet.

Ein **Drumcomputer** ist ein Gerät, das Schlagzeugklänge gespeichert hat und einen *Sequenzer* besitzt, also eine Kombination von Sample-Player und Sequenzer.

MIDI und General MIDI

Voraussetzung für die Kombinierbarkeit von Instrumenten und Sequenzerprogrammen ist eine Normierung. Diese geschah durch *MIDI*. **MIDI** (engl.: *Musical Instrument Digital Interface* = digitale Schnittstelle für Musikinstrumente) ist eine Norm für die Verbindung zwischen Computern und elektronischen Musikinstrumenten, die seit 1983 besteht. Durch diese Norm ist es möglich, dass sämtliche auf dem Markt befindlichen Instrumente miteinander kompatibel sind.

Im Gegensatz zu MIDI sind bei der Norm **General MIDI** (engl. ausgesprochen) auch die elektronischen Instrumente definiert.

4.6 Notation und Klangumfang von wichtigen Instrumenten

Zur transponierten Notation

Manche Instrumente werden transponiert notiert, d. h. ein Ton in der Notenschrift entspricht nicht dem real klingenden. Solche Instrumente werden ungenau *transponierende*, oder auch **transponiert notierte Instrumente** genannt. Bei diesen heißt der tatsächliche Ton **klingend**, der in der Notenschrift aufgezeichnete **notiert**. Die Geige wird demgegenüber *klingend notiert* oder *notiert, wie sie klingt*. Beim Kontrabass, einem transponiert notierten Instrument, enspricht ein notiertes e einem klingenden E. Bei der Trompete in B ergibt ein notiertes c^2 ein klingendes b^1.

Von der *transponierten Notation* ist die **Naturton-Stimmung** eines Instruments zu unterscheiden. Eine Tenorposaune wird beispielsweise nicht transponiert notiert, sie ist aber in B gestimmt. Das bedeutet, dass ihr erster Naturton ein B_1 ist.

Gründe für die transponierte Notation. Die Notierung um *eine Oktave zu hoch oder zu tief* dient zur Vermeidung von Hilfslinien und Schlüsselwechsel. Sie wird hauptsächlich bei extrem hohen und extrem tiefen Instrumenten angewendet, wie dem Kontrabass, dem Kontrafagott, der Sopranblockflöte und der Piccoloflöte. Bei der Gitarre erlaubt die transponierte Notation die Verwendung eines einzigen Notensystems.

Bis zum ausgehenden 18. Jahrhundert gab es von vielen Blasinstrumenten (Hörnern, Trompeten, Klarinetten) verschiedene Stimmungen, da die einzelnen Instrumente nicht so ge-

4 Instrumentenkunde und die menschliche Stimme

baut waren, dass sie alle chromatischen Töne hervorbringen (→ *Blechblasinstrumente*) bzw. alle Töne intonationsrein wiedergeben konnten.

Für die Instrumente dieser Familien bot sich eine **Griffschrift** an: Einem Griff auf verschiedenen Instrumenten unterschiedlicher Stimmung wird ein bestimmter notierter Ton zugeordnet (z. B. für die Klarinetten in A, B oder C).

Im Laufe des 19. Jahrhunderts wurden durch Verbesserung der Klappentechnik der Klarinetten und durch Verfeinerung der nach 1800 aufgekommenen Ventiltechnik die zahlreichen Stimmungen eingeschränkt. Bei allen Instrumenten blieben nicht die Instrumente in C übrig, da die Stimmung in jeweils anderen Tonarten klanglich besser war. Eine Trompete steht heutzutage normalerweise in B, selten in C, ein Horn in F, eine Klarinette in B oder in A. Daneben gibt es weitere Arten mit anderem Klangcharakter. – Die transponierte Notation bei den Blasinstrumenten ist heute dann überflüssig, wenn es innerhalb einer Instrumentenfamilie hauptsächlich ein Instrument gibt; sie hat sich aber größtenteils erhalten.

Tabelle mit Klangumfang und Notation gebräuchlicher Instrumente

Die unten stehende Tabelle zeigt den Klangumfang von gebräuchlichen Instrumenten. Der Umfang hängt von den Fähigkeiten des Spielers und vom Instrument ab. Bei Blasinstrumenten gleicher Art sind die Anzahl der Klappen bzw. Ventile nicht immer dieselben. Manche Saxophone z. B. besitzen eine sogenannte *Fis-Klappe*, andere nicht.

Gattung	Instrument (notiert in)	Umfang klingend	notiert
Holzblas-instrumente	Sopranino-Blockflöte	f^2 bis g^4	Violinschlüssel eine Oktave tiefer
	Sopran-Blockflöte	c^2 bis c^4	Violinschlüssel eine Oktave tiefer
	Alt-Blockflöte	f^1 bis g^3	Violinschlüssel
	Tenor-Blockflöte	c^1 bis c^3	Violinschlüssel
	Bass-Blockflöte	f bis b^1	Bassschlüssel
	Piccoloflöte	c^2 bis b^4	Violinschlüssel eine Oktave tiefer
	Querflöte	c^1 bis d^4	Violinschlüssel
	Oboe	h bis g^3	Violinschlüssel
	Klarinette in B	d bis b^3	Violinschlüssel einen Ganzton höher
	Sopransaxophon in B	as bis des^3	Violinschlüssel einen Ganzton höher
	Altsaxophon in Es	des bis as^2	Violinschlüssel eine große Sexte höher
	Tenorsaxophon in B	As bis es^2	Violinschlüssel eine große None höher
	Baritonsaxophon in Es	C bis as^1	Violinschlüssel eine große Sexte und Oktave höher
	Fagott	B_1 bis es^2	Bassschlüssel, oben Tenorschlüssel

4.6 Notation und Klangumfang von wichtigen Instrumenten

Gattung	Instrument (notiert in)	Umfang klingend	notiert
Blechblas-instrumente	Horn in F	H_1 bis f^2	Violinschlüssel eine Quinte höher
	Trompete in B	e bis b^2	Violinschlüssel einen Ganzton höher
	Tenorposaune (gestimmt in B) (ohne Quartventil)	E_1 bis B_1, E bis c^2	Bassschlüssel, oben Tenorschlüssel
	Basstuba (gestimmt in F)	Des_1 bis f^1	Bassschlüssel
Schlag-instrument	Pauken	F bis fis	Bassschlüssel, zuweilen transponiert
Saiten-instrumente	Klavier	A_2 bis c^5	Violin- und Bassschlüssel
	Violine	g bis a^4	Violinschlüssel
	Viola	c bis e^3	Altschlüssel
	Violoncello	C bis b^2	Bassschlüssel, oben Tenorschlüssel
	Kontrabass	E_1 bis c^1	Bassschlüssel eine Oktave höher
	Gitarre	E bis a^2	Violinschlüssel eine Oktave höher
	E-Bass	E_1 bis d^1	Bassschlüssel eine Oktave höher

4.7 Die menschliche Stimme

Teile des Stimmapparats

Folgende Teile des menschlichen Körpers sind beim Sprechen und Singen beteiligt:
∞ Die **Lunge** und die **Atemmuskulatur** des Brustkorbs, die den Luftstrom erzeugen,
∞ die **Stimmlippen** oder **Stimmbänder** im **Kehlkopf**, die durch den Luftstrom in Schwingung versetzt werden,
∞ die **Resonanzräume** (Hohlräume) im Kopf- und Brustraum (Stirn-, Nasen-, Gaumenhöhle, Luftröhre, Lunge), die die Schwingungen verstärken und in ihrer Klangfarbe beeinflussen,
∞ die **Artikulationswerkzeuge** (Zunge, Lippen und Zähne).

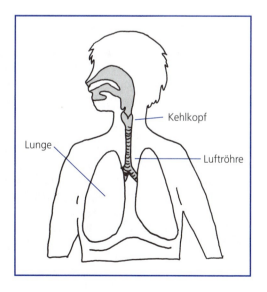

4 Instrumentenkunde und die menschliche Stimme

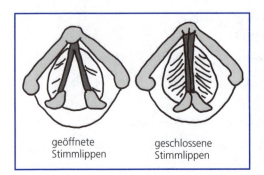

geöffnete Stimmlippen — geschlossene Stimmlippen

Die **Stimmlippen** im Kehlkopf sind Bänder, deren Stellung und Spannung durch Muskeln variiert werden können. Während des tonlosen Atmens sind die Stimmlippen geöffnet, sodass die Luft ungehindert ein- und ausströmen kann. Während des Sprechens und Singens schließen sich die Stimmlippen fast vollständig. Ein- und ausströmende Luft versetzt sie in periodische Schwingungen.

Je nach der genauen Lage der Stimmlippen unterscheidet man zwischen *Brust-* und *Kopfstimme*. Die **Bruststimme** wird bei tieferen Tönen eingesetzt; die Stimmlippen sind schwulstig und gut dichtend. Die **Kopfstimme** wird bei hohen Tönen eingesetzt; die Lage der Stimmlippen ist kantig und fest, sodass mehr Luft entweichen kann. Beim ausgebildeten Sänger nähern sich Brust- und Kopfstimme an. Von **Falsett** spricht man, wenn zur Kopfstimme die Resonanzräume der Bruststimme einbezogen werden.

Die Tonhöhe hängt von der Länge und von der Spannung der Stimmbänder ab. Beim Sprechen verändert sich die Tonhöhe beständig, beim Singen bleibt sie für die Dauer eines Tones gleich.

In der Pubertät wachsen durch Hormone der Kehlkopf und die Stimmlippen; es vollzieht sich die **Mutation** (lat.: *mutatio* – die Veränderung), d. h. der **Stimmbruch**. Oft werden dabei Muskeln und Schleimhäute im Kehlkopf gereizt, sodass die Stimme heiser klingt und Töne schwer ansprechen. Bei Jungen wird die Stimme ca. um eine Oktave, bei Mädchen um 2 bis 3 Töne tiefer.

Stimmlagen

Die Vorstellung dessen, was als „richtig" und „schön" zu gelten hat, ist innerhalb verschiedener Kulturen sehr unterschiedlich. Der vibratoreiche hohe Gesang einer Opernsängerin ist für Hörer von Popmusik ebenso ungewohnt, wie der gepresste (→) *glissandierende* Gesang eines Rocksängers für einen an Operngesang orientierten Hörer.

Unter der **Stimmlage** eines Sängers versteht man einen der verschiedenen *Tonhöhenbereiche*, die sich in unserer Kultur eingebürgert haben. Der Bereich der tiefen Männerstimme ist der **Bass**, der der hohen Männerstimme der **Tenor**. Tiefe Frauenstimmen heißen **Alt**, hohe Frauenstimmen **Sopran**. Die Stimmlage zwischen Tenor und Bass wird **Bariton** genannt, die Stimmlage zwischen Sopran und Alt **Mezzosopran**.

Der Umfang der Stimmlagen von Chorsängerinnen und -sängern ist folgender:
- **Sopran** c^1 bis a^2
- **Alt**   f bis d^2
- **Tenor**   c bis a^1
- **Bass**   F bis d^1

Von Opernsängerinnen und -sängern wird ein z.T. erheblich größerer Stimmumfang als von Chorsängern erwartet. Bassisten müssen zuweilen das tiefe C, Tenöre das hohe c^2 liefern. Eine besondere Stimmlage der Frauenstimme ist der **Koloratursopran**. Ein solcher muss besonders ausgeprägte (→) *Koloraturen* singen. Die Spitze eines Koloratursoprans reicht bis zum f^3 (z. B. in der Rachearie der Königin der Nacht in *Mozarts Zauberflöte*).

Ein **Falsettist** (auch *Countertenor* genannt) ist ein Sänger, dessen (→) *Falsettstimme* ausgebildet wurde und der Alt- und Sopranpartien singt. Falsettisten werden besonders in der (→) *historischen Aufführungspraxis*, aber auch in modernen Stücken eingesetzt (vgl. Bd. II *Kastrat*).

4.8 Die Partitur

Definitionen

Unter einer **Partitur** versteht man die Aufzeichnung eines mehrstimmigen Musikstückes, in welcher alle gleichzeitig erklingenden Noten und Pausen genau untereinander stehen.

Zusammengehörige (→) *Notensysteme* auf einer Seite nennt man eine **Akkolade**. Solche Systeme einer Akkolade sind an der linken Seite mit einem durchgehenden Strich verbunden. Oft sind auch die Taktstriche einer Akkolade durch alle Systeme durchgezogen. Stehen mehrere Akkoladen auf einer Seite, sind sie meistens durch zwei parallele schräge Striche voneinander getrennt.

Zur Anordnung der Stimmen

In *Partituren für gleichartige Stimmen*, also z. B. jeweils für Streichinstrumente oder für Chor, werden die Stimmen nach der Höhenlage geordnet; oben stehen also die hohen Instrumente bzw. Stimmen.

Eine *Partitur für vierstimmigen Chor* enthält des Öfteren nur zwei Systeme. Im oberen sind die Frauenstimmen notiert, wobei beim Sopran die Notenhälse nach oben, beim Alt nach unten verlaufen. Im unteren Notensystem sind die Notenhälse des Tenors nach oben, die des Basses nach unten gerichtet.

In *Partituren für Orchester* sind die Stimmen nach Instrumentenfamilien geordnet. Innerhalb der Gruppen sind die Stimmen nach der Höhenlage notiert. Eine Ausnahme bilden die Blechbläser, bei denen die Hörner über den Trompeten stehen. Die Instrumente erscheinen von oben nach unten in folgender Reihenfolge:
- Holzbläser,
- Blechbläser,
- Schlaginstrumente mit Tasten- und Zupfinstrumenten,
- Streicher.

Solostimmen, Chorstimmen und Instrumentalsolisten werden oberhalb der 1. Violinen oder über dem Violoncello notiert.

4 Instrumentenkunde und die menschliche Stimme

Die Instrumentengruppen sind in der Partitur zumeist durch gerade Klammern auf der linken Seite zusammengefasst und durch einen größeren Abstand voneinander getrennt. Die ersten und zweiten Geigen sind durch *geschweifte Klammern* miteinander verbunden.

Beispiel einer Partitur

	italienische Bez.	deutsche Bezeichnung
Holzblas-instrumente	Ottavino	Piccoloflöte
	Flauti	Flöten
	Oboi	Oboen
	Corno inglese	Englisch Horn
	Clarinetti	Klarinetten (in B)
	Clarone	Bassklarinette (in B)
	Fagotti	Fagotte
Blechblas-instrumente	Corni	Hörner (in F)
	Trombe	Trompeten (in F)
	Tromboni	(Tenor-) Posaunen
	Trombone basso	Bassposaune
Schlagzeug	Timpani	Pauken
	Triangolo - Tamburo	Triangel - kleine Trommel
	Gran cassa e piatti	große Trommel und Becken
Tasten-instrument	Celesta	Celesta
Zupf-instrument	Arpa	Harfe
Streich-instrumente	Violini I	Erste Violinen
	Violini II	Zweite Violinen
	Viole	Violen
	Violoncelli	Violoncelli
	Contrabbassi	Kontrabässe

Giacomo Puccini: Gianni Schichi [ˈdʒanni ˈskiki], Anfang

Weiterführende Literatur:
Dickreiter, Michael: Musikinstrumente: Moderne Instrumente, historische Instrumente, Klangakustik. Kassel: Bärenreiter, [5]1998.

5 Besetzungsformen

5.1 Grundbegriffe

Musik kann bezüglich ihrer Besetzung in folgende Arten eingeteilt werden:
- **Musik *a cappella*** (ital.: nach Art der Sängerkapelle) (Gesang, ohne Instrumente),
- **Vokalmusik** (mit Gesang und evtl. mit Instrumenten),
- **Instrumentalmusik** (ohne Gesang, mit Instrumenten).

Unter **Stimme** in einem mehrstimmigen Stück versteht man den Part, den ein Sänger oder Instrumentalist auszuführen hat. Eine Stimme ist **solistisch besetzt**, wenn sie von einem Einzelnen gesungen oder gespielt wird. Hingegen ist eine Stimme **chorisch besetzt**, wenn sie von mehreren Interpreten ausgeführt wird.

Unter einem **Ensemble** versteht man eine kleinere Musikgruppe, die instrumental und / oder vokal besetzt ist. (zur anderen Bedeutung siehe 11.1.1)

Kammermusik meint Instrumentalmusik mit kleiner Besetzung außer Musik für Tasteninstrumente, im Unterschied zu Orchestermusik.

Anmerkung: Die letzte Definition ist nicht eindeutig. Zuweilen wird Vokalmusik mit kleiner Besetzung und / oder solistischer Klavier-, Orgel- und Lautenmusik eingeschlossen.

5.2 Vokale Besetzungsformen

Chor

Ein **Chor** ist heute eine Vokalgruppe, in der die Stimmen (→) *chorisch* besetzt sind. Unter einem *gemischten Chor* versteht man einen Chor für Männer und Frauen. Daneben gibt es Chöre für andere Besetzungen (*Männer-, Frauen-, Knaben-, Mädchen-, Kinderchor* usw.). Ein **Kammerchor** ist ein kleinerer Chor von ca. 15 Personen.

Als *Chor* wird auch ein Musikstück für die gleichnamige Vokalgruppe bezeichnet (→ 11.1.1).

Solistische Vokalmusik

Zur Bezeichnung der Anzahl der Sänger/innen werden folgende Begriffe verwendet:
- **Solo** (ein Sänger / eine Sängerin),
- **Duett** (2 Sänger/innen),
- **Terzett** (3 Sänger/innen),
- **Quartett** (4 Sänger/innen),
- **Quintett** (5 Sänger/innen),
- **Sextett** (6 Sänger/innen),
- **Septett** (7 Sänger/innen)

5.3 Instrumentale Besetzungsformen

Unter einem **Orchester** versteht man eine Gruppe mit einer größeren Anzahl von Instrumentalisten, in der einige Stimmen (→) *chorisch* besetzt sind.

Streichorchester

Das **Streichorchester** besteht aus jeweils mehreren ersten Geigen, zweiten Geigen, Bratschen, Violoncelli und Kontrabässen.

Das Sinfonie-Orchester

Das **Sinfonie-Orchester** in der heutigen Besetzung hat sich erst im Verlaufe des 18. Jahrhunderts herausgebildet.

Ein Orchester, das eine Sinfonie aus der Zeit um 1800 spielt, hat heute etwa folgende Besetzung:

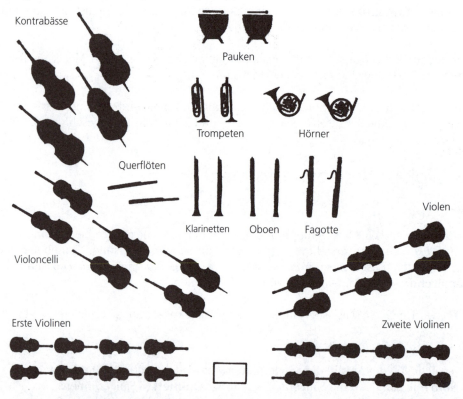

Ein Orchester, das heute ein Stück aus der Zeit um 1900 spielt, hat folgende oder eine ähnliche Besetzung (in der Reihenfolge der Partitur):
- Holzblasinstrumente: Piccoloflöte, 3 große Flöten, 3 Oboen, 1 Englisch Horn, 3 Klarinetten, 1 Bassklarinette, 3 Fagotte, 1 Kontrafagott,

5.3 Instrumentale Besetzungsformen

- Blechblasinstrumente: 4–8 Hörner, 3–5 Trompeten, 3–4 Posaunen,
- Schlaginstrumente: 4 Pauken, je 1 große Trommel, Becken, Tamtam, Triangel, kleine Trommel,
- Tasten- und Zupfinstrumente: 1 Celesta, 2 Harfen,
- Streichinstrumente: 16 erste Violinen, 16 zweite Violinen, 12 Violen, 12 Violoncelli, 8 Kontrabässe.

Kammermusik-Ensembles

Bei **Kammermusik-Ensembles** sind die Stimmen (→) *solistisch* besetzt.

Zur Bezeichnung der Anzahl der Instrumentalisten werden folgende Begriffe verwendet:
Solo (ein Spieler), **Duo** (2 Spieler), **Trio** (3 Spieler), **Quartett** (4 Spieler), **Quintett** (5), **Sextett** (6), **Septett** (7), **Oktett** (8), **Nonett** (9).
Die Begriffe für 2 und 3 Spieler unterscheiden sich von denen der solistischen Vokalmusik.

Im 18. Jahrhundert haben sich standardisierte Kammermusikgruppen herausgebildet. Die Wichtigste ist das **Streichquartett** (1. und 2. Violine, Viola, Violoncello).

Ein **Streichtrio** besteht zumeist aus Violine, Viola und Violoncello.

Ein **Klaviertrio** hat die Besetzung: Klavier, Violine, Violoncello.

Für die Holzbläser ist die wichtigste Besetzung das (Holz-)**Bläserquintett** (Flöte, Oboe, Klarinette, Horn, Fagott).

Für die Blechbläser ist die wichtigste Besetzung des 20. Jahrhunderts das **Blechbläserquintett** (Brass Quintett; 1. und 2. Trompete, Horn, Tenorposaune, Tuba).

Die Bezeichnungen werden auch für Kompositionen für diese Besetzungen angewandt.

Big Band

Die **Big Band** ist ein Jazzorchester, in dem die Stimmen nicht (→) *chorisch*, sondern *solistisch* besetzt sind. Die Standardbesetzung der Big Band hat sich in den 1930er Jahren wie folgt herausgebildet:

Holzbläser (*reed section*) (engl.: *reed* – Rohrblatt):
- 5 Saxophone (2 Alt, 2 Tenor, 1 Bariton), (selten Klarinetten und Flöten);

Blechbläser (*brass section*) (engl.: *brass* – Blech):
- 4 Trompeten,
- 4 Posaunen;

5 Besetzungsformen

Rhythmusgruppe *(rhythm section)*:
- Klavier,
- Schlagzeug,
- Bass,
- Gitarre.

Jazz-Combo

Unter einer **Combo** versteht man ein kleines Jazz- oder Tanzmusikensemble, in dem die Instrumente *solistisch* besetzt sind.

Im *frühen Jazz* (ca. 1900 bis 1930) gehörten zur Standardbesetzung:

Melodieinstrumente:
- Trompete,
- Klarinette,
- Posaune;

Rhythmusgruppe:
- Tuba oder Kontrabass,
- Schlagzeug,
- Klavier und / oder Gitarre.

Ab *ca. 1930* änderte sich die Besetzung allmählich; häufig besteht seitdem eine Combo aus folgenden Instrumenten:

Melodieinstrumente:
- Saxophon und / oder Trompete, (oft auch Posaune, Klarinette);

Rhythmusgruppe:
- Kontrabass oder E-Bass,
- Schlagzeug,
- Klavier und / oder Gitarre.

Rock Band

In der **Rockmusik** gehört zur Standardbesetzung:
- Gesang,
- solistische Lead-Gitarre (engl.: *to lead* – leiten),
- E-Bass,
- Schlagzeug,
- Rhythmus-Gitarre,
- oft E-Orgel oder Keyboard.

6 Improvisation und Aufführungspraxis

6.1 Improvisation

Begriff

Unter **Improvisation** (lat.: *ex improviso* – ohne Vorbereitung) versteht man das spontane Erfinden und Spielen von Musik bzw. deren Produkt. *Improvisierte* Musik steht somit im Gegensatz zu *komponierter* Musik, die schriftlich oder mündlich überliefert ist.

Improvisierte Musik ist allerdings nicht gänzlich unvorbereitet. Improvisiert wird nämlich in der Regel in einer bestimmten Musikrichtung, z. B. dem Jazz; ein Spieler hält sich bei der Improvisation mehr oder weniger bewusst an die Merkmale der entsprechenden Musikrichtung, im Jazz beispielsweise an die Tongebung oder an bestimmte melodische oder harmonische Wendungen.

Anmerkung: Genau genommen ist jeder Vortrag *komponierter* Musik, wenn er nicht allein durch technische Apparate vollzogen wird, nicht gänzlich frei von Unvorbereitetem. Exakte Lautstärke, Tempo usw. sind beispielsweise von der Aufführungssituation abhängig. Von Improvisation kann genau genommen also nur die Rede sein, wenn Töne und / oder Rhythmen erfunden werden.

Verbreitung

Improvisation ist ein wesentliches Element in der Musik nicht-westlicher Kulturen sowie im *Jazz* und *Rock*. Aber auch in der *europäischen Musikgeschichte* spielt sie eine bedeutende Rolle. Die Improvisation gehörte bis ins 19. Jahrhundert zur musikalischen Ausbildung. Auch erhielten Komponisten Anregungen für ihre Werke häufig durch Improvisationen auf dem Klavier. Der Anteil an improvisierter Musik bei musikalischen Aufführungen war bis zum 19. Jahrhundert wesentlich größer als heute. Im 19. Jahrhundert ging die Kunst der Improvisation zurück. Im 20. Jahrhundert fand sie im Jazz, in der Neuen Musik und in der Musikpädagogik wieder größere Verbreitung.

Improvisieren kann systematisch vermittelt werden, ähnlich wie das Sprechen einer Fremdsprache erlernt werden kann.

Improvisation über ein Harmonieschema

Im Jazz und Rock wird zumeist über ein *Harmonieschema* improvisiert. Unter einem **Harmonieschema** versteht man eine Folge von Akkorden, deren Art und zeitliche Dauer festgelegt sind.

Beispiel für ein Harmonieschema:

Zählzeiten der Takte: ‖: 1 2 3 4 | 1 2 3 4 | 1 2 3 4 | 1 2 3 4 :‖
Akkorde: C   F   G   a   d   G

6.2 Aufführungspraxis

6.2.1 Allgemeines

Unter **Aufführungspraxis** versteht man alle Techniken, Regeln und Gewohnheiten, die zur klanglichen Realisierung von Musik nötig sind. Jede Kultur hat natürlich ihre Aufführungspraxis, der Begriff wird aber in erster Linie für die europäische Kunstmusik verwendet.

Das Notenbild alleine vermag nur sehr ungenügend Aufschluss über den wahren Klang von Werken früherer Zeiten zu geben. Die *Besetzung der Stimmen*, die *Größe des Orchesters*, die *Art der Instrumente* werden durch das Notenbild nicht dargestellt. Ebenso fehlen oft Angaben über *Tempo*, *Dynamik*, *Artikulation* und (→) *Verzierungen*.

Je weiter man in der Geschichte zurückgeht, desto geringer ist unser Wissen über die genaue Aufführungsart. Hilfreich für die Erforschung der *Aufführungspraxis* früherer Zeiten sind vor allem Beschreibungen von Theoretikern sowie Abbildungen von Instrumenten, Musikern und Aufführungen.

Die Aufführungspraxis früherer Jahrhunderte unterscheidet sich in folgenden Merkmalen von der heutigen.

6.2.2 Unterscheidungsmerkmale

Verzierungspraxis

Wesentliche und willkürliche Verzierungen. Ein wesentliches Element, wodurch sich frühere Aufführungen von heutigen unterscheiden, ist die *Verzierungspraxis*. Unter **Verzierungspraxis** versteht man die Praxis, Melodien *mit* oder ohne *angegebene Verzierungszeichen* auszuschmücken. Sie war besonders im Barock weit verbreitet.

Wesentliche Verzierungen nennt man solche, die durch (→ 1.6) *Verzierungszeichen* in der Komposition festgelegt waren. Ihre genaue Ausführung war im Barock in verschiedenen Ländern und Epochen unterschiedlich. Die zahlreichen wesentlichen Verzierungen des Barock wurden später allmählich auf wenige reduziert.

Willkürliche Verzierungen nennt man solche, die nicht notiert waren. Diese Verzierungen wurden vom Interpreten zuvor festgelegt oder (→) *improvisiert*. Verziert wurde in besonders großem Maße bei (→) *Reprisen* und beim (→) *Dacapo* von (→) *Arien*.

6.2 Aufführungspraxis

Ausschnitt aus einem Kammerduett für zwei Altstimmen von *Giovanni Battista Bononcini* (1691) mit notierten Verzierungen von *Carlo Antonio Benati* (vermutlich um 1710)
a) *Bononcinis* Melodie (unverziert)
b) *Benatis* vorgeschlagene Verzierungen beim ersten Singen
c) *Benatis* vorgeschlagene Verzierungen bei der Wiederholung (beim Dacapo)

Kadenz. Eine Kadenz ist zumeist ein Sonderfall einer Verzierung. (Sie ist nicht zu verwechseln mit der Schlusswendung gleichen Namens → 7.6.)
Unter einer **Kadenz** versteht man eine solistisch dargebotene *improvisierte* oder *komponierte* Passage eines Instrumentalisten am Ende eines (→) *Konzertsatzes* oder eines Sängers / einer Sängerin am Ende einer (→) *Arie*. Eine Kadenz dient dazu, das Können des Solisten unter Beweis zu stellen.

Eine Kadenz eines Konzertsatzes verwendet Material aus dem entsprechenden Stück. Sie wurde seit dem ausgehenden 18. Jahrhundert zunehmend vom Schöpfer des Konzertes selbst komponiert. Zu ein und demselben bekannten Konzertsatz gibt es außerdem oft verschiedene komponierte Kadenzen unterschiedlicher Komponisten. In diesen Fällen kann eine Kadenz nicht mehr als Verzierung bezeichnet werden.

Anmerkung: Der Beginn einer Kadenz wird durch einen (→ 2.7) *Vorhaltsquartsextakkord vor der Dominante* markiert; ihr Ende wird vom Solisten durch einen (→) *Triller* verdeutlicht.

6 Improvisation und Aufführungspraxis

Instrumente und Orchester

Ein wesentlicher Unterschied zwischen heutiger und früherer Aufführungspraxis ist die **Verwendung anderer Instrumente**:
- Die *Streichinstrumente* des 18. Jahrhunderts waren leiser als die heutigen; sie wurden immer mit *Darmsaiten* gespielt. Der Bogen war leichter.
- Von den *Holzblasinstrumenten* hatte die Oboe des 18. Jahrhunderts einen schärferen, aber nicht so voluminösen Klang; die Querflöte war aus Holz und besaß einen weicheren Klang.
- Die *Trompeten* und *Posaunen* der Barockzeit waren wesentlich leiser als heute.
- Bei den *Tasteninstrumenten* wurde feinere und leisere (→) *Hammerflügel* verwendet.
- Es gibt eine Reihe von Instrumenten, die heute gar nicht mehr im Gebrauch sind, z. B. (→) *Krummhörner* und (→) *Zinken*.

Heutzutage werden alte Instrumente nach Bildern oder überlieferten Instrumenten nachgebaut.

Die **Anzahl der Orchestermitglieder** war wesentlich kleiner als heute.

Gesangsbesetzung

Frauen waren in Chören geistlicher Musik bis gegen Ende des 18. Jahrhunderts kaum vertreten. Hohe Stimmen wurden von Knaben, (→) *Falsettisten* und (→ Bd. II) *Kastraten* gesungen.

Spielweise

Das (→) *Vibrato* bei Streichern wurde erst im späten 19. Jahrhundert als Standardspielart eingeführt. Auch die Gesangsweise war weniger vibratoreich als heute.

Andere Stimmungen

Es gab eine Reihe von anderen (→) *Stimmungen*.

6.2.3 Zur heutigen Aufführungspraxis älterer Werke

Bis heute ist es verbreitet, Werke früherer Jahrhunderte mit jeweils zeitgenössischen aufführungspraktischen Mitteln zu präsentieren. Man spielt heute also beispielsweise oft ein Klavierkonzert von *W. A. Mozart* mit der gleichen Anzahl von Musikern und den gleichen Instrumenten wie ein Klavierkonzert von *Prokofjew*.

Seit einigen Jahrzehnten gibt es daneben das Bemühen um eine *historische Aufführungspraxis*. Unter **historischer Aufführungspraxis** versteht man die heutige Art und Weise, Werke vergangener Epochen mit den Aufführungsmethoden ihrer Zeit zu präsentieren. Dies gilt in erster Linie für die Musik des 18. Jahrhunderts und früherer Zeiten. Dabei gibt es verschiedene Grade der Annäherung.

7 Grundlagen der musikalischen Analyse

7.1 Definitionen

Der Begriff der **musikalischen Analyse** ist vielschichtig. Er umfasst unter anderem folgende Bereiche:
- ∞ die Untersuchung einzelner Merkmale einer Komposition mittels Fachbegriffen und die Beschreibung der Zusammenhänge dieser Merkmale (→ 7 und 8),
- ∞ die Zuordnung des Werkes zu Formen und Gattungen (→ 9 bis 12),
- ∞ die Untersuchung der inhaltlichen Bedeutung (→ 14),
- ∞ die Einordnung in den historischen Zusammenhang (einschließlich biographischer und gesellschaftlicher Gegebenheiten) (→ Bd. II und III).

Vom Begriff der *Analyse* kann derjenige der *Interpretation* nicht deutlich abgegrenzt werden. Unter **Interpretation** versteht man die Deutung einer Komposition.
Der Begriff *Deutung* ist dabei wieder vielschichtig. Er kann die letzten beiden oben genannten Bereiche beinhalten, außerdem die subjektive Auslegung eines Werkes sowie philosophische Deutungen.

Unter **Interpretation** versteht man außerdem das Umsetzen einer als Notentext vorliegenden Komposition in klingende Musik durch einen oder mehrere *Interpreten* bzw. *Interpretinnen* (Instrumentalisten, Sänger, Dirigent).

7.2 Ziele der Analyse

Von den zahlreichen Zielen der musikalischen Analyse seien im Folgenden nur einige wesentliche genannt:
- ∞ Die Analyse eines Werkes mag dieses unter Umständen zunächst zerpflücken, d. h. in scheinbar zusammenhanglose Einzelteile zerlegen. Eine Analyse kann aber genau im Gegensatz dazu den **Gesamtblick schärfen** und die Fülle heterogener Eindrücke zusammenfassen.
- ∞ Die Analyse fördert die **allgemeine Sensibilität** gegenüber der Musik. Insbesondere können Wirkungen von Musik deutlich werden.
- ∞ Zwar mag die Analyse einer Komposition den Zauber oder den Genuss während des Hörens kurzfristig beeinträchtigen. Mit der Zeit kann sich aber dadurch die **Genussfähigkeit** insgesamt erweitern.
- ∞ Die Analyse von Werken schult das **analytische Hören**, also die bewusst auf das Erkennen musikalischer Zusammenhänge ausgerichtete Wahrnehmung, die im Gegensatz steht zum *Hören von Musik im Hintergrund*, bei dem diese nur als Geräuschkulisse dient.

7.3 Allgemeines zur Form eines Satzes

Einteilung in Sätze

Längere Kompositionen bestehen oft aus verschiedenen kontrastierenden *Sätzen*. Ein **Satz** ist ein selbstständiger, abgeschlossener, in der Regel im Tempo und in der Taktart einheitlicher Teil. Zumeist sind Sätze durch längere Pausen voneinander abgetrennt.

Großform und Detailform

Die meisten Stücke können hinsichtlich der **Großform** deutlich in *Großformteile* (oder *Hauptteile*) gegliedert werden. Unter einem **Großformteil** einer Komposition versteht man einen Abschnitt, der hinsichtlich verschiedener Merkmale, z. B. *Melodik*, *Rhythmik*, (→) *Textur* usw. eine relativ einheitliche Beschaffenheit aufweist.

Anmerkung: Im (→) *Rondo* wird ein Abschnitt der Großform zumeist durch ein *Ritornell* bzw. *Couplet* gebildet, in der (→) *Sonatenhauptsatzform* beispielsweise durch den *Hauptsatz* der Exposition, in einem (→) *Kunstlied* durch die Musik zu einer Strophe.

In der Regel sind Großabschnitte hinsichtlich der **Detailform** zumeist deutlich in klar gegliederte *Unterabschnitte* einteilbar. Größere Detailformabschnitte sind wiederum im Allgemeinen in kleinere Abschnitte unterteilbar, besonders in Kompositionen des 18. und 19. Jahrhunderts.

Schematisch kann also die Einteilungsmöglichkeit folgendermaßen dargestellt werden:

1. Großformteil			2. Großformteil	
◆◆◆◆◆◆◆◆◆	☆☆☆☆☆☆☆☆☆	★★★★★★★★★	✶✶✶✶✶✶✶✶	✶ ✶ ✶ ✶ ✶ ✶
1. Detailformteil	2. Detailformteil	3. Detailformteil	4. Detailformteil	usw.

Anmerkung: Manchmal sind unterschiedliche Großformgliederungen möglich, beispielsweise in (→) *Fugen* und (→) *Finali von Opern* usw. Es besteht manchmal Unklarheit darüber, ob ein Einschnitt einen Großformabschnitt oder einen Detailformabschnitt begrenzt.

Benennung von Abschnitten mittels Buchstaben

Man bezeichnet üblicherweise längere Abschnitte mit großen Buchstaben, kürzere mit kleinen Buchstaben.

Anmerkung: Kurze *Vor-* und *Zwischenspiele* kann man ohne Buchstaben belassen oder mit x, y usw. bezeichnen. Für die Bezeichnung von (→) *Motiven* können griechische Buchstaben benutzt werden. Fachbegriffe für die Kennzeichnung sollen natürlich angewandt werden, z. B. *Ritornell*, *Hauptsatz* usw. Textstrophen kann man mit großen Buchstaben bezeichnen. In durchkomponierten Stücken, in denen sich also keine Formteile wiederholen, empfiehlt sich die Durchnummerierung der Abschnitte.

7.3 Allgemeines zur Form eines Satzes

Es ist ratsam, Groß- und Kleinbuchstaben voneinander unabhängig zu lassen. Das heißt, dass in einem Abschnitt A durchaus auch Detailabschnitte vorkommen können, die b und c genannt werden. Ein Buchstabe sollte zunächst ohne Index gelassen werden; man fängt also mit a an, nicht mit a^1 oder a'. Sinnvoll ist es, schwächer verwandte Abschnitte mit Hochzahlen und enger verwandte mit Strichen zu indizieren.

Beispiel einer Formgliederung: A   A'   B A^1
                               a b c   a' b' c'   d e a^1 b^1.

Mit der Bezeichnung „a(')" ist in den folgenden Kapiteln „a" oder „a'" gemeint. Die Benennung „a('')" kann dreierlei bedeuten, nämlich „a", „a'" oder „a''". Entsprechendes gilt für „a(''')".

Wichtige Merkmale zur Verdeutlichung der Form

Im Folgenden werden fünf wichtige Prinzipien dargestellt, mittels derer Abschnitte gegliedert werden. Natürlich sind im konkreten Fall nicht immer alle anzutreffen. Die Prinzipien beziehen sich in erster Linie auf die Großform, sind aber auch für die Detailform anwendbar.

Pausen. *Pausen* in allen Stimmen gleichzeitig sind selten; meistens befinden sich Pausen nur in der Hauptstimme. Natürlich markiert nicht jede Pause auch einen Einschnitt. Zusätzlich zu einer Pause oder anstatt derselben können auch lange Töne erklingen. Zuweilen befinden sich Pausen vor (→) *Doppelstrichen* im Notentext.

Neues melodisches Material. Ein neuer Abschnitt besitzt zumeist neues melodisches Material.

Neuer Text / neuer Textinhalt. Deutlicher als (→) *instrumentale* Musik ist (→) *vokale* Musik in Abschnitte gliederbar. Bei gereimtem Text wird dies in der Regel durch das Ende einer Textstrophe erkennbar, also rein äußerlich.
Wenn ein neuer Textinhalt erscheint, erklingt zumeist auch neues musikalisches Material. Als allgemeines Prinzip gilt: Je stärker der Textinhalt wechselt, desto deutlicher ist der Einschnitt. Außerdem gilt das Prinzip: neuer Textinhalt – neuer Formteil, verwandter Inhalt – verwandter Formteil. Der Grad der Ähnlichkeit der Inhalte entspricht also dem Grad der Ähnlichkeit der Formteile.

Anmerkung: Bei der Benennung der Formteile durch Buchstaben ist im Allgemeinen das musikalische Material und nicht der gesungene Text maßgeblich.

Neue Gestalt der Musik. Unter **Gestalt** können verschiedene Merkmale der Musik zusammengefasst werden, wie z. B. *Tempo, Tonlängen, Satzdichte, Tonart* usw. Besonders die Besetzung ist ein wichtiges Gliederungsmittel, beispielsweise im Fall der (→) *Ritornellform der barocken Vokalmusik*, wo sich instrumentale und vokale Abschnitte abwechseln. Ein neuer Abschnitt steht sehr oft in einer neuen Tonart; außerdem können sich in verschiedenen Abschnitten (→) *stabile* und *labile* Harmonik abwechseln.

Die Änderung der Gestalt der Musik ist mindestens ebenso wichtig für die Formgliederung wie die Tatsache, dass neues melodisches Material erscheint. Beim ersten Hören erkennt man solche Änderungen viel eher als neues melodisches Material.

Anmerkung: In vielen (→) *Fugen* z. B. hört man den Unterschied zwischen Durchführungen und Zwischenspielen nicht in erster Linie am melodischen Material, da in Zwischenspielen oft thematisches Material des Themas verwendet wird.

Schlusswirkungen (Harmonik, andere Merkmale). Vor Einschnitten besitzt die Musik mehr oder weniger deutliche **Schlusswirkung**, deren wichtigstes Merkmal in der akkordisch bestimmten Musik seit ca. 1600 die (→) *Kadenz* ist. Die *Schlusswirkung* kann auch noch durch andere Merkmale hervorgerufen werden, z. B. durch einen langen Schlusston, ein (→) *Ritardando*, das Ende einer (→) *Periode* oder durch Wiederholung von Passagen.

Idealtypisches Schema zur Gliederung von Musikstücken

Großform	1. Großformteil	2. Großformteil	3. Großformteil
Pausen		x	x
melodisches Material	Eingangsmaterial	neues Material	neues Material
Inhalt	Anfangstext	neuer Text / Inhalt	neuer Text / Inhalt
Gestalt	bestimmte Gestalt	anders als zuvor	anders als zuvor
Schlusswirkungen	Kadenz	Kadenz	Kadenz

Eine andere Möglichkeit der Gliederung liegt bei der (→) *Soggetto-Form* vor.

Verbreitete Prinzipien der Großformgliederung

Reprise. Unter einer **Reprise** versteht man im engeren Sinne in der (→) *Sonatenhauptsatzform* denjenigen Teil, der auf die *Durchführung* folgt und in dem das Material der *Exposition* verändert erklingt. Im weiteren Sinne meint **Reprise** jegliche Wiederaufnahme von Material aus dem Anfang eines Stückes. In letzterem Sinne ist die *Reprise* ein zentrales Prinzip der abendländischen Musik. Die Reprise ist beispielsweise wesentliches Formbildungsmittel des (→ Bd. II) *Gregorianischen Chorals*.

Dreiteiligkeit. Ein weiteres wichtiges Prinzip der Großformgliederung ist die **Dreiteiligkeit**. Zahlreiche Formen sind dreiteilig, etwa die (→) *Sonatenhauptsatzform* und die (→) *Dacapo-Form der barocken Vokalmusik*; sehr oft besitzen Werke 3 Sätze. Auch in komplex aufgebauten Sätzen kann zuweilen eine Dreiteiligkeit erkannt werden, etwa in (→) *Fugen* und der (→) *Ritornellform des barocken Konzertsatzes*.

Aus der Kombination der beiden Prinzipien ergibt sich die weit verbreitete Form A B A, die in so verschiedener Musik wie dem (→ Bd. II) *Gregorianischen Choral* und dem Jazz verbreitet ist.

7.3 Allgemeines zur Form eines Satzes

Coda. Unter einer **Coda** versteht man den eigenwertigen Schlussteil eines Satzes, der zur Betonung der Schlusswirkung und / oder zur Steigerung dient. Eine *Coda* tritt nicht selten in der Musik ab dem ausgehenden 18. Jahrhundert auf. Sie schließt sich zuweilen nahtlos an den vorherigen Tonsatz an; ihr genauer Anfang ist in diesem Fall schwer zu bestimmen.

Gängige Prinzipien der Detailformgliederung

Taktgruppengliederung. Unter einer **Taktgruppe** versteht man eine Gruppierung von 2 bis 8 Takten, die durch melodische und / oder rhythmische Merkmale vereinheitlicht ist. Häufig ist in der Musik unseres Kulturkreises eine Einteilung in **Viertaktgruppen** möglich. Andere Einteilungen können oft als Abweichungen von Viertaktgruppen aufgefasst werden.

Taktgruppen können mit *Detailformteilen* übereinstimmen, meistens sind aber die Detailformabschnitte größer. (→) *Menuette* bestehen oft aus Viertaktgruppen, ebenso einfache (→) *Sonatenhauptsätze*. Schwierigkeiten bereitet die Einteilung bei neuerer Musik, aber auch bei vieler Musik vor 1700.

Die Periode. Eine **Periode** ist ein relativ kurzer, in der Regel abgeschlossener Musikabschnitt, der deutlich in zwei ähnliche Hälften eingeteilt werden kann. Der erste Teil wird **Vordersatz**, der zweite **Nachsatz** genannt.

Eine Periode ist im Allgemeinen 8-taktig, zuweilen 16-taktig, besonders bei schnellen Tempi und entsprechenden Taktarten (z. B. 3/8-Takt); seltener sind 4- oder 32-taktige und unregelmäßige Bildungen (z. B. 9 oder 7 Takte). Zumeist sind die Anfänge des Vordersatzes und des Nachsatzes gleich. In der Regel endet der Vordersatz auf der *Dominante*, der Nachsatz auf der *Tonika* mit dem Grundton in der Melodie (mit (→) *Ganzschluss* oder (→) *Kadenz*).

Perioden sind in Liedern seit dem Mittelalter anzutreffen. In der Instrumentalmusik sind Perioden besonders in (→) *Rondos* und in langsamen Sätzen in der Musik des späten 18. Jahrhunderts zu finden, ebenso in (→) *Charakterstücken*.

Beispiel einer Periode:

M. A. Charpentier: Beginn des *Prélude* aus: *Te Deum*

7 Grundlagen der musikalischen Analyse

Entwicklungen

Ein Grundprinzip der Komposition ist die **Entwicklung**. So kann ein Stück leise beginnen, mit ausgedehnten Tonlängen, mit geringem (→) *Tonraum* (d.h. geringem Abstand zwischen höchstem und tiefstem Ton innerhalb einer Passage), langsamem (→) *harmonischem Rhythmus* usw. Im weiteren Verlauf nimmt die Lautstärke zu, die Tonlängen werden kürzer, der Tonraum wird ausgeweitet usw. Entsprechend gibt es auch Rückentwicklungen.

Einschränkende Vokabeln für die folgenden Analysemerkmale

Oft sind die Befunde bei der Beschreibung von Musik einzuschränken durch Angaben wie „meistens", „selten", „durchgehend", „fast durchgehend", „am Ende des Abschnittes" usw. Zuweilen kann auch der Vermerk sinnvoll sein, dass es keine Angabe für ein bestimmtes Merkmal gibt; beispielsweise ist die Lautstärke in Kompositionen des Barock oft nicht angegeben.

7.4 Melodik

Begriffe (Melodie, Thema, Motiv)

Unter einer **Melodie** versteht man eine zusammenhängende Folge von Tönen.

Ein **Thema** ist eine prägnante Melodie, die im Verlauf einer Komposition mehrmals identisch oder abgewandelt erscheint. Es besitzt in der Regel einen klaren Abschluss und bildet oft eine (→) *Periode*. Ein Thema kann auch *offen* sein, d.h. ohne deutlichen Abschluss, beispielsweise in (→) *Sonatenhauptsätzen* von Sinfonien. Themen gibt es auch in (→) *Fugen* und (→) *Rondos* (vgl. auch → *Soggetto*).

Ein **Motiv** ist die kleinste musikalische Einheit. Es gibt Motive melodischer und rhythmischer Natur. Melodien bzw. Themen können oft in verschiedene Motive eingeteilt werden. Unter einer **Motivgrupp**e versteht man einen kurzen Abschnitt, der aus mehreren Motiven besteht. Der Begriff ist besonders in der ersten Hälfte des 18. Jahrhunderts anwendbar.

Beginn eines Themas, das deutlich in Motive einteilbar ist:

W. A. Mozart: Rondo, KV 564

7.4 Melodik

Arten der Melodik

Unter **Melodik** versteht man Merkmale, welche die Melodie betreffen. Man kann folgende Arten der Melodik unterscheiden:

a) **Dreiklangsmelodik**: aus gebrochenen Dreiklängen bestehend. Dabei kann auch die Art der Akkordbrechung beschrieben werden (Beispiel a).

b) **Skalenmelodik** (auch *Schritt-* oder *Stufenmelodik* genannt): aus Abschnitten von (→) *diatonischen* Tonleitern bestehend (Beispiel b).

c) **Sprungmelodik**: allgemeiner Begriff für eine Melodik, die viele Sprünge aufweist (Beispiel c).

d) **Chromatische Melodik** (auch **Chromatik** genannt): vorwiegend aus Halbtonschritten bestehend. Eine gehäufte Anzahl von Vorzeichen direkt vor den Noten sind eine notwendige, aber keine hinreichende Bedingung für Chromatik. Chromatik wird oft mit Trauer verbunden (Beispiel d).

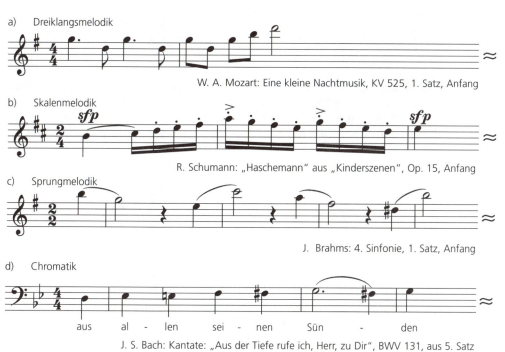

a) Dreiklangsmelodik — W. A. Mozart: Eine kleine Nachtmusik, KV 525, 1. Satz, Anfang

b) Skalenmelodik — R. Schumann: „Haschemann" aus „Kinderszenen", Op. 15, Anfang

c) Sprungmelodik — J. Brahms: 4. Sinfonie, 1. Satz, Anfang

d) Chromatik — J. S. Bach: Kantate: „Aus der Tiefe rufe ich, Herr, zu Dir", BWV 131, aus 5. Satz (aus al-len sei-nen Sün-den)

Von einer Melodie kann in der Analyse die **Bewegungsrichtung** angegeben werden (steigend oder fallend) sowie deren **Umfang**. Zuweilen können ihre (→) *Gerüsttöne* und die **charakteristischen Intervalle** bestimmt werden. Eine Melodie ist **instrumental angelegt**, wenn sie viele Sprünge aufweist; sie ist **gesanglich**, wenn sie wenig Sprünge und eher Skalenmelodik besitzt, somit leicht nachzusingen ist.

7 Grundlagen der musikalischen Analyse

Veränderungen von Motiven und Themen

Neben der **Wiederholung** gibt es eine Reihe von Veränderungsmöglichkeiten von Motiven, selten von Themen (siehe auch *Fuge*).

Unter der **Sequenzierung** (lat.: *sequentia* – die Folge) eines Motivs versteht man die unmittelbar auf das Motiv folgende Versetzung um eine oder mehrere Tonstufen nach oben oder unten. Ein Abschnitt mit Sequenzierungen heißt **Sequenz**. Die *Sequenzierung* ist **real**, wenn das Motiv genau transponiert wird, wenn also alle Intervalle exakt beibehalten werden. Sie ist **tonal**, wenn das Motiv innerhalb einer (→) *diatonischen Tonleiter* versetzt wird. Man spricht nur von einer Sequenzierung, wenn die Motive unmittelbar aufeinander folgen. Wenn dies nicht der Fall ist, spricht man von einer (realen oder tonalen) *Versetzung* eins Motivs auf eine andere Tonstufe (→ *Transposition*).

Bei der **Umkehrung** eines Motivs verlaufen vormals nach oben gehende Intervalle nach unten und umgekehrt. Bei der **Vergrößerung** werden die Notenwerte verlängert, meist verdoppelt. Die **Verkleinerung** bedeutet, dass die Notenwerte verkürzt werden, meist halbiert. Beim selten vorkommenden **Krebs** werden die Töne des Motivs in umgekehrter Reihenfolge gespielt.

Unter **Abspaltung** versteht man die Ablösung eines kürzeren Stückes aus einem längeren, wobei häufig Transpositionen auftreten können.

L. v. Beethoven: 5. Sinfonie, 1. Satz, Durchführung

Motivisch-thematische Beziehungen

Innerhalb eines Musikabschnittes liegen **motivisch-thematische Beziehungen** vor, wenn es Bezüge zwischen Motiven gibt. Diese Korrespondenzen bestehen z. T. in den oben genannten Veränderungsmöglichkeiten, zuweilen sind sie auch komplexer. Bereits im (→

Bd. II) *Gregorianischen Choral* sind solche Beziehungen zu finden. Mit dem Aufkommen der (→) *Imitation* um 1500 werden sie allgemein verbreitet. Im 20. Jahrhundert finden sich in einigen Musikarten keine *motivisch-thematischen Beziehungen*.

Beziehungen zwischen Silbenanzahl, Tonanzahl und Tonhöhe

In der Vokalmusik sind folgende Begriffe von Bedeutung:
- **syllabisch**: je ein Ton auf eine Silbe (Beispiel a),
- **melismatisch**: mehrere (verschiedene) Töne auf eine Silbe (Beispiel b); schnelle, technisch anspruchsvolle Melismen heißen **Koloraturen** (lat.: *color* – die Farbe),
- **psalmodierend** (Sonderfall der Syllabik): je ein Ton gleicher Tonhöhe auf mehrere Silben (Beispiel c).

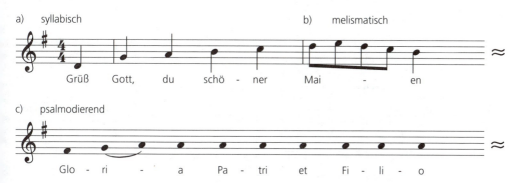

7.5 Rhythmik / Tonlängen

Einfache Mittel zur Beschreibung eines Abschnitts

Vom Mittelalter bis zur Neuen Musik können Abschnitte eines Stückes durch verschiedene Tonlängen unterschieden werden. Zur Charakterisierung eines Abschnitts ist es möglich, die **häufigsten Tonlängen** zu benennen. Unterschiedliche Tonlängen in verschiedenen Abschnitten bedeuten nicht, dass ein Tempowechsel stattfindet.

Zuweilen sind eine oder mehrere Stimmen durch **bestimmte Tonlängen** charakterisiert. Öfter gibt es einen **durchgehenden** oder **fast durchgehenden Rhythmus** (beispielsweise in einem Instrument oder einer Instrumentengruppe).

Generalpause (Abkürzung: G.P.) nennt man in Kompositionen für mehrere Instrumente das gleichzeitige Pausieren aller Stimmen.

7 Grundlagen der musikalischen Analyse

Verklanglichte Zählzeiten

Die Beschreibung der Tonlänge sagt nicht immer das Wesentliche für die Charakterisierung des Rhythmus aus. Wichtiger ist die **Ereignisdichte**. Diese kann beschrieben werden mittels der *verklanglichten Zählzeiten*. Eine **verklanglichte Zählzeit** ist eine solche, auf die ein Ton oder sonstiges klangliches Ereignis ertönt. Im Beispiel a) ist z. B. die 1 eines Taktes, im Beispiel b) sind die vollen und die Und-Zählzeiten verklanglicht. Man kann also Musik beschreiben, indem man beispielsweise sagt, verklanglicht seien immer die *1*, die *1 und* sowie die *2* eines Taktes, o. ä. Eine Besonderheit stellen **durchgehend** oder **fast durchgehend verklanglichte Zählzeiten** dar.

L. v. Beethoven: 3. Sinfonie, 4. Satz, T. 12

J. S. Bach: Partita 6, BWV 830, Corrente, Beginn

Synkope

Unter einer **Synkope** versteht man eine Betonung auf einer üblicherweise unbetonten Zählzeit. Die Betonung kommt zumeist dadurch zustande, dass auf die betonte Zählzeit, welche auf die Synkope folgt, kein neuer Ton oder kein neues Geräusch erklingt.

Zuweilen wird eine Synkope durch ein Akzentzeichen (>) hervorgehoben. Synkopen sind ein charakteristisches Merkmal für Jazz, Rock und Pop.

Ausprägung des rhythmischen Moments

Das **rhythmische Moment** kann mehr oder weniger stark ausgeprägt sein. Dies ist besonders der Fall durch Einsatz des Schlagzeugs, durch die evtl. durchgehend verklanglichten Zählzeiten usw. Je stärker der Rhythmus ausgeprägt ist, desto mehr wird der Hörer zum körperlichen Mitmachen angeregt. Daher ist die Ausprägung des rhythmischen Moments bei der (→ 12) *Tanzmusik* besonders deutlich.

7.6 Harmonik

*Harmonische Schlusswendungen
(Kadenz, Trugschluss, Ganzschluss, Halbschluss)*

Unter einer **harmonischen Schlusswendung** versteht man eine Folge von Akkorden, die am Schluss von musikalischen Abschnitten und sehr selten an anderen Stellen erklingt. Solche typischen Wendungen sind seit dem 13. Jahrhundert üblich.

Die gebräuchlichste harmonische Schlusswendung ist die *Kadenz* (zur anderen Bedeutung des Begriffs siehe 6.2).

Kadenz. Unter einer **Kadenz** versteht man die Folge von jeweils einem der drei Akkorde:

1. subdominantischer Akkord in Grundstellung,
2. dominantischer Akkord in Grundstellung,
3. Tonika in Grundstellung mit Grundton in der Oberstimme.

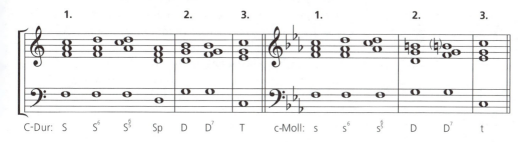

Beim *subdominantischen Akkord* sind auch *Septakkorde* möglich (S^7, s^7 oder II^7). In der Regel schreitet die Oberstimme des *dominantischen Akkords* mit einem Sekundschritt auf- oder abwärts zum Grundton der Tonika. Nicht selten erklingt beim dominantischen Akkord ein (→) *Triller*. Die Tonika erklingt oft auf einer betonten Zählzeit, in der Regel zu Beginn eines Taktes. Häufig besteht sie aus einer langen Tondauer. Zwischen den oben genannten Akkorden können sich zusätzlich andere Akkorde befinden.

Anmerkung: Vereinzelt ist der erste Akkord der Kadenz die (→) *Doppeldominante*. In seltenen Fällen kann bei der Dur-Kadenz als erster Akkord auch die Mollsubdominante erklingen.

Man findet Kadenzen innerhalb von Stücken, indem man an Stellen mit Schlusswirkung die Tonika in Grundstellung mit Grundton in der Oberstimme sucht; anschließend versucht man, unmittelbar vorher einen dominantischen und subdominantischen Akkord zu finden.

Trugschluss. Ein **Trugschluss im engeren Sinne** liegt vor, wenn in der Kadenz anstelle der erwarteten Tonika der Dreiklang auf dem 6. Tonleiterton in Grundstellung mit Terzton in der Oberstimme erklingt.

Anmerkung: Im Fall des Trugschlusses im Mollgeschlecht bezeichnet man den Dreiklang auf dem 6. Tonleiterton nicht als Subdominantparallele, sondern als *Tonikagegenklang* (tG).

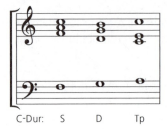

Trugschluss:

C-Dur: S   D   Tp

Ein **Trugschluss im weiteren Sinne** ist vorhanden, wenn in der Kadenz als dritter Akkord weder die Tonika in Grundstellung mit Grundton in der Oberstimme noch die VI. Stufe in Grundstellung mit Terzton in der Oberstimme vorliegt. Zumeist erklingt im dritten Akkord der erwartete Melodieton der Oberstimme.

Der *Trugschluss* dient zur Überraschung, zur Verlängerung eines Abschnitts oder zur Textausdeutung. Auf den Trugschluss erfolgt oft die reguläre Kadenz.

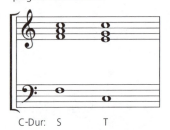

plagaler Ganzschluss:

C-Dur: S   T

Ganzschluss. Unter einem **authentischen Ganzschluss** (kurz **Ganzschluss** genannt) versteht man die Akkordfolge: *Dominantischer Akkord in Grundstellung, Tonika in Grundstellung und Grundton in der Oberstimme.*

Der *authentische Ganzschluss* unterscheidet sich von der Kadenz durch das Fehlen des subdominantischen Akkords.

Ein **plagaler Ganzschluss** hat die Akkordfolge: *Subdominante in Grundstellung, Tonika in Grundstellung.*
Der Grundton muss dabei nicht in der Oberstimme liegen.
Der *plagale Ganzschluss* erscheint nach dem Barock selten, er wirkt oft archaisch.

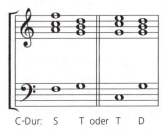

Halbschluss:

C-Dur: S   T oder T   D

Halbschluss. Ein **Halbschluss** ist ein Schluss auf der Dominante in Grundstellung, der nicht authentischer Ganzschluss in der (→) *nächstverwandten Tonart* auf dem 5. Tonleiterton ist. Der Grundton muss dabei nicht in der Oberstimme liegen. Der *Halbschluss* ist offen.

Ausweichung, Modulation

Kurze Musikstücke stehen im Allgemeinen in einer einzigen Tonart. Unter der **Berührung einer Tonart** oder der **Ausweichung in eine andere Tonart** versteht man deren kurzzeitiges Erscheinen. Im Laufe von längeren Stücken gibt es des öfteren Ausweichungen. Die erste Tonart heißt dabei **Haupttonart**.

In größeren Stücken erscheinen eine oder mehrere weitere Tonarten für längere Zeit. **Modulation** nennt man den dauerhaften Übergang von einer Tonart zu einer anderen. *Modulationen* können mit weichem Übergang stattfinden. Modulationen können aber auch abrupt verlaufen. Die Unterscheidung zwischen *Ausweichung* und *Modulation* ist nicht immer genau anzugeben.

7.6 Harmonik

W. A. Mozart: Klaviersonate, KV 284, 3. Satz

Das Beispiel moduliert von D-Dur nach A-Dur.

Bestimmung der Tonart eines Abschnitts, die nicht die Haupttonart ist

In Abschnitten, in denen ein Thema in einer anderen Tonart erscheint, also in (→) *Fugen* oder (→) *Sonatenhauptsätzen*, kann man die Tonart anhand der **Transposition des Themas** erkennen. Die Bestimmung des Terztones der Tonika ist für die Bestimmung des Tongeschlechtes wesentlich.

Liegt kein Thema vor, sind die **Vorzeichen** zu betrachten, die zusätzlich zu den vorne am Notensystem vorgezeichneten angegeben sind, bzw. die wegfallenden Vorzeichen. Daraus kann man mögliche Dur- und Molltonarten ermitteln. Dabei ist zu beachten, dass in Moll der 6. und 7. Tonleiterton oft erhöht sind. Zweckmäßig für die Bestimmung der Tonart ist auch die Analyse von **Akkorden**, besonders am Schluss eines Abschnitts (siehe Beispiel).

7 Grundlagen der musikalischen Analyse

L. v. Beethoven: Klaviersonate Op. 14 Nr. 1, 1. Satz, T. 73

Nächstverwandte Tonart(en)

Tonarten besitzen unterschiedliche Verwandtschaftsgrade. Sie sind umso näher verwandt, je natürlicher der Übergang, also die Ausweichung oder Modulation, klingt. Sie sind ebenso umso näher verwandt, je näher sie im Quintenzirkel beisammen liegen.

Es ist naheliegend, dass im Verlauf eines Stückes zunächst in sehr nahe verwandte Tonarten ausgewichen bzw. moduliert wird, im weiteren Verlauf der Komposition in abgelegenere Tonarten. Dadurch kann eine deutliche Entwicklung im Stück stattfinden, da die Ausweichung bzw. Modulation in entferntere Tonarten einen stärkeren Reiz ausübt als diejenige in näherliegende. Im Laufe des 17. Jahrhunderts hat sich die Übereinkunft entwickelt, dass die zweite Tonart eines jeden Stückes fast immer in derselben Beziehung zur Haupttonart steht. Unter **nächstverwandter Tonart** versteht man diejenige, die in einem Stück in der Regel als zweites nach der *Haupttonart* erscheint.

Ist die *Haupttonart* im Durgeschlecht, so ist die *nächstverwandte Tonart* die Durtonart, deren Grundton eine Quinte über dem Grundton der Haupttonart liegt (*Tonart der Dominante*).

Ist die *Haupttonart* im Mollgeschlecht, so gibt es zwei *nächstverwandte Tonarten*:
a) die *parallele Durtonart* (der Grundton liegt eine kleine Terz höher),
b) die *Tonart der Molldominante* (der Grundton liegt eine Quinte höher).
In Sonatenhauptsätzen ab ca. 1770 wird mit wenigen Ausnahmen Möglichkeit a) gewählt.

Haupttonart	Nächstverwandte Tonart
C-Dur	G-Dur
Des-Dur	As-Dur

Haupttonart	Nächstverwandte Tonarten	
c-Moll	Es-Dur	g-Moll
cis-Moll	E-Dur	gis-Moll

usw.

Nahe verwandte Tonarten

Von den *nächstverwandten* unterscheiden sich die *nahe verwandten Tonarten*. **Nahe verwandte Tonarten** sind solche, welche in Stücken des 17. und 18. Jahrhunderts üblicherweise als erste nach der Haupttonart vorkommen. Die Vorzeichen nahe verwandter Tonarten sind identisch oder bis auf eines fast identisch mit denen der Haupttonart. Man bezeichnet sie auch als Tonarten der (→) *leitereigenen Dreiklänge*.

Haupttonart	nahe verwandte Tonarten
C-Dur	d-Moll, e-Moll, F-Dur, G-Dur, a-Moll
a-Moll	C-Dur, d-Moll, e-Moll, F-Dur, G-dur
G-Dur	a-Moll, h-Moll, C-Dur, D-Dur, e-Moll

usw.

Anmerkung: Dass im 17. und frühen 18. Jahrhundert nur selten entferntere Tonarten verwendet wurden, lag zum einen daran, dass die vorherrschende (→) *mitteltönige* Stimmung die Modulation in solche Tonarten nicht ermöglichte. Außerdem waren entferntere Tonarten so starke Reize für den Hörer, dass sie nur bei besonderen, zumeist semantisch gerechtfertigten Situationen vorkamen.

Anmerkung: Ist die Haupttonart eine Durtonart, ist die dritte vorkommende Tonart zumeist diejenige der Mollparallele.

Orgelpunkt

Unter einem **Orgelpunkt** versteht man einen lang ausgehaltenen oder ständig wiederholten Ton in der untersten Stimme, bei wechselnden, mehr oder weniger dissonanten Akkorden darüber. Zwischen wiederholten Tönen können in der Unterstimme andere Töne erklingen. Der Orgelpunkt erscheint häufig; er trägt meistens zur Formbildung bei, da er sich in der Regel am Ende oder Anfang von Abschnitten befindet.

J. S. Bach: Fuge c-Moll aus dem 1. Teil des Wohltemperierten Klaviers, BWV 847, Schluss

7 Grundlagen der musikalischen Analyse

Wechsel des Tongeschlechts

Ein neues prägnantes Ereignis in einer Komposition ist der **Wechsel des Tongeschlechts**. Er dient zur Steigerung, zur Abwechslung oder zur Textausdeutung. Molltonarten in Durstücken sind seltener als das Umgekehrte.

Harmonischer Rhythmus

Unter dem **harmonischen Rhythmus** versteht man die Dichte der Akkordwechsel. Der *harmonische Rhythmus* ist langsam, wenn die Akkorde selten wechseln, also etwa einmal im Takt oder seltener. Er ist schnell, wenn die Akkorde häufiger wechseln. Die Verlangsamung des harmonischen Rhythmus ist ein charakteristisches Merkmal für den (→ Bd. II) *Stilwandel* um 1730.

Beispiel für schnellen harmonischen Rhythmus:

J. S. Bach: Brandenburgisches Konzert Nr. 1, 1. Satz (vereinfacht)

Weitere Merkmale der Harmonik

Die Harmonik kann **einfach** oder **komplex** sein. *Einfache* Harmonik ist in der Regel **konsonant**, *komplexe* **dissonant**.

Stabile und labile Harmonik. Stabil ist die Harmonik eines Abschnitts, dessen Tonart eindeutig bestimmbar ist und selten wechselt. **Labil** ist dagegen die Harmonik eines Abschnitts, dessen Tonart unklar ist oder oft wechselt. Die Uneindeutigkeit kann mit dem Inhalt in Beziehung stehen. *Labile Harmonik* ist oft in (→) *Durchführungen* von (→) *Sonatenhauptsätzen* oder in (→) *Episoden* der (→) *Ritornellform* des barocken Konzertsatzes anzutreffen.

Allgemein kann man hinsichtlich der Entwicklung der Tonarten einer Komposition von folgendem Schema ausgehen:
Zu Beginn eines Stücks herrscht eher stabile Harmonik in der Haupttonart und der nächstverwandten Tonart. In der Mitte werden nahe verwandte Tonarten und entferntere Tonarten berührt bzw. verwendet, wobei die Harmonik eher labil ist. Gegen Ende des Stückes stabilisiert sich die Harmonik wieder und es erklingt die Haupttonart.

7.7 Textur (Unisono / Homophonie / Polyphonie)

Unter **Textur** (engl.: *texture*) wird im Folgenden der Grad der Abhängigkeit der gleichzeitig erklingenden Stimmen voneinander verstanden.

Unisono (Einstimmigkeit)

Beim **Unisono** (lat.: *unus* – einer; lat.: *sonus* – der Ton) erklingt in allen Stimmen bzw. Instrumenten dieselbe Melodie im Einklang und / oder im Abstand von einer oder mehreren Oktaven.

L. v. Beethoven: 5. Sinfonie, 1. Satz, Beginn

Homophonie

Bei der **Homophonie** (griech.: *homophonia* – Gleichklang) gibt es eine führende Hauptstimme, während die anderen Stimmen die Begleitung bilden. Die Hauptstimme ist für gewöhnlich die Oberstimme.

Bei der **homorhythmischen Homophonie** verlaufen sämtliche Stimmen im gleichen Rhythmus (*homorhythmisch* – im gleichen Rhythmus verlaufend). Die Hauptstimme ist für gewöhnlich die Oberstimme.

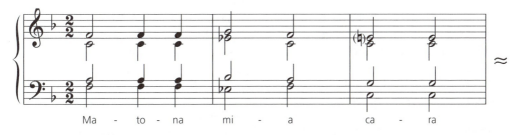

Orlando di Lasso: „Matona mia cara" aus: Libro di Villanelle

Bei der **nicht homorhythmischen Homophonie** gibt es eine Hauptstimme, die einen anderen Rhythmus hat als die Begleitstimmen. Diese sind oft *homorhythmisch*. Die Hauptmelodie liegt in der Regel in der Oberstimme, sie kann sich aber auch in der Unterstimme, seltener auch in einer Mittelstimme befinden.

7 Grundlagen der musikalischen Analyse

J. Haydn: Klaviersonate Nr. 17, 1. Satz

Polyphonie

Die **Polyphonie** kennt keine Hauptstimme, vielmehr sind alle Stimmen gleichberechtigt.

Arcangelo Corelli: Triosonate Op. 3 Nr. 2, 2. Satz

Eine besondere Form der Polyphonie ist das *Fugato*. Unter einem **Fugato** versteht man einen Abschnitt, der dem Beginn einer (→) *Fuge* entspricht, d. h. eine Stimme beginnt allein, die folgenden Stimmen setzen nacheinander mit jeweils demselben Material ein.

Grundlegend für die polyphone Musik ist die *Imitation*, die um 1500 entstand. Bei der **Imitation** (lat.: *imitatio* – die Nachahmung) wird eine melodisch-rhythmische Sinneinheit (ein (→) *Motiv*, ein (→) *Soggetto* oder ein (→) *Thema*) einer Stimme in einer anderen Stimme identisch oder ähnlich wiederholt. Ein Musikabschnitt heißt **imitatorisch**, wenn er viele Imitationen aufweist. Ein Stück wird *fugiert* genannt, wenn es einer (→) *Fuge* ähnelt, d. h. ziemlich polyphon ist, in der Regel mit einem (→) *Fugato* beginnt und viele Imitationen aufweist.

In Vokalmusik mit Orchester spielen die Instrumente in polyphonen Teilen oft **colla parte** (Abkürzung: c.p.) mit. Dies bedeutet, dass die Instrumente die Singstimmen verdoppeln bzw. oktavieren.

7.9 Satzdichte

Abgrenzung und Vorkommen

Das *Unisono* ist deutlich von den anderen Arten der *Textur* abgrenzbar. Es erscheint innerhalb von vielstimmiger Musik als Abwechslung, hat in der Regel eine formbildende Funktion und wird zuweilen auch zur Textausdeutung verwendet. – Ansonsten ist die Satztechnik ungemein vielfältig: *Homophonie* ist oft nicht deutlich von der *Polyphonie* abgrenzbar. Es gibt viele Zwischengrade, z. B. schwach oder stärker polyphon.

Die *Textur* innerhalb eines Stücks pflegt sich allmählich zu differenzieren. Ein Stück beginnt oft relativ homophon, manchmal sogar im Unisono. Daraufhin wird es allmählich stärker polyphon.

7.8 Tonraum

Der **Tonraum** eines Abschnittes bezeichnet die Lage, in dem sich die Töne (hauptsächlich) befinden. Der *Tonraum* kann sich auf den *gesamten Tonsatz* oder auf die *Hauptmelodie* beziehen. Beschrieben werden kann, ob ein Tonraum hoch oder tief ist und welchen Umfang er besitzt. Der Tonraum des gesamten Tonsatzes ist in der Regel zu Beginn eines Stückes eher eng und befindet sich in einer Mittellage. Im Verlaufe der Komposition erweitert er sich.

Anmerkung: Die Angabe des Schlüsselwechsels ist nicht immer ein Kriterium für die Änderung des Tonraums.

Beispiel für Ausweitung des Tonraums:

L. v. Beethoven: Sinfonie Nr. 5, 1. Satz, Beginn

7.9 Satzdichte

Mit der **Satzdichte** wird die Anzahl der verschiedenen Stimmen beschrieben. Bei (→) *Partituren* ist zu beachten, dass zwei Stimmen genau dasselbe spielen können. Öfters fängt Musik mit dünner Satzdichte an und wird im Folgenden dichter. Demgegenüber pflegt die *Satzdichte* geringer zu werden in (→) *Zwischenspielen* von (→) *Fugen*, in (→) *Episoden* der (→) *Ritornellform* des barocken Konzertsatzes oder im zweiten Thema von (→) *Sonatenhauptsatzformen*.

7.10 Instrumentation

Unter **Instrumentation** versteht man die Aufbereitung einer Komposition für die Stimmen verschiedener Instrumente. Die *Instrumentation* ist seit dem 17. Jahrhundert ein sehr prägnantes Mittel zur Abschnittsgliederung, zur Abwechslung und zur Verdeutlichung des musikalischen Charakters der verschiedenen Abschnitte.

7.11 Dynamik

Die **Dynamik** wird erst in der zweiten Hälfte des 18. Jahrhunderts konsequent angegeben. Man kann aber davon ausgehen, dass sie zu allen Zeiten ein wesentliches Mittel zur Abwechslung und zur Abschnittsgliederung war. Besonders im Barock üblich waren *Echoeffekte*, d. h. leise Wiederholungen von zuvor laut gespielten Passagen.

7.12 Tempo

Ab dem 18. Jahrhundert wird zuweilen an Abschnittsenden ein kurzzeitiges (→) *Ritardando* (langsamer werden) verlangt. Ansonsten bleibt im 18. Jahrhundert das zu Anfang eines Satzes angegebene **Tempo** in der Regel gleich, wenn man von (→) *langsamen Einleitungen* absieht.

Ab dem 19. Jahrhundert wechselt das Tempo in einigen Fällen und wirkt somit formbildend. Gegen Ende eines längeren Stücks erfolgt zuweilen eine Beschleunigung des Tempos (*accelerando*) oder eine *Stretta* (schnellerer Schlussteil).

Seit dem 19. Jahrhundert findet sich zuweilen die Bezeichnung **Tempo rubato** (ital.: geraubte Zeit) oder **rubato**. Darunter versteht man leichte Temposchwankungen in einem kurzen Zeitraum (d. h. das Musizieren nicht streng im Takt).

Der Begriff **Agogik** meint die in der Notenschrift nicht notierten leichten Temposchwankungen beim Spielen. Sie dient zur Gliederung und einem lebendigen Vortrag.

7.13 Hinweise zum Vorgehen

Die folgende Vorgehensweise ist für die detaillierte musikalische Analyse für die meisten Kompositionen sinnvoll. Es gibt darüber hinaus aber weitere Möglichkeiten.

1. Gesamtschau

Ein Stück kann zunächst ganz allgemein in seiner Gesamtheit beschrieben werden. Zumeist ist die *Haupttonart* bestimmbar, das *Tempo*, die *Tonlängen*, die *Textur*, allgemeine

Beziehungen zwischen Musik und Textinhalt usw. Zweckmäßig ist es, bei einer Analyse möglichst viele solcher allgemeiner Merkmale darzustellen und miteinander in Beziehung zu setzen.

2. Bestimmung der Großform

Dies kann tabellarisch geschehen. Dabei kann auch angemerkt werden, wie deutlich die Großform eines Stückes nachvollziehbar ist.

3. Analyse im Detail

Allgemeines zur Beschreibung. Die Beschreibung eines musikalischen Sachverhaltes ist nur aussagekräftig, wenn er in einen Zusammenhang gebracht wird. Beispielsweise ist die Aussage, dass der Ton in Takt x ein g^2 ist, nichtssagend. Sinnvoll ist die Aussage im Zusammenhang damit, dass sich der Tonraum nun z. B. geweitet hat, dass der Ton für einen Chor-Sopran recht hoch ist oder dass dies der melodische Höhepunkt des Stückes ist usw.

Zur Vorgehensweise. Man kann auf der Ebene des Detailformabschnitts ebenso vorgehen wie auf der Ebene des ganzen Stückes, d. h. man beschreibt zunächst einen Großformabschnitt, wie oben beim gesamten Stück dargelegt, und setzt ihn gegebenenfalls in Beziehung zum vorigen und zum folgenden. Anschließend wird der Großformteil in kleinere Abschnitte eingeteilt; dabei wird dargestellt, woran man diese erkennt, wie klar umrissen sie sind usw. Sodann beschreibt man die Struktur der Abschnitte mit Entwicklungen, Stimmungen, gegebenenfalls Beziehungen zwischen Inhalt und Musik usw.

Zuweilen ist es sinnvoll, nicht aufeinander folgende Abschnitte zu vergleichen, etwa *Durchführungen* und *Zwischenspiele* in *Fugen*, oder *Ritornelle* und *Episoden* in *Ritornellformen von barocken Konzertsätzen*, um z. B. Entwicklungen kenntlich zu machen.

Anmerkungen: Verbreitet ist die Methode, Stücke entlang der oben genannten Merkmale zu analysieren, also zunächst die *Melodik*, darauf die *Rhythmik*, dann die *Harmonik* usw. von Anfang bis Ende zu beschreiben. Das ist für einige wenige Kompositionen sinnvoll, aber im Allgemeinen erscheint diese Vorgehensweise sehr problematisch.

Bei *Vokalmusik*, besonders bei Liedern, kann man die Singstimme(n) und die Begleitung dann voneinander getrennt analysieren, wenn die Begleitung nicht einzelne Wörter detailliert ausdeutet. Ist dies aber der Fall, empfiehlt sich die gleichzeitige Analyse von Gesangsstimme(n) und Begleitung.

Bei *Vokal-* und *Programm-Musik* ist es nur in seltenen Fällen sinnvoll, zunächst die musikalischen Sachverhalte zu beschreiben und anschließend die inhaltliche Bedeutung dieser Sachverhalten darzustellen; vielmehr sollte beides zugleich dargelegt werden.

Weiterführende Literatur:
Kelterborn, Rudolf: Analyse und Interpretation: Eine Einführung anhand von Klavierkompositionen. Winterthur: Amadeus, 1993.

8 Wort-Ton-Verhältnis (gebundene Musik, Rezitativ, Melodram)

Unter **Wort-Ton-Verhältnis** wird im Folgenden das Verhältnis zwischen Wort und Ton bezüglich des Tempos, der Melodie und der Rhythmik verstanden. Es wird unterschieden zwischen *gebundener Musik*, *Rezitativ* und *Melodram*.

Anmerkung: Außerdem versteht man unter diesem Begriff Beziehungen zwischen Silbenanzahl, Tonanzahl und Tonhöhe (→ 7.4), sowie weitere Beziehungen, z. B. bzgl. der Vorherrschaft von Wort oder Ton.

8.1 Gebundene Musik

Bei **gebundener Musik** sind die Töne und der artikulierte Text rhythmisch und melodisch gebunden, d. h. genau festgelegt. Zur nicht-gebundenen Musik gehören Secco-Rezitativ, Teile des Accompagnato-Rezitativs und Melodram.

Anmerkung: *Gebundene Musik* ist in unserer und in vielen anderen Kulturen die übliche; sie gilt als der Normalfall, weshalb der Begriff selten erscheint. Das (→) *Arioso* gehört zur gebundenen Musik.

8.2 Rezitativ

Unter **Rezitativ** (ital.: *recitare* – vortragen) versteht man einen instrumental begleiteten, solistischen *Sprechgesang*, also eine Vortragsart, die Singen und Sprechen verbindet. Der Anteil des Singens besteht in der festen Tonhöhe, der Anteil des Sprechens im Rhythmus, der dem Rhythmus der normalen Sprache angenähert ist.

Das Rezitativ hat sich um die Mitte des 17. Jahrhunderts in der Oper entwickelt. Man unterscheidet *Secco-Rezitativ* und *Accompagnato-Rezitativ*.

Secco-Rezitativ

Das **Secco-Rezitativ** (**recitativo secco** [retʃita'tiːvo 'seko]; ital.: *secco* – trocken) wird für gewöhnlich von einem (→) *Cembalo* oder von einer (→) *Orgel* begleitet, seltener von einer Laute oder Gitarre, oft unter Mitwirkung von Bass-Melodieinstrumenten (Violoncello, Kontrabass, Fagott), also durch (→ Bd. II) *Generalbassinstrumente*.

Das Secco-Rezitativ ist fester Bestandteil von mehrteiligen vokalen Gattungen (→ 11).

Es unterscheidet sich von der gebundenen Musik durch folgende Merkmale:

Merkmal	Secco-Rezitativ	Gebundene Musik
Tempo	wechselnd, vom Sänger in gewissen Grenzen frei wählbar	gleich bleibend
Takt	oft nicht vorhanden	vorhanden
Rhythmik	eher kurze Notenwerte	alle Arten von Notenwerten
Melodik	einfach: viele Tonwiederholungen, viele Tonschritte, kleine Sprünge, keine Melodiewiederholungen	üblicherweise Melodiewiederholungen
Beziehung zwischen Silben und Tönen	(→) *syllabisch*	syllabisch und (→) *melismatisch*
Begleitung	kurz erklingende Akkorde, liegende Akkorde, (→) *Tremoli*, Pausen	selten Pausen
akustische Verständlichkeit	groß	unterschiedlich
Form	frei	zumeist feststehende Form
Harmonik	keine Haupttonart, sondern ständiges Wechseln der Tonart	Tonarten gemäß Konventionen (→ 7.6)

Anmerkung: Üblicherweise beginnt ein Rezitativ ohne Gesang mit einem Durakkord in erster Umkehrung und mit dem Grundton in der Oberstimme (siehe Beispiel). Die Singstimme endet oft mit einem Quartsprung nach unten vom Schlussgrundton aus, worauf ein (→) *Ganzschluss* folgt (siehe Beispiel). Zuweilen ist der Schlussakkord gleichzeitig der erste Akkord des folgenden Stücks.

Genau genommen ist zwischen *Rezitativstruktur* und *Rezitativ* zu unterscheiden. Unter *Rezitativstruktur* ist das Wort-Ton-Verhältnis mit den oben angegebenen Eigenschaften zu verstehen, während man unter einem *Rezitativ* ein Stück versteht, das dieses Wort-Ton-Verhältnis aufweist. In dieser Hinsicht ist der Begriff *Rezitativ* ein Gattungsbegriff. In Rezitativen können auch Abschnitte vorkommen, die keine Rezitativ-Struktur aufweisen. Ebenso kann rezitativische Struktur auch innerhalb eines gebundenen Stückes erscheinen, z. B. am Schluss der Rachearie der Königin der Nacht von *W. A. Mozarts Zauberflöte*.

8 Wort-Ton-Verhältnis

J. S. Bach: Matthäus-Passion, Nr. 50ᵉ

Accompagnato-Rezitativ, Szene

Das **Accompagnato-Recitativ** (**recitativo accompagnato** [akompa'ɲato]; ital.: *accompagnato* – begleitet) wird durch das Orchester begleitet. Es besteht im ausgehenden 18. Jahrhundert in der Oper aus
a) Rezitativen in der Art des Secco-Rezitativs, jedoch mit Orchesterinstrumenten,
b) metrisch und melodisch gebundenen Gesangspassagen und
c) metrisch gebundenen Orchesterpassagen.

Das *Accompagnato-Rezitativ* wird zu Beginn des 19. Jahrhunderts länger und wird oft *Szene* genannt. Unter einer **Szene** versteht man also häufig einen längeren Abschnitt, der die Struktur des *Accompagnato-Rezitativs* aufweist. In Opern des 19. Jahrhunderts geht einer Arie oft eine Szene voraus (→ Bd. II *scena ed aria*).

Rezitativ in der Instrumentalmusik

Seit Beginn des 18. Jahrhunderts gibt es zuweilen in der Instrumentalmusik Partien mit Rezitativstruktur. Bekannt ist beispielsweise das Rezitativ der Violoncelli und Kontrabässe zu Beginn des 4. Satzes von *Beethovens 9. Sinfonie*.

8.3 Melodram

Ein **Melodram** ist ein Stück, in dem Instrumentalmusik zu gesprochenem Text erklingt. (Diese Bedeutung des Begriffs hat nichts zu tun mit der zweiten Bedeutung im Sinne von „rührseliges Stück", die im Folgenden nicht verwendet wird.) Die Sprechstimme kann rhythmisch frei oder rhythmisch gebunden sein. Im *gebundenen Melodram* ist neben dem Rhythmus auch die ungefähre Tonhöhe des Sprechers festgelegt.

Als *Melodrama (Bühnenmelodram)* wird ein melodramatisches Stück für die Bühne bezeichnet. Ein *Konzertmelodram* ist ein konzertant vorgetragenes Melodram, dessen Text zumeist eine Ballade ist. *Stücke* dieser beiden Arten waren im ausgehenden 18. und im 19. Jahrhundert beliebt.

Vereinzelt fand das Melodram auch in die Oper Eingang, z. B. in *Beethovens Fidelio*. Es war außerdem Bestandteil von (→) *Schauspielmusiken*. Im 20. Jahrhundert wurde das gebundene Melodram verbreitet; ein Beispiel hierfür ist *Arnold Schönbergs Überlebender aus Warschau*.

Wie beim Rezitativ ist auch beim Melodram zwischen *Melodramstruktur* und *Melodram* als Gattung zu unterscheiden.

9 Formen und Gattungen von abgeschlossenen Stücken und Sätzen

9.1 Einführung

9.1.1 Definitionen und Erläuterungen

Der Begriff **Form eines Musikstückes** bedeutet zweierlei:
- Zum einen kann darunter der jeweils individuelle Aufbau verstanden werden, also z. B. die Form A B A¹ B. In diesem Sinne hat jede Komposition eine Form.
- Zum anderen wird unter *Form eines Musikstückes* das konventionalisierte Formschema verstanden, das dem Stück zugrunde liegt, also z. B. *Rondo* oder *Sonatenhauptsatzform*.

Die Form kann sich auch auf mehrsätzige Kompositionen beziehen wie z. B. auf die *Kirchensonate*. Die meisten Kompositionen besitzen eine mehr oder weniger deutliche Form in diesem Sinne. Wenn ein Komponist sich nicht an eine herkömmliche hält, wählt er eine **freie Form**. Freie Formen besitzen oft Stücke, die mit *Improvisation* oder *Toccata* bezeichnet werden.

Zuweilen sind Werke, die konventionalisierten Formen zugeordnet werden können, gerade deswegen reizvoll, weil sie bestimmte einzelne formale Konventionen nicht erfüllen und somit originell sind.

Anmerkung: Zu starke Bindung an Konventionen birgt übrigens die Gefahr der Stereotypie, etwa bei der *Ritornell-* und *Dacapo-Form der barocken Vokalmusik* oder der *Form des Jazzstücks* (Thema, Improvisation, Thema). Schwache Bindung an Konventionen oder Negierung von Konventionen, besonders in der Musik des 20. Jahrhunderts, birgt die Gefahr des Unverständnisses beim Hörer und der Scharlatanerie.

Die heutige Bedeutung der Formbegriffe stammt zumeist *nicht* aus der Zeit, für die sie gelten. Der Begriff der *Sonatenhauptsatzform* erscheint beispielsweise erst im 19. Jahrhundert.

Vom Begriff der Form ist derjenige der **Gattung** zu unterscheiden. Eine musikalische Gattung umfasst Werke, die hinsichtlich einer oder mehrerer der folgenden Merkmale einheitlich sind:

9.1 Einführung

- Besetzung (z. B. Streichquartett),
- Text (z. B. Messe),
- Funktion (z. B. Präludium),
- Form usw.

Die Begriffe *Form* und *Gattung* überschneiden sich somit häufig.

9.1.2 Allgemeine Formen: Liedformen

Allgemeines

Die *Liedformen* können als *allgemeine Formen* bezeichnet werden, weil sie in einer Vielzahl von Kompositionen unterschiedlichster Art vorkommen. Ein Stück oder ein Abschnitt eines Stückes besitzt eine **Liedform**, wenn es aus deutlich voneinander abgrenzbaren kurzen, zumeist 4-, 8- oder 16-taktigen Abschnitten besteht, die oft (→) *periodisch* sind. Der Begriff bezieht sich nicht nur auf Lieder, sondern auch auf instrumentale Stücke. Insofern ist er etwas unglücklich.

Liedformen sind typisch für das Volkslied, für einfache Tänze, Charakterstücke, langsame Sätze von Sonaten nach dem Barock und für Rondo- und Variationsthemen.

Man unterscheidet für gewöhnlich folgende Liedformen. Dabei kann ein und dasselbe Stück mehrere Formen gleichzeitig aufweisen.

Die Bezeichnung „(:) a (:)" bedeutet, dass sowohl „a" als auch „|: a :|" gemeint sein kann.

Einteilige Liedform

a

Liedbeispiel: Wem Gott will rechte Gunst erweisen

Zweiteilige Liedform

a	a(')	b	b(')

Liedbeispiel: Zum Tanz da geht ein Mädel

oder:

a	b

Lieder mit (→) *Refrains* besitzen oft diese **zweiteilige Liedform** a b.

oder selten:

a	a'

Dreiteilige Liedform

Die häufigste Form ist die **dreiteilige Liedform**.

|: a :|	|: b	a(') :|

oder:

(:) a (:)	b	a(')

Liedbeispiel: Alle Vöglein sind schon da

9 Formen und Gattungen von abgeschlossenen Stücken und Sätzen

Damit für ein Stück die dreiteilige Liedform erfüllt ist, reicht es also nicht, dass es drei Teile besitzt, sondern es muss die Form „a b a(')" aufweisen. Die (→) *Barform* besteht nämlich beispielsweise auch aus drei Teilen. Die seltenen Formen „a b b(')" und „a b c" werden üblicherweise nicht als *dreiteilige Liedform* bezeichnet, sondern als *Formen mit den Teilen* „a b b(')" bzw. „a b c".

Manchmal ist ein Stück gleichzeitig zwei- und dreiteilig. Das unten stehende Menuett von W. A. Mozart weist die Form |: a :|: b a' :| auf. Es ist dreiteilig wegen der deutlichen Wiederaufnahme des a-Teils in T. 13. Es ist zweiteilig wegen der Wiederholung ab T. 9 und wegen der Achttaktigkeit des wiederholten Teils.

Anmerkung: Ähnlich verhält es sich beispielsweise mit dem Kinderlied „Hänschen klein".

W. A. Mozart, Menuett aus der kleinen Nachtmusik, KV 525

Barform

Die **Barform** ist im 15. und 16. Jahrhundert verbreitet, später selten. Auch Barformen sind oft gleichzeitig zwei- und dreiteilig.

| a | a(') | b | Liedbeispiel: Es ist für uns eine Zeit angekommen |

Anmerkung: Die drei Teile werden *Stollen, Stollen, Abgesang* genannt.

Reprisenbarform

Die oft vorkommende **Reprisenbarform** ist verwandt mit der dreiteiligen Liedform und von dieser nicht immer zu unterscheiden.

| a | a(') | b | a(') | Liedbeispiel: Grüß Gott, du schöner Maien |

Die *Reprisenbarform* und Abwandlungen derselben erscheinen oft in (→) *Songs des 20. Jahrhunderts*.

Zusammengesetzte Liedform

Unter einer **zusammengesetzten Liedform** versteht man eine Form, die aus mehreren Abschnitten zusammengesetzt ist, die jeweils für sich eine zwei- oder dreiteilige Liedform bilden. Solche Formen erscheinen in (→) *Tänzen* und im (→) *Menuett* bzw. *Scherzo* einer Sonate nach dem Barock.

Abschnitt in zwei- oder dreiteiliger Liedform	Abschnitt in zwei- oder dreiteiliger Liedform	usw.

9.1.3 Zum Folgenden

Im Folgenden werden die wichtigsten Formen der europäischen Musikgeschichte aufgeführt. Sie sind auch zumeist gleichzeitig *Gattungen*. Die Formen sind mit Ausnahme des *Kanons* und des *Rondos* nach 1500 entstanden. Die Reihenfolge entspricht zumeist in etwa der zeitlichen Entstehung. Am Schluss des Kapitels sind Gattungen aufgeführt, die keine bestimmte Form besitzen.

9.2 Vorwiegend homophone Formen (und Gattungen)

9.2.1 Rondo

Definition

Ein **Rondo** ist ein Musikstück, bei welchem ein Abschnitt (**Refrain** genannt) mehrmals erscheint, der sich mit anderen Teilen (**Couplets** [ku'ple] genannt) abwechselt.

Der Refrain steht zumeist in einer (→) *Liedform*, oft auch das *Couplet*. Im Allgemeinen kontrastieren die *Couplets* zum *Refrain*, beispielsweise hinsichtlich Melodik, Rhythmik, Harmonik, Tonart oder Instrumentation.

Schematischer Aufbau

Beim **Kettenrondo** wechselt sich der Refrain mit immer neuen Couplets ab.

Formteil	A	B	A(')	C	A('')	D	usw.
	Refrain	Couplet	Refrain	Couplet	Refrain	Couplet	

Beim **Bogenrondo** erklingt zunächst ein A B A(')-Teil, anschließend ein dazu kontrastierender C-Teil; schließlich wird A B A(') gleich oder ähnlich wiederholt.

Formteil	A	B	A(')	C	A('')	B'	A(''')
	Refrain	Couplet	Refrain	Couplet	Refrain	Couplet	Refrain

Das **Sonatenrondo** ist eine Mischung aus *Bogenrondo* und (→) *Sonatenhauptsatzform*. Der Abschnitt A B A(') entspricht der *Exposition* Abschnitt C der *Durchführung*.

Formteil	A	B	A(')	C	A('')	B'	A(''')
	Refrain	Couplet	Refrain	Couplet	Refrain	Couplet	Refrain
		Exposition		Durch-führung	Reprise		
Tonart	Haupttonart	nächst-verwandte Tonart	Haupttonart	verschie-dene Tonarten	Haupttonart	Haupttonart	Haupttonart

Zur Geschichte

Das Rondo erscheint oft in der Instrumentalmusik des 17. und 18. Jahrhunderts. Seit etwa der Mitte des 18. Jahrhunderts steht es für sich oder in Sonate, Kammermusik, Sinfonie und Konzert, zumeist als letzter Satz, zuweilen auch als langsamer zweiter Satz.

Anmerkung: Ein langsamer Satz in Rondoform heißt zumeist *Romanze* (z. B. in *W. A. Mozarts Kleiner Nachtmusik*)

Anmerkung: Die (→) *Ritornellform des barocken Konzertsatzes* ist mit der Rondoform eng verwandt. Auch Lieder mit Refrain können als Rondo aufgefasst werden.

9.2.2 Thema mit Variationen

Definition

Die Form **Thema mit Variationen** besteht aus einem Thema, auf welches verschiedene durchnummerierte, jeweils abgeschlossene Variationen über dieses Thema folgen.

Schematischer Aufbau

Formteil	Thema	1. Variation	2. Variation	usw.	Variation	usw.	Schlussteil
Tonart	Haupttonart	Haupttonart	Haupttonart	Haupttonart	Bei Dur-Stücken in Moll, langsam	Haupttonart	Haupttonart

Nähere Beschreibung

Das **Thema** ist zumeist sehr prägnant, da es leicht wiederzuerkennen sein muss. Es ist schlicht, damit Entwicklungen stattfinden können. Zumeist besitzt es eine (→) *Liedform* und steht in Dur. Komponisten schreiben *Variationen* über eigene Themen oder solche anderer Komponisten.

9.2 Vorwiegend homophone Formen

Im Verlauf einer Variationsfolge wird a) das Thema und b) die musikalische Gestalt verändert.

a) Veränderung des Themas. Zumeist wird das Thema von Variation zu Variation undeutlicher. Die Melodie des Themas scheint dabei sehr oft in Form von *Gerüsttönen* durch. Unter **Gerüsttönen** versteht man die Töne des Themas in einer solchen Variation, bei der das Thema umspielt ist. Eine Variation, in der die Melodie unverändert im selben Tongeschlecht erscheint, wird **Cantus-Firmus-Variation** (lat.: „feststehender Gesang") genannt.

Kurz vor Ende einer Variationenfolge gibt es für gewöhnlich eine langsame Variation, die in Dur-Stücken üblicherweise in Moll steht (mit *minore* – Moll – gekennzeichnet). (Die anschließende Variation in Dur ist mit *maggiore* – Dur – betitelt.) Am Ende erscheint zuweilen das Thema erneut deutlich. Die Variationsfolge kann auch durch eine Fuge ihren Abschluss finden.

b) Änderung der musikalischen Gestalt. In etlichen Variationen bleibt das (→) *Harmoniegerüst* gleich. Verändert werden können folgende Merkmale:
- Melodik,
- Rhythmik,
- Begleitung,
- Takt,
- Tongeschlecht,
- Lautstärke,
- Charakter,
- Harmonik.

Bei den meisten Variationen werden mehrere Merkmale gleichzeitig verändert.

Anmerkung: Die Begriffe *Figuralvariation* (mit melodischer Ausschmückung des Themas), *Rhythmusvariation* (mit rhythmischer Ausschmückung des Themas) und *Charaktervariation* (mit Veränderung des Charakters des Themas) sind problematisch, da im Allgemeinen in einer Variation mehrere Merkmale gleichzeitig verändert werden, wobei natürlich ein Schwerpunkt vorhanden sein kann.

9 Formen und Gattungen von abgeschlossenen Stücken und Sätzen

L. v. Beethoven: Neun Variationen über einen Marsch von Ernst Christoph Dressler, WoO 63

In der ersten Variation, einer *Cantus-Firmus-Variation*, bleibt die Melodie gleich; die Begleitakkorde werden (→) *gebrochen*. In der zweiten Variation wird diese Begleitung beibehalten; die Melodie wird nun ausgeschmückt, fast alle Töne des Themas (im Notenbeispiel farbig) sind als Gerüsttöne erkennbar.

Zur Geschichte

Die Form *Thema mit Variation* kann als Einzelwerk erscheinen. Berühmt sind beispielsweise W. A. Mozarts Variationen über „*Ah! vous dirai-je Maman*". Nach dem Barock haben auch langsame Sätze, zuweilen auch letzte Sätze diese Form.

9.2.3 Ritornell- und Dacapo-Form in der barocken Vokalmusik

Definitionen und Einführung

Unter der **Ritornellform in der Vokalmusik** versteht man eine Form, bei der sich instrumentale *Ritornelle* und Vokalabschnitte abwechseln.

Ein **Ritornell** (ital.: *ritornare* – wiederkommen) ist ein wiederkehrender instrumentaler Formteil. Das Ritornell ist ein zentraler Formbegriff des Barock (→ *Ritornell-Form des barocken Konzertsatzes*). Auch danach ist es noch oft anzutreffen. Die Bevorzugung von Ritornellformen im Barock hängt mit dem Streben nach Darstellung eines einheitlichen (→ 14.2) *Affekts* innerhalb eines Satzes zusammen.

Die meisten Ritornellformen sind auch *Dacapo-Formen*. Unter einer **Dacapo-Form** (im weiteren Sinne) versteht man die Großform A B A('). Die A-Teile besitzen gleichen Gesangstext, der B-Teil weist davon verschiedenen Text auf. Der Mittelteil (B-Teil) unterscheidet sich vom A-Teil außerdem bezüglich des musikalischen Materials, häufig im Tongeschlecht und in der Instrumentation. Nicht selten ist auch B mit A verwandt.

Man unterscheidet *reine Dacapo-Form*, *Dal-Segno-Form* und *freie Dacapo-Form*. Darüber hinaus gibt es in der Vokalmusik weitere *Ritornell-Formen*.

Oft sind Ritornell und Gesangsteile miteinander verwandt. Man benennt das Ritornell mit *Ri* und größere Gesangsteile mit großen Buchstaben, unabhängig davon, ob das Material der Gesangsteile mit dem Ritornell-Material verwandt ist oder nicht.

9.2 Vorwiegend homophone Formen

Die reine Dacapo-Form

Die **reine Dacapo-Form** besitzt das Schema A B A.

Notiert: | A | B | ausgeführt: | A | B | A |
             da capo

Der dritte Teil ist die tongetreue Wiederholung des ersten. Er wird nicht notiert, sondern am Ende des Stückes steht (→) *da capo* (ital.: von vorne). Das Ende des ersten und zugleich dritten Teiles wird in der Regel durch eine (→) *Fermate*, zuweilen auch durch einen Doppelstrich angezeigt, seltener durch das sonst bei *da capo* übliche (→) *fine* (ital.: der Schluss).

Der wiederholte A-Teil, auch *Dacapo* genannt, wurde meistens vom Interpreten verziert (→ 6.2).

Häufig anzutreffen, besonders zwischen 1720 und 1740, ist die *Standardform* der Dacapo-Form:

Standardform

Abschnitt	1	2	3	4	5	6 (fine)	1	2–4	5
Großform-abschnitt	1. Teil					2. Teil			
Detailform-abschnitt	Ri	A	Ri(')	A'	Ri(")	B			
Strophe, Textabschnitt	–	1.	–	1.	–	2.			
Tonart	Haupttonart		nächstverwandte Tonart		Haupttonart	nahe verwandte Tonart(en)			

da capo

Die Buchstaben beziehen sich auf den *geschriebenen* Notentext, die Veränderungen des Interpreten beim Dacapo sind also nicht berücksichtigt.

Textwiederholungen kommen oft vor.

Anmerkung: Zumeist ist in der Standardform das zweite Ritornell kürzer als das erste. Die beiden ersten Gesangsabschnitte sind in der Regel etwa gleich lang. Bei J. S. Bach findet sich die Standard-Form seltener.

9 Formen und Gattungen von abgeschlossenen Stücken und Sätzen

Dal-Segno-Form

Bei der **Dal-Segno-Form** springt man am Schluss zu einem Zeichen (*Segno*) innerhalb des ersten Großabschnitts, sodass der letzte Teil ein verkürzter A-Teil, somit ein A'-Teil ist. Die Dal-Segno-Form vermeidet eine allzu große Häufigkeit des Ritornells.

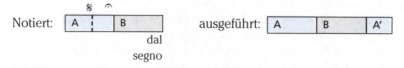

Freie Dacapo-Form

Bei der **freien Dacapo-Form** ist der dritte Teil die ausgeschriebene veränderte Wiederholung des ersten.

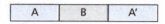

Zur Geschichte

Die Ritornell- und Dacapo-Form sind zentrale Formen der Vokalmusik in der ersten Hälfte des 18. Jahrhunderts. Fast alle (→) *Arien* und (→) *Ensembles*, zuweilen auch (→) *Chöre* waren nach dieser Form komponiert. Nach dem Barock wurden beide Prinzipien allmählich seltener.

9.2.4 Ritornellform des barocken Konzertsatzes

Definition

Unter der **instrumentalen Ritornellform** versteht man eine Form, bei welcher sich (→) *Ritornelle* und **Episoden** (Abschnitte ohne deutliches Ritornellmaterial) abwechseln. Diese Form erscheint für gewöhnlich bei Ecksätzen des barocken Konzertes.

Schematischer Aufbau

Formteil	1. Ritornell	1. Episode	2. Ritornell	2. Episode	3. Ritornell	usw.
Besetzung	Tutti	Solo	Tutti	Solo	Tutti	
Tonart	Haupttonart	zumeist modulierend	nächstverwandte Tonart	zumeist modulierend	entferntere Tonart	
Melodik	prägnant	häufiger unprägnant	prägnant	häufiger unprägnant	etc.	

Typisch ist also die Abwechslung (bzgl. der Besetzung) zwischen (→) *Tutti* und (→) *Solo* sowie entsprechend zwischen *Ritornell* und *Episode* (bzgl. des musikalischen Materials). Sehr viele Konzertsätze im Barock sind gemäß dem oben genannten Schema aufgebaut.

9.2 Vorwiegend homophone Formen

Einfache Form

Im **Ritornell** wird das Hauptmaterial vorgestellt. Es besitzt prägnantes, weil leicht wiederzuerkennendes Material. Die Ritornelle erscheinen in verschiedenen Tonarten, das erste und letzte fast immer in der Haupttonart. Häufig ist nur das erste und das letzte Ritornell vollständig, sodass am Ende des Satzes ein (→) *Reprisencharakter* auftritt.

Die *Tutti* besitzen im Allgemeinen Ritornell-Material.

Episoden. Das Material ist entweder neu oder verwandt mit dem Ritornell-Material.

Komplexere Formen

In den Ritornellen können auch Solopassagen vorkommen. Die (Solo-)Episoden können auch Zwischentutti-Teile aufweisen, d. h. kurze Abschnitte im Tutti. Manchmal kann man nicht genau unterscheiden, ob ein Formteil Ritornell oder Episode ist. In der Regel ist die Unterscheidung zwischen Ritornell und Episode zumeist wichtiger als die zwischen Tutti und Solo.

Zur Geschichte

Die Ritornellform verbreitete sich mit den Konzerten *Antonio Vivaldis*. Die meisten Ecksätze in der ersten Hälfte des 18. Jahrhunderts sind gemäß dieser Form aufgebaut. Aber auch Präludien können in dieser Konzertsatzform stehen. In der zweiten Hälfte des 18. Jahrhunderts wird die instrumentale Ritornellform bei Konzertsätzen allmählich von der (→) *Sonatenhauptsatzform* verdrängt.

9.2.5 Suitensatzform

Schematischer Aufbau

Formteil	:A	:	:A' oder B oder B A'	:
Tonart	Haupttonart	nächstverwandte Tonart	nächstverwandte Tonart	Haupttonart

Die **Suitensatzform** ist zweiteilig. Beide Teile werden wiederholt. Die Anfänge der Hauptteile sind ähnlich. Zuweilen wird im zweiten Teil Material des Beginns von A wieder aufgegriffen, es liegt also eine (→) *Reprise* im weiteren Sinn vor; dies geschieht jedoch oft nur in Ansätzen. Formen von *einfachen* Suitensätzen sind (→) *Liedformen*, zumeist ist die Suitensatzform aber komplexer.

Anmerkung: Üblich ist im zweiten Teil eine Kadenz, bei Dur-Stücken in die Tonikaparallele, bei Moll-Stücken in die zuvor nicht verwendete andere nächstverwandte Tonart.

9 Formen und Gattungen von abgeschlossenen Stücken und Sätzen

Zur Geschichte

Die *Suitensatzform* liegt fast allen Sätzen einer (→) *Suite* zugrunde. Sie ist auch in zweiten und vierten Sätzen von (→) *Kirchensonaten* und in (→) *Präludien* zu finden.

Anmerkung: Aus der *Suitensatzform* entwickelte sich die *Sonatenhauptsatzform* durch Herausbildung von Haupt- und Seitensatz im A-Teil, durch Verwandlung des Beginns des B-Teils in die Durchführung und durch eine deutliche Herausbildung der Reprise.

9.2.6 Sonatenhauptsatzform

Definition

Die **Sonatenhauptsatzform** besteht aus drei Hauptteilen. In der **Exposition** wird Material vorgestellt, welches in der darauf folgenden **Durchführung** verarbeitet wird; die abschließende (→) **Reprise** ist die veränderte Wiederholung der Exposition.

Schematischer Aufbau

Großform-teile	Langsame Einleitung *	Exposition (Vorstellung von Material)		Durch-führung (Material aus der Exposition wird verarbeitet und durch verschiedene Tonarten geführt)	Reprise (veränderte Wiederholung der Exposition)		(→) Coda (Schluss) *
		Hauptsatz ‖:	Seitensatz (häufig nach Pause) :‖		Hauptsatz	Seitensatz (häufig nach Pause)	
Tonart	variabel *	Haupt-tonart	zumeist nächstver-wandte Tonart	verschiedene Tonarten	Haupt-tonart	Haupt-tonart	Haupt-tonart *

(Die mit * gekennzeichneten Teile kommen nicht immer vor.)

Die Bedeutung der Begriffe „Exposition" und „Durchführung" hier ist nicht zu verwechseln mit derjenigen bei der (→) *Fuge*.

Langsame Einleitung

Die langsame Einleitung fehlt häufig. Sie erscheint für gewöhnlich in längeren Sätzen, also am ehesten in Sinfonien, seltener in Klaviersonaten. Man erkennt sie daran, dass eine langsame Tempoangabe vorgezeichnet ist. Der Hauptsatz beginnt mit der schnellen Tempoangabe.

9.2 Vorwiegend homophone Formen

Exposition

Die **Exposition** (lat.: *expositio* – die Vorstellung) stellt verschiedenes Material vor. Sie beginnt mit dem **Hauptsatz**. Zu Beginn des Hauptsatzes erklingt zumeist das *Hauptthema*, es gibt aber auch Hauptsätze ohne deutliches Thema.

Anmerkung: Das Anfangsmaterial der Exposition erklingt öfters innerhalb des Hauptsatzes nochmals, meistens verändert (z. B. eine Oktave höher oder in gesteigerter Instrumentation).

Zuweilen ist gegen Ende des Hauptsatzes ein als eigener Abschnitt ausgebildeter *Überleitungsteil* erkennbar.

Der Hauptsatz nimmt etwa ein Drittel der Exposition ein. Sein Ende besitzt fast immer vorläufige Schlusswirkung. In der Regel liegt zwischen dem Haupt- und Seitensatz eine Pause in einer oder in allen Stimmen (→ *Generalpause*).

Im **Seitensatz** erklingt für gewöhnlich neues Material, welches zum Hauptsatz einen Kontrast bildet. Er beginnt häufig mit dem *Seitenthema*.

Anmerkung: Am Ende der Exposition erklingt üblicherweise Material des Hauptsatzes. Häufig ist ein mehrfach wiederholter (→) *authentischer Ganzschluss*.

Die Exposition wird im Allgemeinen wiederholt. Man erkennt in diesem Fall ihr Ende am Doppelstrich und am Wiederholungszeichen.

Durchführung

Die **Durchführung** kann in verschiedene Abschnitte mit jeweils ähnlichem Material eingeteilt werden. Des Öfteren weist sie folgende drei Teile auf. Ein erster Abschnitt fungiert als Einleitung. Darauf folgt der Hauptteil, der am längsten ist. Daran schließt sich ein Überleitungsteil an, oft mit einem *Orgelpunkt* auf dem Grundton der Dominante.

Anmerkung: Es kann vorkommen, dass die Durchführung gänzlich neues Material, darunter auch ein neues Thema, aufweist.
Zuweilen erklingt kurz vor dem Ende der Durchführung eine *Scheinreprise*. Eine **Scheinreprise** ist der *scheinbare* Einsatz der Reprise, zumeist in einer „falschen Tonart" (Beispiel: Beethovens 3. Sinfonie, 1. Satz).

Reprise

An die Durchführung schließt sich die **Reprise** an (franz.: *la reprise* – die Wiederaufnahme). Die ganze Reprise steht in der Haupttonart. Somit ist der Seitensatz der Reprise gegenüber demjenigen der Exposition, der in der nächstverwandten Tonart steht, in die Haupttonart *transponiert*.

9 Formen und Gattungen von abgeschlossenen Stücken und Sätzen

Coda

Zumeist ist das Ende der Reprise gegenüber dem der Exposition erweitert. Erst ab einer gewissen Größe dieser Erweiterung kann man von einer (→) *Coda* sprechen. Der genaue Beginn der Coda ist oft verschleiert.

Zur Geschichte

Verbreitung. Die Sonatenhauptsatzform ist eine der wichtigsten Formen des ausgehenden 18. und des ganzen 19. Jahrhunderts. Noch im 20. Jahrhundert ist sie sehr verbreitet. In der Sonatenhauptsatzform stehen erste und letzte, zuweilen auch zweite oder dritte Sätze von Sonaten, Werken der Kammermusik, Sinfonien und Konzerten. Auch (→ Bd. II) *Sinfonische Dichtungen*, zuweilen auch Arien sind in dieser Form komponiert.

Entwicklung. Die Sonatenhauptsatzform entwickelte sich im Laufe des 18. Jahrhunderts aus der (→) *Suitensatzform* und war etwa um 1770 so ausgeprägt, wie oben dargestellt. Der Komponist, der an ihrer Entwicklung wesentlich beteiligt war, ist *Joseph Haydn*.

In der Frühform war die Exposition für gewöhnlich in mehrere Abschnitte mit jeweils neuem Material eingeteilt, wobei aber der Hauptsatz und Seitensatz klar getrennt werden konnten.

Im ausgehenden 18. Jahrhundert wurde das Material des Hauptsatzes allmählich immer einheitlicher. Im Seitensatz konnten dagegen verschiedenartige Materialien erscheinen. – Es differenzierten sich ein *Hauptthema* und ein *Seitenthema* heraus, die für gewöhnlich gegensätzlicher Natur waren.

Seit Ende des 18. Jahrhunderts wurden die Ausmaße in Sonatenhauptsätzen immer länger. Die Durchführung und die Coda nahmen teilweise erhebliche Ausmaße an, letztere war oft eine kleine neue Durchführung. – Bereits bei *Beethoven* stand der Seitensatz der Exposition des Öfteren nicht mehr in der nächstverwandten Tonart.

Sonatenhauptsatzform in Konzerten. Hierbei erfolgt zunächst eine Exposition des Orchesters, in welcher Haupt- und Seitensatz in der Haupttonart stehen. Darauf folgt die Solo-Exposition, die den Hauptsatz in der Haupttonart, den Seitensatz in der nächstverwandten Tonart bringt.

9.2.7 Zwei- und dreiteilige Form von langsamen Sätzen nach dem Barock

In einer mehrsätzigen Form ist in der Regel der zweite Satz ein langsamer. Langsame Sätze nach dem Barock (in einer Sonate, Sinfonie, einem Werk der Kammermusik und in einem Konzert) besitzen häufig eine der beiden folgenden Formen.

9.2 Vorwiegend homophone Formen

Zweiteilige Form

(:) I		(:)	(:) I'		(:)	Schlussteil
Haupttonart	nächstverwandte Tonart		nächstverwandte Tonart	Haupttonart		Haupttonart

oft:

(:) A	B	(:)	(:) A'	B'	(:)	Coda

Dreiteilige Form

(:) I		(:)	(:) II	I'	(:)	Schlussteil
Haupttonart	nächstverwandte Tonart			Haupttonart		Haupttonart

oft:

(:) A	B	(:)	(:) C	A' B'	(:)	Coda

Der C-Teil kontrastiert oft mit A und B in Melodik, Textur, Tongeschlecht und Charakter. Er kann in Form einer (→) *Durchführung* gestaltet sein oder neues Material aufweisen.

Beide Formen können zuweilen als (→) *Sonatenhauptsatzform* aufgefasst werden: Die zweiteilige Form wäre dann eine *Sonatenhauptsatzform* ohne Durchführung. Wenn bei der dreiteiligen Form der C-Teil eine *Durchführung* ist, liegt eine Sonatenhauptsatzform vor. Der Unterschied zur Sonatenhauptsatzform von schnellen Sätzen liegt darin, dass in langsamen Sätzen sanglichere Melodik herrscht und deutlichere (→) *Viertaktgruppen* wahrnehmbar sind.

Neben den beiden genannten Formen sind im langsamen Satz auch auch die **Rondoform** oder die Form **Thema mit Variationen** möglich.

9.2.8 Form des Menuetts und Scherzos (nach dem Barock)

Nach dem Barock ist in einer Sonate, Sinfonie und einem Werk der Kammermusik der dritte Satz häufig ein *Menuett*, später ein *Scherzo* ['skɛrtso].

Das **Menuett** ist ein Tanz (getanzt oder nicht getanzt) im mittelschnellen 3/4-Takt.
Unter einem **Scherzo**, das aus dem Menuett hervorgegangen ist, versteht man ein Stück im raschen 3/4- oder 3/8-Takt, das heiteren Charakter besitzt.

Ein *Menuett* bzw. *Scherzo im engeren Sinne* ist der erste und dritte abgeschlossene Teil der gesamten Form. *Menuett* bzw. *Scherzo im weiteren Sinne* meint das gesamte Stück, das aus dem Menuett bzw. Scherzo im engeren Sinne, Trio und der Wiederholung des ersten Teils besteht.

Unter einem **Trio** versteht man somit den Mittelteil eines Menuetts bzw. Scherzos im weiteren Sinne. Daneben gibt es noch eine andere Bedeutung des Begriffs (→ 5.4).

9 Formen und Gattungen von abgeschlossenen Stücken und Sätzen

Form des Menuetts und Scherzos
im weiteren Sinne:

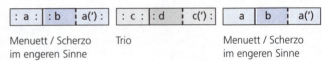

Das *Trio* besitzt dieselbe Form wie das Menuett bzw. Scherzo im engeren Sinne. Es unterscheidet sich von diesen deutlich durch Melodik, Charakter, Tonart und gegebenenfalls geringstimmigere Besetzung. Der Begriff *Trio* stammt aus dem 17. Jahrhundert, in dem der zweite Hauptteil eines Tanzsatzes tatsächlich von drei Spielern musiziert wurde.

Üblicherweise wird die erneute Wiederholung des Menuetts bzw. Scherzos nach dem Trio nicht ausgeschrieben, sondern es steht *da capo*. Beim Schlussvortrag von Menuett bzw. Scherzo werden die (Binnen-)Wiederholungen weggelassen, sodass also nur a b a(') erklingt. – Die Form von Menuett bzw. Scherzo ist eine besondere Ausprägung der (→) *zusammengesetzten Liedform*.

9.3 Vorwiegend polyphone Formen (und Gattungen)

9.3.1 Kanon

Definitionen

Ein **Kanon** ist ein mehrstimmiges vokales oder instrumentales Stück, bei dem die Stimmen bzw. Instrumente nacheinander einsetzen und dieselbe Melodie vortragen. Der Schluss eines Kanons kann durch einen freien Schlussteil aller Stimmen gebildet werden.

Eine Sonderform ist der *Zirkelkanon*. Ein **Zirkelkanon** ist ein Kanon, bei dem jede Stimme am Schluss wieder von vorne beginnt.

Es gibt eher *polyphone* und eher *homophone* Kanons.

Anmerkung: Üblich ist der *Kanon im Einklang*, d. h. alle Stimmen beginnen mit dem gleichen Ton, bzw. dem *oktavierten* Ton. In der Kunstmusik ist auch der *Kanon in der Quinte* anzutreffen, d. h. die zweite Stimme setzt eine Quinte höher oder eine Quarte tiefer als die erste ein. Seltener sind Kanons in anderen Intervallen.

Zur Geschichte

Im 15. und 16. Jahrhundert waren kunstvolle Kanons beliebt. Später schrieben viele Komponisten volkstümliche, oft heitere Kanons, z. B. *W. A. Mozart* („Oh, du eselhafter Martin") und *Beethoven*. Der Kanon ist vor allem in der Volksmusik beliebt, weil mit einfachen Mitteln mehrstimmig gesungen werden kann.

9.3 Vorwiegend polyphone Formen

Beispiel

Der nebenstehenden Kanon „Froh zu sein bedarf es wenig" ist in Partiturschreibweise notiert. Im unteren System sind die gleichzeitig erklingenden Töne dargestellt.

Anmerkung: Bei der Komposition eines Zirkelkanons geht man am besten von den gleichzeitig klingenden Akkorden aus und versucht, aus diesen Tönen eine angemessene Melodie zu gewinnen. Ein Zirkelkanon endet in der Regel auf der Tonika.

9.3.2 Fuge

Definition

Eine **Fuge** (lat. und ital.: *fuga* – die Flucht) ist ein (→) *polyphones* Musikstück, das geprägt ist von einem Thema, welches im Verlauf der Fuge in allen Stimmen öfter erscheint. Die meisten Fugen sind drei- oder vierstimmig, es gibt aber auch Fugen mit zwei, fünf und mehr Stimmen. Charakteristisch ist der Anfang, bei dem das Thema zunächst in einer Stimme erklingt, worauf die anderen Stimmen nacheinander mit dem Thema einsetzen. Der weitere Aufbau der Fuge ist im Gegensatz zu anderen Formen (z. B. zur → *Sonatenhauptsatzform*) nicht genau festgelegt.

Anmerkung: Deshalb bezeichnen manche die Fuge nicht als Form, sondern sprechen von der *Fugentechnik*.

Häufig anzutreffender schematischer Aufbau

Formteil	Exposition = 1. Durchführung	1. Zwischenspiel	2. Durchführung	2. Zwischenspiel	3. Durchführung	Schluss
Oberstimme	++++++oooooooooooo	ooooooo	ooooooo++++++	ooooooo	+++++++ooooooo	ooooo
Mittelstimme	++++++oooooo	ooooooo	+++++++ooooooo	ooooooo	oooooooooooooo	ooooo
Unterstimme	++++++	ooooooo	oooooooooooooo	ooooooo	ooooooo+++++++	ooooo
Tonart	Haupt- nächst- Haupt-tonart verw. tonart Tonart auf 5. Tonleiterton	keine eindeutige Tonart	nahe deren verwandte nächst-Tonart verw. Tonart auf 5. Tonleiterton	keine eindeutige Tonart	nahe Haupt-verwandte tonart Tonart	Haupt-tonart

++++: Fugenthema   oooo: anderes Material

9 Formen und Gattungen von abgeschlossenen Stücken und Sätzen

J. S. Bach: Beginn der Fuge in c-Moll aus dem 2. Teil des Wohltemperierten Klavier, BWV 871

Die *Bezeichnung der Stimmen* hängt von deren Anzahl ab. Bei bis zu drei Stimmen sind die Begriffe „Oberstimme, Mittelstimme und Unterstimme" üblich. Bei vier Stimmen verwendet man zur Bezeichnung der Stimmlagen „Sopran, Alt, Tenor, Bass", bei mehr Stimmen zusätzlich nummeriert (1. und 2. Sopran, usw.).

Die Bedeutung der Begriffe *Exposition* und *Durchführung* ist nicht zu verwechseln mit derjenigen bei der Sonatenhauptsatzform.

Exposition

In der **Exposition**, auch **erste Durchführung** genannt, beginnt eine Stimme mit dem Fugenthema. Eine zweite Stimme setzt eine Quinte höher oder eine Quarte tiefer ein und führt das Thema in der nächstverwandten Tonart auf dem 5. Tonleiterton weiter. In der ersten Stimme erklingt dazu neues Material, welches *Kontrapunkt* genannt wird. Unter **Kontrapunkt** versteht man allgemein eine Melodie, welche in polyphoner Satztechnik zu einer oder mehreren anderen Melodien erklingt. Eine dritte Stimme setzt mit dem gegenüber dem ersten Einsatz nach oben oder unten oktavierten Thema in der ursprünglichen Tonart ein, während die anderen Stimmen neues Material bringen. Dieses Prinzip wiederholt sich, bis alle Stimmen eingesetzt haben.

Wenn anschließend das Thema nochmals in einer Stimme erklingt, die es bereits geführt hat, spricht man von einem **überzähligen Einsatz**. Kurze Abschnitte innerhalb der Exposition, in denen das Thema nicht erklingt, nennt man **Binnenzwischenspiele**. Die Reihenfolge der Einsätze ist nicht festgelegt; oft verläuft die Einsatzfolge jedoch so, dass die neue Stimme eine Außenstimme zu den vorhergehenden bildet.

Die Länge des Themas lässt sich durch Vergleich der Themeneinsätze der Stimmen in der Exposition festmachen.

Erklingt das Thema bei seinem zweiten Einsatz intervallgetreu (→) *transponiert*, spricht man von **realer Beantwortung** des Fugenthemas. Wird das Thema in seinem Intervallaufbau geringfügig verändert, spricht man von **tonaler Beantwortung**. Im oben wiedergegebenen Beispiel liegt tonale Beantwortung vor.

Material, das in der Exposition und später öfter gleichzeitig mit dem Fugenthema erklingt, wird **beibehaltener Kontrapunkt** genannt.

9.3 Vorwiegend polyphone Formen

Weiterer Verlauf der Fuge

Für den weiteren Verlauf einer Fuge ist oft die Abwechslung von Zwischenspielen und Durchführungen typisch. Diese werden jeweils mit Ordnungszahlen versehen; die Anzahl ist beliebig.

Eine **Durchführung** ist ein Abschnitt, in dem das Fugenthema einmal oder mehrmals in verschiedenen Stimmen hintereinander erklingt. Wesentlich für die Abwechslung innerhalb der Fuge ist, dass das Thema in verschiedene Tonarten geführt wird, zumeist in (→) *nahe verwandte Tonarten.* – Der erste Notenwert des Themas kann verkürzt werden. In selteneren Fällen fällt der Schluss des Themas weg.

In einem **Zwischenspiel** erklingt das Fugenthema nicht, bzw. nur (→) *Motive* aus ihm. Zumeist unterscheiden sich die Durchführungen und Zwischenspiele durch verschiedene (→) *Texturen*. Die Durchführungen sind meistens strenger (→) *polyphon*, die Zwischenspiele besitzen mehr Pausen, zuweilen überhaupt weniger Stimmen. Oft erklingen in Zwischenspielen (→) *Sequenzen*.

Anmerkung: In Zwischenspielen kann ein *Scheineinsatz* erfolgen. Unter einem **Scheineinsatz** versteht man den scheinbaren Einsatz des Themas, d.h. es erklingt nur der Beginn, auch *Kopfmotiv* (vgl. *Scheinreprise*) genannt.

Für manche Fugen sind die Kriterien *Durchführung* und *Zwischenspiel* nicht sehr tauglich. Die wichtigen Einschnitte liegen dann z. B. nicht immer vor oder nach Themeneinsätzen, sondern werden durch andere musikalische Mittel, z. B. Instrumentationswechsel, Wechseln in der Satztechnik usw. verdeutlicht. Es gibt auch Fugen, besonders in der (→) *Vokalmusik*, in denen das Thema ständig präsent ist.

Am Schluss einer Fuge befindet sich oft ein (→) *Orgelpunkt*.

Veränderungen von Fugenthemen

Zur Abwechslung und zur Steigerung können in Durchführungen folgende Veränderungen von Fugenthemen auftreten. Die Notenbeispiele beziehen sich auf das oben wiedergegebene Fugenthema (vgl. 7.4).

Vergrößerung (Augmentation): Verlängerung der Notenwerte, meistens Verdopplung

Verkleinerung (Diminution): Verkürzung der Notenwerte, meistens Halbierung

Umkehrung: Umkehrung der Intervalle (ursprünglich nach oben gerichtete Intervalle verlaufen nun nach unten und umgekehrt)

Engführung: Bevor das Thema in einer Stimme zu Ende ist, setzt es in einer anderen Stimme ein.

Fugen mit mehreren Themen

Als **Doppelfuge** wird eine Fuge bezeichnet, die zwei Themen besitzt. Diese werden zumeist einzeln in zwei Expositionen nacheinander vorgestellt und später miteinander verbunden. In seltenen Fällen erklingen sie von Anfang an gleichzeitig.

Entsprechend aufgebaut sind **Tripelfuge** mit drei Themen und **Quadrupelfuge** mit vier Themen.

Zur Geschichte

Die Fuge ist eine der zentralen Gattungen der westlichen Musikgeschichte. Sie entstand im Barock aus der (→) *Soggetto-Form* und ist in dieser Epoche besonders häufig anzutreffen.

In der Instrumentalmusik erscheinen Fugen in der Musik für Tasteninstrumente, häufig zusammen mit einem Vorspiel (meistens → *Präludium* genannt). Berühmt ist das *Wohltemperierte Klavier* von *J. S. Bach*, das aus zweimal 24 Präludien und Fugen in allen Dur- und Moll-Tonarten besteht.

Des Öfteren ist der zweite Satz einer (→) *Kirchensonate* und der Mittelteil einer (→) *französischen Ouvertüre* eine Fuge. In barocken (→) *Konzerten* für ein oder mehrere Soloinstrumente ist die Fugenform ebenfalls anzutreffen. Seit der Mitte des 18. Jahrhunderts geht ihre Bedeutung in der Instrumentalmusik zurück. *Beethoven* verwendet aber z. B. in seinen späten Werken öfter Fugen.

In der Vokalmusik, besonders in der Kirchenmusik, ist die Fuge bis ins 20. Jahrhundert weit verbreitet.

9.3 Vorwiegend polyphone Formen

9.3.3 Soggetto-Form

Definitionen

Ein **Soggetto** [soˈdʒetto] (ital.: das Subjekt) ist eine einstimmige kurze Melodie ohne deutliches Ende, welche in einem *polyphonen* Musikabschnitt zunächst in einer Stimme erscheint, dann von den anderen Stimmen hintereinander übernommen wird, meistens bevor die jeweils vorige Stimme das *Soggetto* zu Ende geführt hat.
Eine Komposition besitzt **Soggetto-Form**, wenn sie in einzelne Abschnitte gliederbar ist, die in der Regel von einem jeweils neuen *Soggetto* bestimmt sind. Ein Stück in Sogetto-Form wird auch **durchimitiert** genannt (vgl. 7.7 *Imitation*). In der Vokalmusik erhält neuer Text jeweils ein neues *Soggetto*. In einem Stück mit Soggetto-Form können auch Abschnitte ohne Soggetto auftreten, beispielsweise homophone Passagen.

Beispiel: Adriano Banchieri: Capricciata

Formteil	1. Abschnitt				2. Abschnitt			
Text	1. Textabschnitt				2. Textabschnitt			
	Nobili spettatori,				udret' hor hora quattro belli humori			
Takt	1	2	3	4	5	6	7	8
Oberstimme	1111111111111111111				2222222222222AAAAAAAAAAAAAA			
Mittelstimme		111111111111111			1111111	222222222AAAAAAAAAAAA		
Unterstimme			111111111	1111		222222222222AAAAAAAAAAAA		
Harmonik			Schlusswendung				Schlusswendung	

1111: Erstes Soggetto, 2222: Zweites Soggetto, AAAA: Anderes Material, oft verwandt mit dem Soggetto

9 Formen und Gattungen von abgeschlossenen Stücken und Sätzen

Erläuterungen zur Soggetto-Form

Der Beginn einer Komposition in Soggetto-Form entspricht dem der aus ihr entstandenen (→) *Fuge*.

Die Einschnitte in einer Komposition mit *Soggetto-Form* sind in der Regel nicht deutlich, da ein neues *Soggetto* oft beginnt, während andere Stimmen noch Material des vorigen Soggettos führen. Man kann Einschnitte an folgenden Merkmalen erkennen:
- neuer Text,
- Pausen vor neuem Soggetto,
- lange Notenwerte vor neuem Soggetto,
- aussetzende oder neu einsetzende Stimmen,
- harmonische Schlusswendungen.

Anmerkung: *Soggetto-Form* liegt *nicht* vor, wenn in einer Komposition nur *ein* Abschnitt mit einem *Soggetto* vorkommt. Ein solcher Abschnitt wird (→) *Fugato* genannt.

Von der Fuge unterscheidet sich die *Soggetto-Form* dadurch, dass die Fuge in der Regel nur ein Thema besitzt. Außerdem ist ein *Soggetto* für gewöhnlich kürzer als ein Fugenthema.

Erläuterungen zum Soggetto

Üblicherweise setzen die *Soggetti* in den verschiedenen Stimmen jeweils im Quintabstand ein, ähnlich wie in der Fuge (im Beispiel im 2. Abschnitt).

Die Reihenfolge der Einsätze ist beliebig. Ein *Soggetto* kann auch mehrmals hintereinander in einer Stimme vorkommen (Notenbeispiel oben: Ober- und Mittelstimme von Abschnitt 1). Ein *Soggetto* muss nicht von allen Stimmen geführt werden.

Das *Soggetto* geht meistens nahtlos in anderes Material über, das mit ihm verwandt ist (s. o. Abschnitt 2). Die Angabe der genauen Länge des Soggettos ist somit recht schwer.

Die einzelnen Formen eines Soggettos in den verschiedenen Stimmen können sich hinsichtlich der Notenwerte, seltener bzgl. der Intervalle unterscheiden.

Zur Geschichte

Die *Soggetto-Form* entstand um 1500 und war im 16. Jahrhundert die vorherrschende Form in der Vokalmusik. Seither lebt sie in der polyphonen Vokalmusik, vor allem in der (→) *Motette*, weiter. Sie heißt daher auch *motettisches Prinzip*.

9.3.4 Motette

Unter einer **Motette** (franz.: *le mot* – das Wort) versteht man eine um 1200 entstandene Gattung der Vokalmusik, für welche das Fehlen von selbstständigen Instrumentalstimmen typisch ist. Wenn Instrumente mitspielen, begleiten sie in der Regel (→) *colla parte*. Die Motette war bis ca. 1600 eine wesentliche Gattung der westlichen Musik. Seit ca. 1500 ist für sie die *Soggetto-Form* charakteristisch.

9.3.5 Passacaglia / Chaconne

Unter einem **Basso ostinato** (ital.: *ostinato* – beharrlich) versteht man eine Bassmelodie, die beständig wiederholt wird; ein *Basso ostinato* ist üblicherweise 4 oder 8 Takte lang.

Eine **Passacaglia** [pasaˈkaʎa] bzw. eine **Chaconne** [ʃaˈkɔn] ist ein Stück mit einem *Basso ostinato* zumeist im 3/4-Takt. Die beiden Begriffe sind schwer voneinander zu unterscheiden. Der *Basso ostinato* erscheint auch außerhalb dieser beiden Gattungen.

Formschema von Passacaglia und Chaconne

Abschnitt	1.	2.	3.	usw.
Oberstimmen	A	B	C	usw.
Unterstimme	Bassmelodie	Bassmelodie	Bassmelodie	usw.

Über dem *Basso Ostinato* entwickelt sich in den Oberstimmen in der Regel immer neues Material. Üblicherweise ist in der *Passacaglia* und der *Chaconne* eine Steigerung angelegt, d. h. die Notenwerte der Oberstimmen werden allmählich kürzer, die Melodik wird komplexer, der Tonraum wird nach oben erweitert.

Die Harmonik wechselt; die Tonart bleibt oft über längere Zeit gleich. Die Bassmelodie kann leicht verändert werden; sie kann auch einmal in der Oberstimme erscheinen.

Passacaglia und *Chaconne* waren besonders im Barock beliebte Formen. Berühmt ist die *Passacaglia für Orgel in c-Moll*, BWV 582, von *J. S. Bach*.

9 Formen und Gattungen von abgeschlossenen Stücken und Sätzen

9.3.6 Französische Ouvertürenform

Die **französische** (→) **Ouvertürenform** besteht aus einer langsamen gravitätischen Einleitung, einem fugierten schnellen Teil und zuweilen aus einer Wiederaufnahme des langsamen Teils.

Formteil	:∥ A ∥:	(:∥) B	A' (:∥)
Tempo	langsam	schnell	langsam
Charakter	gravitätisch	fugiert	gravitätisch

Der langsame Teil ist charakterisiert durch geraden Takt, doppelt punktierte Notenwerte und Rhythmen der folgenden Art: lange übergebundene Note mit folgenden kurzen Noten.

Zur Geschichte

Die *französische Ouvertürenform* wurde zum ersten Mal im 17. Jahrhundert bei der Opernouvertüre in Frankreich angewandt. In ganz Europa fand sie sich im Barock häufig als Eröffnungsstück von (→) *Opern*, (→) *Oratorien* und (→) *Suiten*. Auch (→) *Präludien* waren zuweilen in der französischen Ouvertürenform komponiert (vgl. *neapolitanische Opernouvertüre*).

9.4 Gattungen ohne feststehende Form

Im Folgenden werden Werke behandelt, die keine einheitliche Form besitzen.

9.4.1 Lieder und Songs

Definitionen

Unter einem **Lied** versteht man
a) einen poetischen Text mit Strophen gleicher oder ähnlicher Bauart,
b) die Vertonung eines solchen Textes.

Ein Lied besitzt **Strophenform**, wenn zu verschiedenen Textstrophen dieselbe Melodie gesungen wird:

Lied mit Strophenform

Formteil	A	A	A
Text	1. Strophe	2. Strophe	usw.

9.4 Gattungen ohne feststehende Form

Sehr viele Strophen-Lieder besitzen einen **Refrain**, d. h. einen Abschnitt, der mit gleichem Text und gleicher Musik wiederkehrt. *Refrain* und *Strophe* kontrastieren zuweilen, beispielsweise in Rhythmik, Melodik, Tonlage und selten in der Tonart.

Strophenlied mit Refrain

Formteil	A	B (Refrain)	A	B (Refrain)	A	usw.
Text	1. Strophe	(Text-)Refrain	2. Strophe	(Text-)Refrain	3. Strophe	usw.

Formen von Strophe und Refrain sind oft (→) *Liedformen*.

Man unterscheidet zwischen:
- *Kirchenlied*,
- *Volkslied* und
- *Kunstlied*.

Kirchenlied

Ein **Kirchenlied** ist ein in der Regel einstimmiges Lied für den Gebrauch beim Gottesdienst. Kirchenlieder sind strophisch. Ein evangelisches Kirchenlied wird **Choral** genannt (vgl. *Gregorianischer Choral* → Bd. II).

Volkslied

Unter einem **Volkslied** versteht man ein in der Regel einstimmiges Lied, das aufgrund überschaubarer Bauart und allgemeinverständlichen Inhalts leicht erfasst werden kann und im Allgemeinen mündlich überliefert ist. Zumeist ist der Komponist unbekannt. Volkslieder sind strophisch.

Kunstlied

Ein **Kunstlied** ist ein Lied der Kunstmusik. Sein Text ist oft ein bekanntes Gedicht eines zeitgenössischen Autors. Die am meisten verbreitete Gattung ist das Sololied mit Klavierbegleitung; es gibt aber auch Lieder für mehr als eine Stimme, Chorlieder und Orchesterlieder. Der Komponist eines Kunstliedes ist bekannt.

Die Formen von Kunstliedern sind mannigfaltig. Die vertonten Gedichte weisen zumeist keinen Text-Refrain auf, somit besitzen die Lieder auch selten einen musikalischen Refrain.
- (→) **Strophenform** ist bis zum 18. Jahrhundert die Regel und auch noch im 19. Jahrhundert vielfach anzutreffen. Ein Beispiel ist *Schuberts Heidenröslein*.
- Bei der **variierten Strophenform** erklingt zu den Textstrophen des Gedichtes jeweils ähnliches Material (A A^1 A^2 usw.). Die variierte Strophenform wird vor allem seit dem 19. Jahrhundert verwendet. Dies ist der Fall in *Schuberts Gute Nacht* (Nr. 1 aus *Die Winterreise*).
- **Durchkomponiert** ist ein Lied, dessen Strophen jeweils neue musikalische Gestalt aufweisen (A, B, C usw.). Ein Beispiel ist *Schuberts Erlkönig*.

∞ Darüber hinaus gibt es weitere Formen, wie z. B. (→) *Rondo*, Mischformen oben genannter Formen, aber auch solche, die nicht als Mischformen zu bezeichnen sind. *Schuberts Der Neugierige* (Nr. 6 aus *Die schöne Müllerin*) hat z. B. die Form A A' B C B'.

Häufig erklingen instrumentale Abschnitte, die als *Vorspiel, Zwischenspiel, Nachspiel*, bei gleichem oder ähnlichem Material auch als (→) *Ritornell* zu bezeichnen sind.

Song

Als **Song** wird heutzutage im Deutschen ein Lied aus Rock, Pop, Jazz und Musical bezeichnet, unabhängig davon, in welcher Sprache der Text gesungen wird.

Viele Songs besitzen einen Refrain. Ein öfter vorkommendes Modell ist folgendes:

	Strophe		Refrain
	A	A^1	B
Zeilen	4	4	4
Taktanzahl	8 oder 16	8 oder 16	8 oder 16

In dieser Form ist z. B. *Über sieben Brücken musst du gehen* (U. Swillms) komponiert.

Zuweilen steht der Refrain auch in einer 32-taktigen (→) *Reprisenbarform* oder in einer Abwandlung derselben.

Anmerkung: Themen im Jazz, über die improvisiert wird, sind oft Songs aus Musicals, nicht selten auch nur die Refrains. Besonders beliebt waren dabei Refrains in der Reprisenbarform bzw. in leichten Abwandlungen. Ein bekanntes Beispiel ist *I got rhythm* von *George Gershwin*. Neue Jazzthemen wurden auch oft in dieser Form komponiert.

9.4.2 Instrumentale Vorspiele (Präludium, Choralvorspiel)

Unter einem **Präludium** (Vorspiel) versteht man in erster Linie ein einleitendes Instrumentalstück, in der Regel für *Tasteninstrument* oder Laute. Das *Präludium* entwickelte sich im 15. Jahrhundert aus der Improvisation. Der für die Improvisation typische Stil mit gebrochenen Akkorden und schnellen Läufen hat sich auch in komponierten Präludien erhalten.

Die Form des *Präludiums* ist oft frei, sie kann sich aber auch an herkömmliche Formen anlehnen, z. B. an die (→) *Suitensatzform* oder an die (→) *Ritornellform des barocken Konzertsatzes*.
In ähnlicher Weise wie *Präludium* werden die Begriffe *Toccata* und *Fantasia* gebraucht.

In der Regel steht ein Präludium vor Instrumentalstücken, zumeist vor (→) *Fugen*. Auch (→) *Suiten* werden oft von Präludien eingeleitet. Bekannt sind die Präludien und Fugen des *Wohltemperierten Klaviers* von *J. S. Bach*. Nach dem Barock wurde das Präludium in seiner bisherigen Funktion sehr selten. Im 19. Jahrhundert wurden selbstständige Klavierkompositionen zuweilen *Präludien* genannt.

Unter einem **Choralvorspiel** versteht man ein Stück für Orgel, in welchem ein (→) *Choral* frei bearbeitet wird. Es dient zur Einstimmung des Gemeindegesangs. *J. S. Bach* schrieb eine große Anzahl von Choralvorspielen.

9.4.3 Arioso

Ein **Arioso** ist ein Abschnitt, der eine Mittelstellung zwischen *Rezitativ* und (→) *Arie* einnimmt. Die verschiedenen Ausprägungen können sehr unterschiedlich sein. Unter anderem meint *Arioso*
a) einen rhythmisch und melodisch festgelegten Teil eines (→) *Secco-Rezitativs*,
b) einen rhythmisch und melodisch gebundenen Abschnitt, der wesentlich kürzer als eine Arie ist, Melismen aufweisen kann und eine freie Form hat.

Anmerkung: Die Begriffe *Rezitativ* und *Arioso* werden nicht immer in der oben angegebenen Bedeutung verwendet. *J. S. Bach* nennt beispielsweise Abschnitte gleicher Struktur einmal *Arioso* und einmal *Recitativo* (*accompagnato*).

9.4.4 Charakterstück

Unter einem **Charakterstück** versteht man ein kurzes lyrisches, stimmungsvolles instrumentales Stück, in der Regel für Klavier, das üblicherweise mit einem charakterisierenden Titel ausgestattet ist. Das *Charakterstück* war im 19. Jahrhundert weit verbreitet. Die Titel können unverbindlich sein (*Moment Musical*) oder eine programmatische Aussage beinhalten (z. B. *Der Dichter spricht* aus *Robert Schumanns Kinderszenen*). Charakterstücke gehören somit oft zur (→) *Programm-Musik*.

Die Form des Charakterstücks ist nicht festgelegt, häufig aber besitzt es eine (→) *Liedform*.

Ein Charakterstück kann für sich stehen oder zu mehreren zusammengefasst werden (z. B. *Lieder ohne Worte* von *Felix Mendelssohn Bartholdy*).

Anmerkung: Als Vorläufer können Klavier- und Lautenstücke des 17. und frühen 18. Jahrhunderts mit charakteristischen Titeln aufgefasst werden. Ein Vorläufer ist auch die *Bagatelle*. Unter einer **Bagatelle** (franz.: die Kleinigkeit) versteht man im ausgehenden 18. Jahrhundert ein kurzes Klavierstück von beliebiger Form und beliebigem Charakter. Bekannt sind die *Bagatellen* von *L. v. Beethoven*.

Weiterführende Literatur:
siehe Kapitel 11.

10 Mehrsätzige instrumentale Formen und Gattungen

Bei den meisten mehrsätzigen instrumentalen Formen und Gattungen wechseln sich langsame und schnelle Sätze ab. Die Satzfolge dreisätziger Formen ist in der Regel *schnell, langsam, schnell*, diejenige vierteiliger *langsam, schnell, langsam, schnell*. Meistens besitzt der letzte Satz ein höheres Tempo als der erste schnelle Satz.

10.1 Barocke Formen und Gattungen

10.1.1 Suite (Barocke Kammersonate)

Definition

Unter einer **Suite** [‘sɥi:t(ə)] (franz.: Folge) versteht man eine Zusammenstellung von (→) *Tänzen, tanzartigen Sätzen* und / oder *tanzfreien Sätzen*. Ein **tanzartiger Satz** besitzt nicht alle Merkmale eines Tanzsatzes. Zu Tänzen von Suiten wird nicht getanzt.

Suiten gibt es für alle Arten von Besetzungen, für Lauten, Klavier, kammermusikalische Besetzungen und Orchester.

Folge von Tanzsätzen (barocke Suite, Kammersonate)

Die meisten Suiten des Barock enthalten Tänze oder tanzartige Sätze.
Seit etwa der Mitte des 17. Jahrhunderts bestanden viele Suiten aus folgenden Tanzsätzen bzw. tanzartigen Sätzen, in dieser Reihenfolge, wobei jedes Stück als Tanz oder tanzartiger Satz erscheinen kann:

Satz	(→) Allemande	(→) Courante	(→) Sarabande	(→) Gigue
Tempo	eher langsam	eher schnell	langsam	schnell
Satzform	(→) Suitensatzform	(→) Suitensatzform	(→) Suitensatzform	(→) Suitensatzform
Tonart	Haupttonart	Haupttonart	Haupttonart	Haupttonart

Es war auch üblich, eine Suite mit einer Einleitung (z. B. einer Fuge) zu versehen. Neben den genannten enthielt eine Suite weitere Tanzsätze und tanzartige Sätze (*Menuett, Bourrée, Gavotte* u.a.) sowie tanzfreie Stücke.

Kompositionen dieser Art werden für gewöhnlich im Bereich der Klaviermusik und für Orchester *Suiten*, in der Kammermusik *Kammersonate* genannt.

Unter einer **Kammersonate** (ital.: *sonata da camera*) versteht man also ein mehrsätziges Werk für kammermusikalische Besetzung in der Form einer Suite als Tanzsatzfolge.

Die Suite als Folge von Tanzsätzen verschwand fast gänzlich nach dem Barock (vgl. *Serenade*).

Suite ohne Tanzsätze (eher nach dem Barock)

Bereits im Barock gab es mehrsätzige Werke, welche zum Teil *Suite*, zum Teil anders genannt wurden (z. B. *ordre*), die nur wenige oder gar keine Tanzsätze aufwiesen.

Nach dem Barock wurden hauptsächlich Suiten für Orchester komponiert. Stücke aus Balletten wurden zu (→) *Ballettsuiten*, musikalische Ausschnitte aus Filmen zu *Filmmusiksuiten* zusammengestellt.

10.1.2 (Barocke) Kirchensonate

Unter einer **Sonate** versteht man eine mehrsätzige Instrumentalkomposition für kleinere Besetzung.

Die Formen von Sonaten des Barock und der Zeit danach sind unterschiedlich. Eine Sonate aus dem Barock ist in der Regel entweder eine (→) *Kammersonate* oder eine *Kirchensonate*.

Eine **Kirchensonate** besitzt des Öfteren folgende Form:

Satz	1.	2.	3.	4.
Tempo	langsam	schnell	langsam	schnell
Charakter	gravitätisch, (→) *imitatorisch*	fugiert (fugenartig)	kantabel, homophon	fugiert
Satzform	frei	(→) *Fuge* oder (→) *Suitensatzform*	frei oder (→) *Suitensatzform*	(→) *Fuge* oder (→) *Suitensatzform*
Tonart	Haupttonart	Haupttonart	verw. Tonart	Haupttonart

Der zweite Satz kann eine reine Fuge sein; das Fugenartige beschränkt sich oft auch auf den Anfang und / oder andere Teile des Satzes.

Oft sind Mischformen zwischen Kirchen- und Kammersonate anzutreffen. Beispielsweise kann der letzte Satz einer Kirchensonate eine (→) *Gigue* sein.

10.1.3 (Instrumentales) Konzert

Definitionen

Unter **Konzert** (engl. und franz.: *concert*) versteht man zum einen eine Veranstaltung, bei der Musik aufgeführt wird.

Ein **Konzert**, genauer ein **instrumentales Konzert** (engl. und franz.: *concerto*) ist zum anderen ein mehrsätziges Musikwerk für Orchester, bei welchem ein oder mehrere Instrumente zuweilen solistisch hervortreten. Besonders deutlich tritt ein Soloinstrument in einer (→) *Kadenz* hervor.

Beim **vokalen Konzert**, das im 17. Jahrhundert von großer Bedeutung war, wechseln sich Vokalsolisten und verschiedene Instrumente ab.

Konzert im Barock

Das Konzert entstand im ausgehenden 17. Jahrhundert und nahm bald eine zentrale Rolle im Schaffen vieler Komponisten ein.

Bezüglich der Soloinstrumente unterscheidet man folgende **Gattungen**:
- **Solokonzert**: für ein Soloinstrument und Orchester,
- **Doppelkonzert**: für zwei Soloinstrumente und Orchester,
- **Concerto grosso**: für eine Gruppe von solistischen Instrumenten (zumeist zwei Violinen und ein Violoncello) und Orchester,
- **Gruppenkonzert** (selten): Verschiedene Instrumente des ganzen Orchesters treten sich gleichberechtigt gegenüber.

Anmerkung: Die Bezeichnungen werden nicht einheitlich verwendet. Beispielsweise nennt ein Komponist ein Solokonzert *concerto grosso*. Außerdem gibt es Konzerte, die gar nicht so heißen; ebenso heißen Stücke Konzerte, die nach obiger Definition gar keine sind.

Besetzungsformen innerhalb des Stückes im Barock. Während des Werkes wechseln sich *Tutti*- und *Solo-Passagen* ab.
- **Tutti**: (fast) alle Instrumente (einschließlich der oder des Solisten) spielen,
- **Solo**: das oder die Soloinstrument(e) spielen:
  - ohne andere Instrumente,
  - mit Bass und Cembalo,
  - mit Haltetönen, Repetitionen, oder schwach melodiösen Partien des Orchesters.

Anmerkung: Zuweilen gibt es Stellen, bei denen nicht klar ist, ob es sich um ein *Solo* oder um ein *Tutti* handelt.

Form. Zur Zeit der Entstehung der Konzerte besaßen diese die üblichen Formen der Kammermusik (→ *Kirchensonate* und → *Kammersonate*).

10.1 Barocke Formen und Gattungen

Beispiel: *J. S. Bach*: Konzert für Violine und Streichorchester a-Moll, BWV 1041, 1. Satz, Takte 22–28: Zunächst spielt die Solo-Violine mit den ersten Violinen des Orchesters (→) *colla parte*. In Takt 25 m. A. beginnt der Solo-Abschnitt, wobei das Orchester mit schwach melodiösen Partien begleitet.

Um 1700 entstand aus der Form der (→) *Kirchensonate* die dreisätzige Form des Konzerts, indem der erste (langsame) Satz weggelassen wurde. Für die Ecksätze entwickelte sich die (→) *Ritornellform des barocken Konzertsatzes*. Diese Strukturen verbreiteten sich bald in ganz Europa.

Satz	1.	2.	3.
Tempo	manchmal langsame Einleitung, schnell	langsam	ganz selten langsame Einleitung, schnell
Satzform	(→) *Ritornellform des barocken Konzertsatzes*		(→) *Ritornellform des barocken Konzertsatzes*
Tonart	Haupttonart	verwandte Tonart	Haupttonart

Außer der *Ritornellform des barocken Konzertsatzes* können die Sätze auch andere Formen aufweisen (z. B. *Suitensatzform*, *Fuge*, *Thema mit Variationen*). Zuweilen besitzen Konzerte auch mehr als drei Sätze, beispielsweise die *Concerti grossi* von *Georg Friedrich Händel*.

10.1.4 Neapolitanische Opernouvertüre (Sinfonia)

In den (→) *Ouvertüren der neapolitanischen Oper* entwickelte sich um 1700 eine feststehende Form. Diese Form der **neapolitanischen Opernouvertüre** lautet:

Satz/Abschn.	1.	2.	3.
Tempo	schnell	langsam	schnell
Charakter	konzertant	kantabel, oft mit Soloinstrument	zuweilen fugiert mit tänzerischem Charakter
Tonart	Haupttonart	nahe verwandte Tonart	Haupttonart

Sie entstand aus der Kirchensonatenform unter anderem dadurch, dass der erste Satz weggelassen wurde.

Die einzelnen Teile erscheinen teilweise als Satzabschnitte aneinandergefügt, teilweise als eigenständige Sätze. Bald wurden Ouvertüren auch lösgelöst von Opern aufgeführt und Stücke in dieser Form komponiert.

10.2 Formen und Gattungen nach dem Barock

10.2.1 Konzert nach dem Barock

Das Konzert war auch nach dem Barock eine weit verbreitete Gattung. *Concerto grosso*, *Doppelkonzert* und *Gruppenkonzert* wurden sehr selten. Es überwogen Konzerte für *ein* Soloinstrument, meistens Klavier oder Violine.

Anmerkung: Das Concerto grosso entwickelte sich zur **Sinfonia concertante** (ein Konzert für Soloinstrumente nach dem Barock).

Die dreisätzige Form des Konzerts wurde beibehalten. In den Ecksätzen erschien anstelle der *Ritornellform* die *Sonatenhauptsatzform*. Im 20. Jahrhundert lebte ab und zu wieder das *Gruppenkonzert* auf, z. B. bei *Béla Bartók (Konzert für Orchester)*.

10.2.2 Sonate, Kammermusik und Sinfonie seit der Mitte des 18. Jahrhunderts

Aus der *neapolitanischen Opernouvertüre* entwickelte sich die Satzfolge der *Sonatenform*. Unter der **Sonatenform** versteht man die Form, die von der Mitte des 18. Jahrhunderts bis heute sehr weit verbreitet ist bei

10.2 Formen und Gattungen nach dem Barock

- *Sonaten* (für Klavier und andere Instrumente),
- Form bei anderer (→) *Kammermusik*, z. B. (→) *bei Streichquartetten*, (→) *Streichtrios*, usw.
- und bei *Sinfonien*.

Unter einer **Sinfonie** versteht man ein mehrsätziges Werk für Orchester ohne Soloinstrumente. Der Name stammt von der (→) *neapolitanischen Opernsinfonia*.

Die verbreitete *Sonatenform* ist folgende:

Satz	1.	2.	3.	3. (4.)
Tempo	manchmal langsame Einleitung, dann schnell	langsam	mittelschnell: Menuett mit Trio, später Scherzo mit Trio	schnell, meist schneller als der 1.
Satzform	(→) Sonatenhauptsatzform, selten: Thema mit Variationen	a) (→) Zwei- und dreiteilige Formen des langsamen Satzes b) (→) Rondo (Romanze) c) (→) Thema mit Variationen	(→) Form des Menuetts und Scherzos	(→) Sonatenhauptsatzform, (→) Rondo, zuweilen (→) Thema mit Variationen
Tonart	Haupttonart	verwandte Tonart	Haupttonart	Haupttonart

Das Menuett trat um die Mitte des 18. Jahrhunderts dazu. Es kann auch an zweiter Stelle stehen. Das Menuett fehlt zuweilen, besonders bei Klaviersonaten. Es gibt somit auch Kompositionen mit drei Sätzen; möglich sind auch Werke mit zwei oder fünf Sätzen.

10.2.3 Serenade

Unter einer **Serenade** (genauer: *instrumentaler Serenade*; ital.: *la sera* – der Abend, ital.: *al sereno* – unter freiem Himmel) versteht man eine mehrsätzige instrumentale Komposition für kleinere Besetzung heiteren Charakters. Die Begriffe **Divertimento**, **Notturno** und **Kassation** besitzen eine ähnliche Bedeutung.

Die instrumentale Serenade besitzt in der Regel fünf bis sieben Sätze. Die verbreitete Satzfolge heißt: Allegro, (→) *Menuett* und Trio, langsamer Satz, *Menuett* und Trio, Finale.

Anmerkung: Die *Serenade* ist, da sie Tanzsätze enthält, ein Nachfolger der barocken (→) *Suite*.

11 Mehrteilige vokale Gattungen

Im Folgenden werden die heute am meisten verbreiteten mehrteiligen vokalen Gattungen dargestellt. Bei diesen ist für durch Pausen abgetrennte einheitliche Abschnitte der Begriff (→) *Satz* ungebräuchlich; man spricht eher von *Teilen*.

Bezüglich der Aufführungsart wird unterschieden zwischen
- **szenischer**,
- **konzertanter** (als Konzert)(nicht szenisch) und
- **Aufführung im Gottesdienst** (nicht szenisch).

Bezüglich der Stoffe unterscheidet man zwischen **geistlichen** *(religiösen)*, die sich in der Regel auf die Bibel beziehen, und **weltlichen**, d. h. nicht geistlichen.

Die nachstehenden szenischen vokalen Gattungen sind weltlich, die nicht szenischen überwiegend geistlich.

11.1 Szenische vokale Gattungen (weltlich)

Unter einer **szenischen vokalen Gattung** ist eine szenische Handlung mit Gesang und Instrumenten zu verstehen.

11.1.1 Oper

Allgemeines

Die **Oper** (ital.: *opera;* aus lat.: *opus* – das Werk) ist eine szenische vokale Gattung zumeist weltlichen Charakters, bei der die Musik eine vorherrschende Rolle spielt. Es wirken Solisten mit, zumeist ein Chor und in der Regel ein Orchester. Einige Opern besitzen gesprochene Dialoge ohne Musik, bei den meisten erklingt jedoch durchgehend Musik.

Die Oper entstand um 1600 etwa gleichzeitig mit dem (→) *Oratorium*. Sie ist mit einem riesigen Repertoire die zentrale szenische vokale Gattung.

Das Textbuch zu einer Oper nennt man **Libretto** (ital.: Büchlein). Ein **Librettist** ist ein Dichter, der einen Stoff für die Oper einrichtet oder neu verfasst.

Eine szenische vokale Gattung ist in der Regel wie ein Drama in **Akte** oder **Aufzüge** (benannt nach dem Aufziehen des Vorhangs) eingeteilt. Diese sind für gewöhnlich in **Auftritte** (**Szenen**) untergliedert.

11.1 Szenische vokale Gattungen

Ein neuer Akt beginnt zumeist mit einem neuen *Bühnenbild*. Innerhalb eines Aktes wird zuweilen nach einer *Verwandlung* ein neues Bühnenbild gezeigt.

Seit dem Ende des 17. Jahrhunderts wechseln sich in der *Oper* und im *Oratorium* (→) *Rezitative* und (→) *gebundene Musik* ab. In den *Rezitativen* wird die Handlung vorangetrieben, in den übrigen Teilen bleibt die Handlung im Allgemeinen stehen, und es wird ein Gefühlszustand dargestellt (→ 8.1 und 8.2).

Die einzelnen Teile von Oper, Operette, Musical und Oratorium werden zumeist nummeriert. Ouvertüre und Rezitative werden in der Regel nur in Oratorien, nicht in Opern mit Nummern versehen.

Anmerkung: Die Pausen zwischen den Nummern ermöglicht es dem Publikum, während der Aufführung von szenischen vokalen Gattungen Beifall zu spenden.

Bestandteile der Oper im 18. und 19. Jahrhundert

Unter einer **Ouvertüre** (franz.: *l'ouverture* – die Eröffnung) versteht man das instrumentale Vorspiel eines Bühnenwerkes (Oper, Ballett, Schauspiel) oder eines Oratoriums, im 19. Jahrhundert auch ein selbstständiges einsätziges, sinfonisches Werk (*Konzertouvertüre*). Die Ouvertüre besitzt im 17. und frühen 18. Jahrhundert oft die Form der (→) *neapolitanischen Opernouvertüre* oder der (→) *französischen Ouvertüre*, später zumeist (→) *Sonatenhauptsatzform*. Seit der Mitte des 18. Jahrhunderts pflegt die Ouvertüre auf den Inhalt des Stückes Bezug zu nehmen.

Secco-Rezitativ (→ 8.2)

Gesprochene Dialoge ohne Musik werden ab und zu verwendet, unter anderem in der deutschen Oper um und nach 1800 (z. B. in *C. M. v. Webers Freischütz*).

Melodram (→ 8.4) (selten)

Accompagnato-Rezitativ und **Szene** (→ 8.2)

Arioso (→ 9.4.3) (selten)

Nach der Ouvertüre erscheint oft eine *Introduktion*. Die **Introduktion** ist das erste Vokalstück einer Oper (Nr. 1), zumeist ein (→) *Ensemble* oder ein (→) *Chor*. Die *Introduktion* ist länger und von komplexerer Form als eine *Arie* oder ein anderes *Ensemble*.

Unter einer **Arie** versteht man ein Stück für eine Gesangssolistin bzw. einen Gesangssolisten und Instrumente. Deren Form ist im Barock zumeist die (→) *Ritornellform der barocken Vokalmusik*.

11 Mehrteilige vokale Gattungen

Ein **Ensemble** ist ein Stück für zwei oder mehr Sänger/innen und Instrumente. Dessen Form ist im Barock zumeist die (→) *Ritornellform der barocken Vokalmusik*. (zur anderen Bedeutung des Begriffs siehe 5.1)

Ein **Chor** ist ein Stück für einen Chor (mit oder ohne Instrumente).

Tanzstücke, **Märsche**, **instrumentale Zwischenspiele** werden seltener verwendet.

Das **Finale** eines Aktes bei Opern ist ein längeres, heterogenes Stück ohne *Secco-Rezitative* mit schneller Folge von rezitativischen und arienhaften Partien, Ensemble- und Chorteilen.

Schema eines Opernaktes

Wolfgang Amadeus Mozart: Don Giovanni: 1. Akt

11.1.2 Singspiel

Ein **Singspiel** ist eine szenische vokale Gattung weltlichen heiteren Charakters mit viel gesprochenen Dialogen, zu welchen keine Musik erklingt. Es enstand in Deutschland in der Mitte des 18. Jahrhunderts. Eines der bekanntesten Singspiele ist *W. A. Mozarts Die Entführung aus dem Serail*. Aus dem Singspiel entwickelte sich im ausgehenden 18. Jahrhundert die *deutsche Oper*.

11.1.3 Operette

Eine **Operette** (ital.: *l'operetta* – das Werkchen) ist eine szenische vokale Gattung weltlichen heiteren Charakters mit vielen gesprochenen Dialogen ohne Musik sowie Tänzen, die zur Zeit der Komposition populär waren. Die *Operette* entstand nach der Mitte des 19. Jahrhunderts in Paris. Bekannte Operettenkomponisten sind *Jacques Offenbach* (z. B. *Orpheus in der Unterwelt*) in Paris und *Johann Strauß (Sohn)* (z. B. *Die Fledermaus*) in Wien.

11.1.4 Musical

Unter einem **Musical** (Kurzform von *musical comedy* oder *musical play*) versteht man eine szenische vokale Gattung im Jazzstil oder jazzverwandten Stil, bei der Tanz und gesprochene Dialoge ohne Musik einen breiten Raum einnehmen. Ein berühmtes Beispiel ist *Leonard Bernsteins West Side Story*.

11.1.5 Zur Abgrenzung

Die Abgrenzung der genannten Gattungen ist nicht immer einfach. Die *Oper* unterscheidet sich von den übrigen Gattungen dadurch, dass die Musik eine dominante Rolle spielt. Dem *Singspiel* und der *Operette* sind die gesprochenen Dialoge gemeinsam. Sie unterscheiden sich dadurch, dass sie verschiedenen Epochen angehören.

Besonders im 20. Jahrhundert gibt es Annäherungen der Gattungen. Eine Oper im Jazzstil, somit verwandt mit dem Musical, ist beispielsweise *Porgy and Bess* von *George Gershwin*. Auch Mischungen der Gattungen sind anzutreffen; *Igor Strawinsky* nennt z. B. sein Werk *Oedipus Rex* ein *Opern-Oratorium*.

11.2 Nicht szenische vokale Gattungen (zumeist geistlich)

11.2.1 Oratorium

Unter einem **Oratorium** versteht man eine abendfüllende *konzertante* Vertonung eines in der Regel *geistlichen* Textes, der zumeist eine Handlung darstellt, für Solisten, Chor und Orchester. Die Themen sind oft der Bibel entnommen. Das Oratorium entstand etwa gleichzeitig mit der *Oper* um 1600 in Italien. Der Aufbau entspricht im 18. und 19. Jahrhundert für gewöhnlich dem der (→) *Oper* in dieser Zeit. Die Großabschnitte heißen aber nicht *Akte*, sondern *Teile*.

Georg Friedrich Händel schrieb berühmte Oratorien, z. B. den *Messias*, *Joseph Haydn* schuf die *Schöpfung* und die *Jahreszeiten*.

Schema eines Oratorienteiles

Joseph Haydn: Die Jahreszeiten: 1. Teil: Der Frühling

Nr. 1	Nr. 2	Nr. 3	Nr. 4	Nr. 5	Nr. 6	Nr. 7	Nr. 8
Ouvertüre	Accomp. Rez. Chor	Rez.	Arie	Rez.	Terzett	Rez.	Terzett mit Chor

11.2.2 Passion

Unter einer **Passion** versteht man erstens die Leidensgeschichte Jesu Christi (von der Gefangennahme bis zur Kreuzigung). Zweitens meint **Passion** die Vertonung dieser Leidensgeschichte nach einem der vier Evangelisten. Sie wurde bis ins 19. Jahrhundert nur während des Gottesdienstes aufgeführt. Heute werden Passionen in der Regel konzertant dargeboten.

Im 18. Jahrhundert war die *oratorische Passion* verbreitet. Unter einer **oratorischen Passion** versteht man eine *Passion*, deren Aufbau dem eines Oratoriums ähnelt. Ihr Text besteht aus dem Bibeltext mit eingefügten, das Geschehen kommentierenden, nicht biblischen Textteilen.

Eine *oratorische Passion* besteht aus folgenden Abschnitten:
- Einleitung mit Chor (Text: nicht biblisch),
- Rezitative der Beteiligten (Erzähler, Jesus, Jünger, usw.; Text: biblisch),
- **Turbachöre** (lat.: *turba* – das Volk, die Menge): Chöre, die biblische Menschengruppen darstellen (Jünger, Schriftgelehrte, Volksmenge; Text: biblisch),
- Arien, Ensembles, Ariosi mit Solisten (und Chor; Text: nicht biblisch),
- (→) *Choräle* (evangelische Kirchenlieder), die vom Chor mit Orchesterbegleitung vorgetragen werden (Text: nicht biblisch),
- Schlussteil mit Chor (Text: nicht biblisch).

Zu den bekanntesten Werken dieser Art zählen die *Johannes-Passion* (biblischer Text aus dem Johannes-Evangelium) und die *Matthäus-Passion* von *J. S. Bach*.

11.2.3 Kantate

Eine **Kantate** (ital.: *cantare* – singen) ist eine in der Regel mehrsätzige Komposition meist ohne Handlung, für Solostimme(n), (manchmal Chor) und Instrumente bzw. Orchester, die nicht-szenisch aufgeführt wird. Die Kantate entstand um 1600 in Italien als weltliche Gattung und hat seitdem verschiedene Ausprägungen erlebt.

Im 18. Jahrhundert herrschte im evangelischen Teil Deutschlands die *Kantate Neumeisterscher Prägung* vor, die nach dem Textdichter *Erdmann Neumeister* benannt ist. Sie ist oft geistlich.

Die **Kantate Neumeisterscher Prägung** besitzt folgende Merkmale:
- Sie ist mit Solist(en), (Chor) und Orchester besetzt.
- Den Beginn bildet oft ein *Chor*; anschließend wechseln sich *Arien, Ensembles, Rezitative* und *Ariosi* ab; den Schluss bildet ein (→) *Choral*.
- In seltenen Fällen beginnt ein Werk mit einer instrumentalen Einleitung.

11.2 Nicht szenische vokale Gattungen

Die meisten der von *J. S. Bach* erhaltenen über 200 Kantaten sind Kantaten Neumeisterscher Prägung.

Beispiel einer Kantate Neumeisterscher Prägung

Geistliche Kantaten wurden bis ins 19. Jahrhundert nur im Gottesdienst aufgeführt. Heute werden sie oft konzertant dargeboten.

11.2.4 Messe

Unter einer (katholischen) **Messe** (lat.: *missa*) versteht man erstens die wichtigste Form des katholischen Gottesdienstes. Eine **Messe** ist zweitens die Vertonung derjenigen Teile, die bei jedem Messgottesdienst denselben Text aufweisen und die vom Chor gesungen werden. Es sind dies: *Kyrie, Gloria, Credo, Sanctus mit Benedictus, Agnus Dei.*

Heute werden Messen sowohl im Gottesdienst als auch konzertant aufgeführt.

Die Art der Vertonung ist in jeder Epoche unterschiedlich.
Seit der zweiten Hälfte des 18. Jahrhunderts ist die *Orchestermesse* üblich. Unter einer **Orchestermesse** versteht man eine Art der Vertonung einer Messe mit folgenden Merkmalen:
- Sie ist mit Solisten, Chor und Orchester besetzt.
- Jeder der fünf Teile der Messe wird zusammenhängend vertont, stellt somit einen Satz dar.
- Jeder Satz ist in Großabschnitte mit unterschiedlicher Vokalbesetzung (Chor, Solist(en)) einteilbar.

11 Mehrteilige vokale Gattungen

11.3 Tabellarische Übersicht

Es folgt eine tabellarische Übersicht über die heute bekannten Ausprägungen der Gattungen:

	Szenische vokale Gattungen (Oper, Singspiel, Operette, Musical)	Oratorium	Oratorische Passion	Evangelische Kantate Neumeisterscher Prägung	Orchestermesse
Länge (durchschnittlich)	abendfüllend	abendfüllend	abendfüllend	ca. 10–30 Minuten	ca. 15–60 Minuten
Handlung	vorhanden	vorhanden	vorhanden	selten	keine
Darbietungsweise	szenisch	konzertant	konzertant	konzertant oder im Gottesdienst	im Gottesdienst oder konzertant
Besetzung	Solisten, (Chor), Orchester	Solisten, Chor, Orchester	Solisten, Chor, Orchester	Solist(en), (Chor), Orchester	Solisten, Chor, Orchester
geistlich / weltlich	weltlich	zumeist geistlich	geistlich	zumeist geistlich	geistlich
Einzelteile in der Zeit von ca. 1700–1850	Ouvertüre, Arien, Rezitative, Ensembles, Chöre, Szenen, gesprochener Text, Finali von Akten u. a.	Ouvertüre, Chöre, Arien, Ensembles, Rezitative, Ariosi	Chöre, Choräle, Arien, Ensembles, Rezitative, Ariosi	(Instrumentales Vorspiel), Chöre, Arien, Ensembles, Rezitative, Ariosi, Choral	5 Groß-Sätze (Kyrie, Gloria, Credo, Sanctus mit Benedictus, Agnus Dei)
Entstehung	um 1600	um 1600	Anfang des 18. Jhs.	Anfang des 18. Jhs.	2. Hälfte des 18. Jhs.

Weiterführende Literatur zu den Kapiteln 9 bis 11:
Knaus, Herwig und Gottfried Scholz: Formen in der Musik. Band 1: Herkunft, Analyse, Beschreibung. Band 2: Anregungen zur Musikanalyse. Wien: Österreichischer Bundesverlag, 1988 und 1989.
Kühn, Clemens: Formenlehre der Musik. München: dtv / Kassel: Bärenreiter, 1987.

12 Musik zu Gesellschaftstänzen, Ballett und Schauspiel

12.1 Arten von Tanz

Unter **Tanz** versteht man
a) die Körperbewegung zu Musik- oder Geräuschbegleitung,
b) die Musik, die zu solcher Bewegung erklingt, und
c) Musik, die Merkmale von Tanzmusik aufweist, zu der aber nicht getanzt wird.

Der Tanz lässt sich in allen Kulturen nachweisen. In Musik zum Tanz ist das (→) *rhythmische Moment* besonders ausgeprägt. In der Regel verlaufen die Tanzbewegungen synchron zu Impulsen der Musik.

Man kann folgende Arten des Tanzes unterscheiden:
- **Kultischer Tanz** oder **Sakraltanz** wird bei religiösen Riten ausgeführt.
- **Volkstanz** ist die Bezeichnung für Tänze, die im Volk durch direkte Tradition, ohne äußere Eingriffe, gewachsen sind und in funktioneller Verbindung mit dem traditionellen Leben des Volkes stehen.
- **Gesellschaftstanz** bezeichnet Tanzformen, die der Unterhaltung dienen und deren Elemente in älterer Zeit von Tanzmeistern, heute in Tanzschulen gelehrt werden.
- **Schautanz** oder **Bühnentanz** wird für Zuschauer präsentiert. **Ballett** bezeichnet den europäischen *Bühnentanz* seit dem Ende des 16. Jahrhunderts.

Im Folgenden werden nur der *Gesellschaftstanz* und das *Ballett* behandelt.

12.2 Gesellschaftstanz

Gruppentanz und Einzelpaartanz

Man unterscheidet grundsätzlich zwischen **Gruppentanz** und **Einzelpaartanz**. Alle *Volkstänze* sind Gruppentänze. Gesellschaftstänze waren bis zum 19. Jahrhundert *Gruppentänze*. Im 19. Jahrhundert entstanden die heute vorherrschenden *Einzelpaartänze*.

Merkmale der Musik und Beziehung zwischen Musik und Tanzbewegungen

Gesellschaftstänze sind in ihren Grundschritten festgelegt. Sie weisen mehr oder weniger feste *Tanzschritte* bzw. eine (→) *Choreographie* auf.
Die musikalische Form der Tänze, besonders der Gruppentänze, ist deutlich durch Viertaktgruppen und Wiederholungen bestimmt (→ *Taktgruppengliederung*).

12 Gesellschaftstänze, Ballett und Schauspiel

Die Merkmale der Musik zu einem bestimmten Tanz und die Beziehung zwischen Musik und Tanzbewegungen sind vielschichtig und komplex. Manche Tänze erkennt man als Laie relativ leicht, z. B. den *Tango*; andere sind schwerer zu erkennen, z. B. die *Samba*.

Zu den wichtigsten Unterscheidungsmerkmalen bei Tänzen gehören:
- **Taktart** und **Tempo**. Am Tempo kann man die modernen (→) *lateinamerikanischen Tänze* am ehesten erkennen.
- Viele Tänze sind durch **bestimmte Rhythmen** oder **Betonungen** in der Melodie oder Begleitung geprägt. Die Rhythmen sind ständig oder nur am Anfang und / oder an bestimmten Stellen präsent. Manche Tänze besitzen gar keine festen Rhythmen, z. B. das *Menuett* oder der *Walzer*. – Zuweilen entspricht die Betonung der Musik dem Rhythmus der Schrittfolge, beispielsweise bei der *Sarabande* und der *Rumba*.
- Weitere Merkmale eines Tanzes sind **Charakter** (z. B. feierlich oder heiter) und **Instrumentation**. Lateinamerikanische Tänze erkennt man leicht an den lateinamerikanischen Rhythmusinstrumenten. In einigen Fällen sind Tänze vor allem durch eine bestimmte **Melodie** charakterisiert, z. B. beim *Lambada*.

Nicht getanzte Tänze, stilisierte Tänze

Tänze wurden besonders seit dem 17. Jahrhundert auch aufgeführt, ohne dass getanzt wurde. Man spricht hierbei von **nicht getanzten Tänzen**. Diese wurden, besonders im Barock, oft **stilisiert**, d. h. von typischen (oben genannten) Merkmalen befreit, insbesondere bzgl. der Einteilung in Viertaktgruppen. Nicht getanzte Tänze wurden oft zu (→) *Suiten* zusammengestellt.

Tänze und deren Rhythmen

Gruppentänze des 17. und 18. Jahrhunderts. Die ersten vier der genannten Tänze sind Grundbestandteile der (→) *Suite*. Das *Menuett* war einer der wichtigsten Tänze des 18. Jahrhunderts. Es fand als nicht getanzter Tanz nach dem Barock Eingang in *Sonate, Sinfonie* und Werke der *Kammermusik*.

Name	Tempo / Charakter	Taktart	bestimmter, häufig vorhandener Rhythmus zu Beginn bzw. durchgehend in der *Melodie* / weitere Merkmale
Allemande	eher langsam	4/4	♪ | ♩ ♫♫ ♩ (Auch andere kurze Auftakte sind möglich.)
Courante	eher schnell	3/2 oder 3/4	♪ | ♩ (Auch andere kurze Auftakte sind möglich.)
Sarabande	langsam, feierlich und gravitätisch	3/2	♩ ♩. ♩ | ♩ ♩ in Melodie und Begleitung (homophon)
Gigue [ʒiːk]	schnell	6/8	zumeist fugiert, oft mit kurzem Auftakt
Menuett	mittelschnell	3/4	(keine Merkmale)

Gruppentänze und Einzelpaartänze des 19. Jahrhunderts. Die im 19. Jahrhundert entstandenen Tänze waren Ausdruck des aufkommenden Nationalbewusstseins. Zum Teil stammen sie aus dem *Volkstanz*. Die Tänze fanden auch Aufnahme in die (→) *Operette*.

Name	Tempo / Charakter	Taktart	bestimmter, häufig vorhandener Rhythmus in der *Begleitung*	
Polonaise (polnisch)	mittelschnell	3/4	♫ ♫♫	Gruppentanz
Wiener Walzer	schnell	3/4	(keine Merkmale)	Einzelpaartanz
Polka (tschechisch)	schnell	2/4	♫♫ ♩ | ♫♫	Einzelpaartanz

Einzelpaartänze des 20. Jahrhunderts. Das 20. Jahrhundert ist geprägt durch Tänze mit jazzverwandter Musik. Man unterscheidet zwischen *Standardtänzen*, *lateinamerikanischen Tänzen* (mit entsprechenden Rhythmusinstrumenten) und *Modetänzen*, also solchen, die nur zeitweise Mode waren (z. B. *Charleston*, *La bamba*, *Locomotion*, *Lambada*).

Name	Tempo / Charakter	Taktart	*häufiger* Rhythmus in der *Begleitung*	Gruppe
Foxtrott	schnell	2/2	(keine Merkmale)	Standard
Tango	mittelschnell	4/8	♫♫ ♫ oder ♫♫ ♫ | ♪ etc. oder ♫♫	Standard
(Die) **Rumba**	langsam	4/4	♩ ♩ ♩	lateinamerikanisch
(Die) **Samba**	schnell	2/2	oft in (→) *agogo bells*: ♩♩♩ | ♩ | ♪♩♪♩	lateinamerikanisch
Cha- Cha- Cha	recht schnell	4/4	oft: ♩♫♩♩	lateinamerikanisch

12.3 Ballett

Definitionen

Unter einem **Ballett** (ital.: *ballare* – tanzen) versteht man
a) einen künstlerischen Bühnentanz,
b) die eigens für einen Bühnentanz komponierte Musik,
c) die den Tanz ausführende Truppe.

Ballett-Musik ist in der Regel (→) *Instrumentalmusik*.

12 Gesellschaftstänze, Ballett und Schauspiel

Unter **Choreographie** versteht man die Festlegung der Tanzbewegungen. **Choreograph(in)** wird die Person genannt, die gegebenenfalls die *Choreographie* entwickelt und einstudiert.

Ballett in der Oper

Das *Ballett* entstand im ausgehenden 16. Jahrhundert im Zusammenhang mit der Oper. Es spielt seither in der Oper eine Rolle, besonders in der französischen. Eine bekannte Balletteinlage findet sich beispielsweise in *Giuseppe Verdis Aida*.

Handlungsballett

Um die Mitte des 18. Jahrhunderts entstand das *Handlungsballett*. Unter einem **Handlungsballett** versteht man eine mehrteilige Komposition für Orchester ohne Gesang, zu der eine dramatische Handlung getanzt wird. Handlungsballette waren besonders im 19. Jahrhundert verbreitet. Bekannt sind z. B. *Der Schwanensee* und *Der Nußknacker* von *Piotr Tschaikowsky*.

Die Musik von Handlungsballetten enthält oft genaue Ausdeutungen der Handlung. Sie ist also mit der (→) *Programm-Musik* verwandt, gehört aber nicht dazu.

Komponisten von Handlungsballetten stellen für gewöhnlich Teile zu (→) *Suiten* (*Ballett-Suiten*) für den Konzertsaal zusammen. *Ballettmusik* ist in dieser Form, wenn sie also ohne Bühnengeschehen erklingt, *Programm-Musik*.

Ballett und Tanz im 20. Jahrhundert

Im 20. Jahrhundert trat neben das Ballett der **Moderne Tanz**, der sich vom Ballett durch freiere, nicht klassische Bewegungen unterscheidet. *Ballett* und *Moderner Tanz* sind nicht mehr auf Ballettmusik beschränkt, sondern es wird zu allen möglichen Arten der Musik getanzt, beispielsweise auch zu *J. S. Bachs Matthäus-Passion*. – Das Ballett und der akrobatische Tanz spielen im *Musical* eine wichtige Rolle.

12.4 Schauspielmusik

Unter **Schauspielmusik** versteht man Musik, die während eines Schauspiels erklingt, vom Dichter nicht eingeplant und somit entbehrlich ist, und die im Orchesterraum, also nicht auf der Bühne, aufgeführt wird. Üblicherweise enthält Schauspielmusik eine (→) *Ouvertüre, Zwischenaktmusik, Schlussmusik* und Stücke, die Teile der Handlung untermalen. Schauspielmusik ist in der Regel (→) *sinfonische Instrumentalmusik*.

Die Einbeziehung von Musik für Schauspiele war bereits bei den alten Griechen üblich. Im 18. Jahrhundert entstand Schauspielmusik, die auf den Inhalt des Stücks konkret Bezug nimmt. Diese Art von Schauspielmusik ist somit überwiegend (→) *Programm-Musik*. Bis zur Mitte des 19. Jahrhunderts war Schauspielmusik in Europa sehr weit verbreitet.

12.4 Schauspielmusik

Zahlreiche Komponisten schrieben Schauspielmusik. Bekannte Werke sind *Felix Mendelssohn Bartholdys* Musik zu *William Shakespeares Sommernachtstraum* und *Edvard Griegs* Musik zu *Peer Gynt* von *Henrik Ibsen*.

Die Praxis der sinfonischen Schauspielmusik während einer Aufführung ist kaum mehr üblich.

Ähnlich wie bei Handlungsballetten werden Stücke aus Schauspielmusiken vom Komponisten zu (→) *Suiten* für den Konzertsaal zusammengefasst.

13 Bearbeitung von Musik

13.1 Einleitung

Unter der **Bearbeitung von Musik** versteht man die Veränderung der originalen Gestalt eines Musikwerkes. Bearbeitung ist seit Beginn der Musikgeschichte üblich. Ihre Formen und Zwecke sind mannigfaltig.

Während in der westlichen Musikgeschichte bis zum Ende des 19. Jahrhunderts für die Bearbeitung von Musik keine rechtlichen Schranken bestanden, benötigt man nach dem heutigen Urheberrecht eine Bearbeitungs-Genehmigung des Autors oder seiner Erben bis 70 Jahre nach dessen Tod.

Im Folgenden werden für die Kunstmusik drei Arten der Bearbeitung unterschieden, wobei es fließende Übergänge gibt und auch mehrere Formen gleichzeitig vorkommen können. Bearbeitungen im Jazz, Rock und Pop werden sodann gesondert behandelt. Schließlich wird als Form der Bearbeitung die wissenschaftliche Herausgabe von Werken thematisiert.

13.2 Ausarbeitung eines vorgegebenen musikalischen Gedankens

Diese Art der Bearbeitung liegt beispielsweise vor bei der Form (→) *Thema mit Variationen* oder bei der Einbeziehung von Kirchenliedmelodien in eine Komposition.

13.3 Einrichtung eines Werkes für eine andere Besetzung (Arrangement)

Allgemeines

Unter einem **Arrangement** versteht man jegliche Übertragung eines Stückes für eine andere Besetzung. Eine Reduzierung der Besetzung kann eine Verringerung der Komplexität des Musikstücks zur Folge haben, da beispielsweise einige Begleitstimmen wegfallen müssen. Arrangements sind besonders seit dem 18. Jahrhundert populär. Durch Arrangements für kleine Besetzung (Hausmusik) und auch für Blaskapellen wurden im 19. Jahrhundert Kompositionen, z. B. Opernstücke, verbreitet. Wichtige Sonderfälle von Arrangements sind *Klavierauszug* und *Orchestrierung*.

13.4 Die Vervollständigung und Veränderung eines Werkes

Klavierauszug

Ein **Klavierauszug** ist die Bearbeitung eines ursprünglich für mehrere Instrumente und / oder Gesangsstimmen komponierten Werkes für Klavier. Gesangsstimmen sind hier zumeist wie in der Partitur abgedruckt, da der Klavierauszug oft zum Einüben von diesen dient.

Orchestrierung

Unter **Orchestrierung** versteht man die Übertragung einer Komposition geringer Besetzung für Orchester. Viele Komponisten orchestrierten eigene und fremde Werke. Berühmt ist *Maurice Ravels* Fassung von *Modest Mussorgskijs* Klavierwerk *Bilder einer Ausstellung* für großes Orchester.

13.4 Vervollständigung und Veränderung eines Werkes

Vervollständigung eines unvollendeten Werkes

Häufig hinterlässt ein Komponist nach seinem Tod ein oder mehrere unvollendete Werke. Solche Kompositionen pflegen nach Skizzen des Komponisten komplettiert zu werden, oft von einem seiner Schüler. So vervollständigte *Franz Xaver Süßmayr* das *Requiem* seines Lehrers *W. A. Mozart*.

Überarbeitung eigener Werke

Viele Komponisten überarbeiten ihre eigenen Werke. Berühmte Beispiele sind *Beethovens* Umarbeitungen seiner ersten *Leonoren-Ouvertüre* und die verschiedenen Fassungen der Sinfonien *Anton Bruckners*.

Kontrafaktur

Kontrafaktur liegt vor, wenn einer beliebten Melodie ein neuer Text unterlegt wird. Die Kontrafaktur ist seit dem Mittelalter üblich. Oft werden *weltlichen* Liedern neue *geistliche* Texte unterlegt. Berühmte Beispiele hierfür sind zahlreiche protestantische Kirchenlieder. Das Lied „O Haupt voll Blut und Wunden" geht zurück auf das Liebeslied „Mein Gmüth ist mir verwirret, das macht ein Jungfrau zart" von *Hans Leo Haßler*. Zweck der Kontrafaktur in der geistlichen Musik ist es, mithilfe bereits beliebter Melodien geistliche Inhalte zu verbreiten.

Melodie: Hans Leo Haßler (1601), geistlicher Text: Paul Gerhardt (1656)

Parodie

Unter **Parodie** versteht man in der Musik die Umformung einer bestehenden Komposition zu einem anderen Werk. Die musikalische Bedeutung des Begriffs ist zu unterscheiden von der im allgemeinen Sprachgebrauch üblichen Bedeutung von *Parodie* im Sinne von scherzhafter Nachahmung. *Parodie* in diesem Sinne gibt es in der Musik natürlich auch.

Eine Form der *Parodie* ist die *Unterlegung eines neuen Textes zu einer mehrstimmigen Komposition*. Dieses Verfahren hat *J. S. Bach* in seinen Werken häufig angewandt. So stammt z. B. der Eingangschor seines *Weihnachts-Oratoriums* aus einer *Geburtstagskantate*.

Eine andere Form der *Parodie* ist die *Einbeziehung einer mehrstimmigen Komposition in ein neues Werk*. Diese Form war z. B. bei (→ Bd. II) *Parodie-Messen* im 16. Jahrhundert üblich, in denen mehrstimmige Lieder einkomponiert sind.

Komponisten bearbeiten eigene Werke im Sinne einer *Parodie* zuweilen, weil sie aus zeitökonomischen Gründen auf frühere Kompositionen zurückgreifen wollen oder weil sie eine erneute Aufführung einer Komposition anstreben.

Anmerkungen: Der Unterschied zwischen *Parodie* und *Neubearbeitung* liegt darin, dass bei der Neubearbeitung das Werk an sich erhalten bleibt, während bei der Parodie ein neues Stück entsteht. – Die Begriffe *Kontrafaktur* und *Parodie* waren im Verlauf der Jahrhunderte mehrfachen Bedeutungsänderungen unterworfen.

Weitere Formen der Bearbeitung

Eine Bearbeitung stellt auch die *Übersetzung von Vokalmusik* in eine andere Sprache dar. Es ist üblich, bei Opern *Kürzungen* vorzunehmen; mögliche Kürzungen sind im (→) *Klavierauszug* zuweilen bereits vom Herausgeber mit „vi-" (Anfang) – „-de" (Ende) bezeichnet.

Unter **Paraphrase** und **Transkription** versteht man in der virtuosen Musik des 19. Jahrhunderts die freie Bearbeitung eines oder mehrerer Werke, meist Lieder oder Opernstücke, häufig für Klavier. Bekannt sind vor allem die *Paraphrasen* und *Transkriptionen* von *Franz Liszt* für Klavier.

Unter einem **Potpourri** oder einem **Medley** versteht man ein Musikstück, das aus einer Reihung von beliebten Melodien mit Begleitung besteht.

Beliebt sind Bearbeitungen vor allem für die Hausmusik und für den Instrumentalunterricht.

13.5 Bearbeitung im Jazz, Rock und Pop

Bearbeitungen nehmen im Jazz, Rock und Pop einen breiten Raum ein. Der Unterschied zwischen reinem Arrangement und Veränderung eines Stückes ist hier fließend. Der Begriff *Arrangement* wird in dieser Musik in der Regel für beide Verarbeitungsarten gebraucht.

Viele Themen des **Jazz**, die als Grundlage für die Improvisation dienen, sind bekannte Lieder (*Standards* genannt). Hier wird in der Regel nur die Melodie übernommen und mit neuer Begleitung versehen.

In der **Rock-** und **Popmusik** sind Bearbeitungen von Songs gang und gäbe. Unter einer **Cover-Version** versteht man die Neueinspielung eines Stückes, in der Regel mit anderen Musikern. Von bekannten Titeln gibt es eine Vielzahl von *Cover-Versionen*, die zumeist der gerade herrschenden Stilrichtung angepasst sind. Zuweilen sind Cover-Versionen bekannter als das Original.

Die Verarbeitung von Themen der Kunstmusik im Jazz, Rock und Pop ist vielfältig. Es gibt Versionen, bei denen die Komposition nahezu unangetastet bleibt; Beispiele hierfür sind Versionen der *Swingle-Singers* von Werken *J. S. Bachs* oder Bearbeitungen von *Modest Mussorgskijs* „Bilder einer Ausstellung", z. B. für Synthesizer von *Tomita*. In der Regel verlieren die ursprünglichen Kompositionen an Differenziertheit, indem Zusatzstimmen weggelassen und Passagen aus dem Zusammenhang genommen werden. Beispiele hierfür sind Versionen von *Jacques Loussier* über Themen *J. S. Bachs*. Zahlreich sind Bearbeitungen, die Melodien der Kunstmusik aus dem Zusammenhang nehmen und die ursprüngliche differenzierte Begleitung ersetzen durch stereotype durchgehende Schlagzeugrhythmen und einfache, rhythmisierte Akkorde.

13.6 Zur Edition (wissenschaftliche Herausgabe)

Während es bei einem Bild oder einer Skulptur ein einziges Original gibt, unterscheiden sich verschiedene Handschriften und Drucke ein und derselben Komposition in der Regel voneinander. Dies hängt zum einen damit zusammen, dass sich beim Abschreiben Fehler eingeschlichen haben, zum anderen damit, dass Herausgeber Bearbeitungen vornahmen. Heute versucht man bei der Herausgabe von Werken, eine möglichst originale Version herzustellen. Oft kann man auf die Handschrift des Komponisten, das **Autograph**, zurückgreifen; daneben werden der **Erstdruck** und **Abschriften** herangezogen. In der Regel unterscheiden sich auch diese Versionen ein und derselben Komposition.

Die heutige wissenschaftliche **Edition** (**Herausgabe**) von Werken stellt *Urtext-Ausgaben* her. Unter einem **Urtext** einer Komposition versteht man einen möglichst originalen, d. h. den Intentionen des Komponisten entsprechenden Notentext, bei dem insbesondere angegeben wird, welche Varianten aus welchen Quellen stammen. Je nachdem, worauf ein Herausgeber Wert legt, unterscheiden sich verschiedene *Urtext-Ausgaben* voneinander. Heute sind käuflich zu erwerbende Noten und Partituren zumeist Urtext-Ausgaben.

Von bedeutenden Komponisten werden wissenschaftliche *Editionen* in **Gesamtausgaben** erstellt.

Weiterführende Literatur:
Schneider, Ernst Klaus: Original und Bearbeitung. Kursmodelle Musik Sekundarstufe II. Frankfurt/M.: Diesterweg, 1984.

14 Musikalische Semantik

14.1 Definition und Allgemeines

Unter **musikalischer Semantik** *(Bedeutung)* eines Musikabschnitts versteht man den mit ihm verbundenen *außermusikalischen Inhalt*.

Musik kann insbesondere außermusikalische Bedeutung gewinnen
- durch *Ausdeutung* eines zusammen mit der Musik gesungenen oder gesprochenen Textes (also bei (→) *Vokalmusik*),
- in Verbindung mit einer Szene oder mit Bildern (z. B. bei (→) *Ballettmusik, Filmmusik* oder in der Werbung),
- bei *Programm-Musik*.

Unter **Programm-Musik** versteht man (→) *Instrumentalmusik* mit ausgeprägtem außermusikalischem Inhalt, zu welcher nicht gleichzeitig Bilder, Szenen und Texte gezeigt bzw. zu Gehör gebracht werden. Der außermusikalische Inhalt wird in der Regel mitgeteilt durch einen *Titel* oder ein **Programm**; d. h. einen schriftlichen Text, der musikalisch ausgedeutet wird.

Verbreitet ist die Darstellung von Naturereignissen (z. B. Gewitter), Handlungen (etwa Schlachten), Personen, Gemälden, Gedanken usw. Das Programm stellt zuweilen ein berühmtes Gedicht oder die Handlung eines bekannten Dramas dar; manche Komponisten verfassen das Programm auch selber. Es steht in der Regel in der Partitur. Manchmal wird es bei Aufführungen mitgeteilt.

Zur *Programm-Musik* gehören unter anderem viele (→) *Ouvertüren* von Opern und Oratorien, (→ Bd. II) *Sinfonische Dichtungen* und viele (→) *Charakterstücke*.

Anmerkung: Der Inhalt von *Programm-Musik* kann nur in den seltensten Fällen ohne die Kenntnis des Titels oder Programms eindeutig erkannt werden. Eine Ausnahme bildet beispielsweise die Darstellung einer Lokomotive. Wenn der Titel oder das Programm bekannt ist, können oft viele Details der Musik mit ihm in Verbindung gebracht werden, die ohne Kenntnis der Vorlage inhaltlich bedeutungslos wären.
Programm-Musik weist für den Experten zuweilen „Unstimmigkeiten" auf, die auf dem Programm beruhen. Beispielsweise löst sich das Hauptthema in *Beethovens* (→ Bd. II) *Coriolan-Ouvertüre* am Ende auf, für den Kenner der Sonatenhauptsatzform ein ungewöhnlicher, atypischer Schluss. Er wird erst durch das Programm verständlich, gemäß welchem das Hauptthema den Titelhelden darstellt, dessen Leben am Ende erlischt.

Ein Musikabschnitt kann durch eines oder mehrere der nun folgenden Merkmale musikalische Semantik besitzen.

14.2 Charakter / Affekt / Ausdruck / Stimmung

Musikalische Abschnitte sind oft mehr oder weniger deutlich eine **Wiedergabe von bestimmten Gefühlsregungen** bzw. **Gemütszuständen** (z. B. Freude, Trauer, Heiterkeit).

Als Begriff für die Wiedergabe von Gefühlsregungen kann für Musik aller Arten allgemein das Wort **Charakter** verwendet werden. Der *Charakter* eines Abschnittes kann demnach traurig, heiter, fröhlich sein usw.

Für die zweite Hälfte des Barocks (ausgehendes 17. Jahrhundert und erste Hälfte des 18. Jahrhunderts) wurde für die Wiedergabe von Gefühlsregungen der Begriff **Affekt** benutzt. Er wurde vornehmlich für die Opernarie verwendet, galt aber auch für die Instrumentalmusik dieser Zeit. In dieser Musik besaß ein Satz zumeist einen **einheitlichen Affekt**, d. h. es wurde ein einziger Gemütszustand dargestellt (→ Bd. II *Affekt*).

Für Musik nach dem Barock sind für die Wiedergabe von Gefühlsregungen die Begrifffe **Ausdruck** und **Stimmung** angebracht.

Der allgemeine Begriff *Charakter* kann auch auf den Verlauf der Musik angewendet werden, z. B. bei *Anfangswirkung, In-Fahrt-Kommen, Überleitungscharakter, Höhepunkt, Zögern, Schlusscharakter, Spannung, Entspannung* usw.

Charakter kann sich auch auf weitere allgemeine Eigenschaften beziehen, z. B. *festlich, tänzerisch, marschartig* usw.

14.3 Besondere Betonungen von Wörtern (bei Vokalmusik)

Betonungen von Wörtern können durch folgende Merkmale auftreten, die auch in Kombination erscheinen:
- langer Ton,

L. v. Beethoven: Fidelio, Arie Nr. 7, T. 17

- hoher (selten tiefer) Ton,

W. A. Mozart: Die Zauberflöte, Arie Nr. 3, T. 3 m. A.

∞ mit Betonungszeichen oder mit plötzlichem *forte* versehener Ton,

W. A. Mozart: Die Entführung aus dem Serail, Nr. 4 Arie des Belmonte, T. 5

∞ ausgeprägtes (→) *Melisma*,

G. Mahler: Das Lied von der Erde, 1. Satz, T. 376

∞ (→) *Synkope*.

C. M. v. Weber: Der Freischütz, Nr. 3 Arie des Max, Schluss

Anmerkung: Um möglichem mangelndem akustischen Textverständnis vorzubeugen, heben Komponisten von Opernarien solche Begriffe, die für den Inhalt der Arie wichtig sind, besonders hervor, z. B. „Rache", „Liebe", „Schmerz" usw. Diese Wörter nennt man *parole sceniche* [ˈʃɛːnike] (ital.: szenische Wörter).

14.4 Tonmalerei und Tonsymbolik

Musik kann in vielfältiger Weise außermusikalische Inhalte abbilden. Am Naheliegendsten ist die **Nachahmung von akustischen Ereignissen**. Nachgeahmt werden beispielsweise reale Melodien (z. B. Vogelgezwitscher) und Geräusche (z. B. Kanonenschüsse und Donner). Ferner Klang wird durch *piano* oder durch im Orchesterraum entfernte Instrumente abgebildet. In der Realität vorkommende Instrumente werden – wenn möglich – durch gleiche oder ähnliche Orchesterinstrumente dargestellt:

∞ Die (→) *Trompete* wird in Kriegsszenen eingesetzt,
∞ das (→) *Horn* für die Darstellung einer Jagd,
∞ das (→) *Englisch Horn* (Ersatz für die Schalmei) als Hirteninstrument,
∞ (→) *Röhrenglocken* zur Nachahmung von Glocken.

Neben der Nachahmung von akustischen Phänomenen ist die **Darstellung von visuellen Eindrücken** verbreitet.

14.4 Tonmalerei und Tonsymbolik

- Nach unten verlaufende reale Bewegungen werden beispielsweise durch ebensolche in der Musik dargestellt (Beispiel a).
- Üblich ist die Ausdeutung von Zittern oder Beben durch ein (→) *Tremolo* (Beispiel a), letzter Takt).
- Der Blitz kann durch schnelle Tonbewegung abgebildet werden (Beispiel b).
- Dunkelheit wird durch dunkle Klangfarbe sowie leise und tiefe (matte) Töne dargestellt. Helligkeit wird dementsprechend durch helle Klangfarbe sowie laute und hohe Töne repräsentiert.
- Lange Töne bilden z. B. Regungslosigkeit ab, etwa bei *Tod* oder *Schlafen* (Beispiel c).

J. S. Bach: Johannes-Passion, BWV 245, Nr. 33

Blitz aus Beethovens 6. Sinfonie, 4. Satz, T. 33

J. S. Bach: Weihnachts-Oratorium, BWV 248, Nr. 19, T. 28

14 Musikalische Semantik

Die Nachahmung von akustischen Ereignissen und die Darstellung von visuellen Eindrücken werden mit dem Begriff der **Tonmalerei** bezeichnet. Hierbei gibt es immer eine **Analogie** (Ähnlichkeit) zwischen dem realen Sachverhalt und seiner musikalischen Nachbildung.

Unter **Tonsymbolik** versteht man die musikalische Darstellung von Sachverhalten, die keine Nachahmung von akustischen oder visuellen Eindrücken ist. *Tonsymbolisch* ist beispielsweise die übliche Ausdeutung von Schmerz oder Leid, allgemein von etwas Unangenehmem, durch eine (→) *Dissonanz*, durch (→) *Chromatik* oder ein (→) *Sforzato* (Beispiel d). Auch bei der Tonsymbolik ist eine Analogie zwischen realem Sachverhalt und musikalischer Gegebenheiten zu finden. Im genannten Beispiel ist dies das Herbe, Unangenehme.

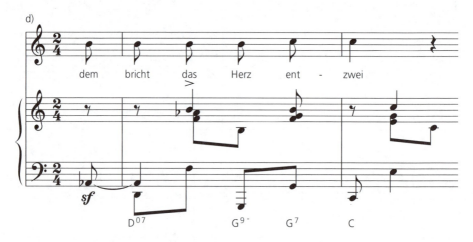

R. Schumann: „Ein Jüngling liebt ein Mädchen" aus: Dichterliebe, Op. 48, T. 31 m. A.

Ausdeutungen beinhalten oft sowohl *tonmalerische*, als auch *tonsymbolische* Merkmale, sodass eine genaue Zuordnung häufig nicht gegeben werden kann. Wenn z. B. das Wort *Ruhe* durch leise, lange, tiefe Töne ausgedeutet wird, werden einerseits akustische und visuelle Eindrücke dargestellt, andererseits aber wird auch das Gefühl der inneren Ruhe eines Menschen symbolisiert.

Sowohl *tonmalerisch* als auch *tonsymbolisch* ist zumeist die **Zahlensymbolik**. In *J. S. Bachs* Matthäus-Passion sagt Jesus „Einer unter euch wird mich verraten". Die Jünger fragen darauf in elf Einsätzen: „Herr, bin ich's?" Judas, der zwölfte Jünger, der Jesus verraten hat, fragt somit nicht.

Bei der Frage, ob es sich bei einem Musikausschnitt um ein Symbol handelt, ist Vorsicht geboten. Als Grundprinzip kann gelten, dass die Komponisten bis zum 18. Jahrhundert in der Regel wollten, dass Symbole unmittelbar hörbar oder leicht in den Noten nachlesbar sind. Seit dem 19. Jahrhundert gibt es Andeutungen, die sich dem Zuhörer nur durch genaue Analyse erschließen, beispielsweise in der Musik von *Gustav Mahler*.

14.5 Verwendung von bereits vorhandenen Melodien, Formen, Musikrichtungen usw.

Bereits vorhandene Melodien werden oft in Kompositionen verwendet. In vielen Werken der Kirchenmusik ist eine Melodie des (→ Bd. II) *Gregorianischen Chorals* oder des (→ Bd. II) *evangelischen Chorals* ständig präsent. Diese Melodien sind assoziativ verknüpft mit dem dazu gesungenen Text.

Ein Sonderfall einer Verwendung einer bereits vorhandenen Melodie ist das *Zitat*. Unter einem **Zitat** versteht man die Übernahme einer bereits bestehenden Melodie, welche zumeist nur einmal in dem Stück erklingt und aus dem übrigen Tonsatz deutlich heraussticht. Zitate erscheinen verstärkt in der Musik des 19. Jahrhunderts. In *Gustav Mahlers* Sinfonien finden sich sehr viele Zitate.

Formen, Gattungen und Musikrichtungen werden besonders in Opern des 19. Jahrhunderts sowie in der Filmmusik und der Musik in der Werbung als Bedeutungsträger verwendet. *Kunstmusik* wird z. B. in der Werbung assoziiert mit Reinheit und Qualität, *Country-and-Western-Musik* mit Freiheit und Abenteuer usw.

14.6 Erinnerungsmotive und Leitmotive

Ein **Erinnerungsmotiv** ist ein (→) *Motiv*, welches in einem Stück *wiederholt* vorkommt und eine inhaltliche Bedeutung besitzt. Im Unterschied dazu versteht man unter einem **Leitmotiv** ein *Motiv* mit bestimmter inhaltlicher Bedeutung, das *häufig* in einem Stück vorkommt und für dieses bestimmend ist. *Erinnerungs-* und *Leitmotive* können Personen, Gegenstände, Gefühle oder Ideen darstellen. Sie werden im Gegensatz zu Zitaten vom Komponisten selber mit Bedeutung versehen. Für längere musikalische Abschnitte könnten die Begriffe *Erinnerungsthema* und *Leitthema* verwendet werden; sie sind allerdings nicht üblich.

Erinnerungsmotive finden wir seit dem ausgehenden 18. Jahrhundert in Opern. Ein bekanntes *Erinnerungsmotiv* ist beispielsweise das Teufelsmotiv aus *Carl Maria von Webers Freischütz*. Es erscheint, wenn vom Teufel die Rede ist. – *Leitmotive* wurden von *Richard Wagner* in seinen (→ Bd. II) *Musikdramen* eingeführt und spielen in den Opern und der *Programm-Musik* seit der 2. Hälfte des 19. Jahrhunderts sowie in der *Filmmusik* eine bedeutende Rolle.

Weiterführende Literatur:
Fanselau, Rainer: Musik und Bedeutung. Kursmodelle Musik Sekundarstufe II. Frankfurt/M.: Diesterweg, 1984.

15 Begleitung und Harmonisierung einer Melodie

15.1 Allgemeines zum Kontrapunkt und zur Harmonielehre

Musik- und Kompositionslehre werden heute in zwei Bereiche aufgeteilt, die *Lehre vom* (→) *Kontrapunkt,* oder kurz *Kontrapunkt,* und die *Harmonielehre.*

Die **Lehre vom Kontrapunkt** befasst sich mit der (→) *polyphonen* Schreibweise; sie lehrt also, wie voneinander unabhängige Stimmen komponiert werden können. Es wird im Allgemeinen der *Kontrapunkt* nach den Komponisten *Palestrina* und *J. S. Bach* gelehrt.

Die **Harmonielehre** befasst sich mit dem Aufbau der Akkorde und deren Weiterführung. Man geht üblicherweise, wie auch in diesem Buch, von der *durmolltonalen Harmonielehre* aus. Bei der **durmolltonalen Harmonielehre** sind die zentralen Akkorde Dur- und Moll-Dreiklänge, welche derart aneinandergefügt werden, dass Dur und Moll als Tongeschlechter entstehen. Diese Form der Harmonielehre beinhaltet die Regeln, die in der *durmolltonalen* Musik von ca. 1700 bis um 1900 als allgemein verbindlich angesehen wurden. Im 20. Jahrhundert entstanden neue Formen der Harmonik in der Kunstmusik, die *Durmolltonalität* lebt aber in Teilbereichen des Jazz sowie in Rock und Pop weiter. Neben der durmolltonalen Harmonielehre gibt es solche für bestimmte Musikrichtungen, z. B. für Jazz, für die Kunstmusik des 20. Jahrhunderts usw.

Harmonielehren befassen sich mit der (→) *homorhythmischen* Begleitung einer vorgegebenen Melodie. Grundlage ist üblicherweise die Vierstimmigkeit. Im Folgenden wird die Dreistimmigkeit verwendet, da sie einfacher zu beherrschen und in der Schulpraxis häufiger anwendbar ist.

15.2 Aussetzen im dreistimmigen Satz bei vorgegebener Harmonik

Verwendungsmöglichkeiten

Unter **Aussetzen im dreistimmigen Satz** wird das Finden einer *Unter-* und einer *Mittelstimme* zu einer in der *Oberstimme* vorgegebenen Melodie verstanden. Die folgenden Ausführungen gehen davon aus, dass neben der Melodie auch die dazugehörigen Begleitakkorde vorgegeben sind, gemäß denen die Unter- und Mittelstimme ausgesetzt werden. Der *dreistimmige Satz* kann für dreistimmigen *Chor* mit und ohne Instrumentalbegleitung

15.2 Aussetzen im dreistimmigen Satz bei vorgegebener Harmonik

verwendet werden. Mithilfe der vorliegenden Regeln kann man auch eine zweite Vokalstimme finden, wenn ein Instrument die Unterstimme spielt. Schließlich kann der *dreistimmige Satz* für die Darstellung am Klavier oder für beliebige drei Vokal- und / oder Instrumentalstimmen angewandt werden.

Allgemeines

Zur Schreibweise der Noten.
- Zur Richtung der Hälse bei Vokalmusik siehe 4.8.
- Es empfiehlt sich, die Mittelstimme immer entweder im oberen System (Beispiel a) oder immer im unteren System (Beispiel b) zu notieren. Gleichzeitig Erklingendes ist dabei genau untereinander zu schreiben.
- Bei gedruckten Noten wird in Chorpartituren der Text für gewöhnlich zwischen oberem und unterem System in die *Akkolade* notiert. Bei handschriflichen Partituren ist es zweckmäßig, den Liedtext *über* die *Akkolade* zu schreiben.
- Wenn die Oberstimme (→) *Melismen* führt, bleiben bei unverändertem Akkord die anderen Stimmen in der Regel liegen (Beispiel c).

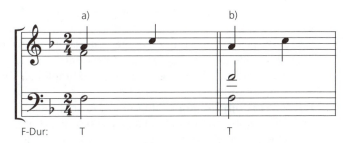

Allgemeine Hinweise.
- Der Umfang der menschlichen Stimmen bzw. der Instrumente, die das Ausgesetzte musizieren sollen, ist zu beachten (→ 4.6 und 4.7). Beispielsweise kann einem Alt kein (kleines) c abverlangt werden. In den *extremen* Lagen ist der Klang weniger voll und saubere (→) *Intonation* schwerer als in Mittellagen. Wenn extreme Lagen verwendet werden, sollten sie nicht sprungweise, sondern eher in Sekundschritten erreicht werden.
- Schwer zu singende Intervalle, insbesondere große Sprünge, sind zu vermeiden (Beispiel a).
- Der Tonsatz ist besonders an Zeilenenden zu prüfen, da hier häufig Fehler auftreten.

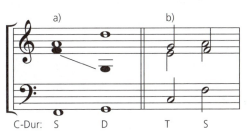

189

15 Begleitung und Harmonisierung einer Melodie

∞ **Stimmtausch** bedeutet, dass kurzzeitig eine Stimme höher oder tiefer liegt als ihre benachbarte. Stimmtausch kann unter Umständen zu falschen (→) *Umkehrungen* führen. Wenn eine Mittelstimme die Oberstimme überschreitet, so wird die Melodie verfälscht (Beispiel b auf der vorhergehenden Seite).

Satztechnische Regeln: Verdopplungen und Auslassungen von Tönen.
∞ In der Dreistimmigkeit werden den drei Stimmen üblicherweise Grundton, Terzton und Quintton zugeteilt. Der Dreiklang erklingt somit *vollständig* (Beispiel a).
∞ Der *Quintton* kann allerdings auch ohne weiteres fehlen (Beispiel b).
∞ Wenn ein Akkordton (→) *verdoppelt* werden soll, ist im Allgemeinen der Grundton zu *verdoppeln* (Beispiel b).
∞ Der Terzton sollte in Dreiklängen im Allgemeinen vorhanden sein. Er kann jedoch für kurze Zeit fehlen (Beispiel c). Auch ist es möglich, am Ende eines Abschnitts den Terzton wegzulassen, wenn er zu tief läge (Beispiel d). In diesem Beispiel wäre der Terzton, das kleine e, zu tief für eine Altstimme.
∞ *Einklänge* sind möglich, aber nur in Ausnahmefällen und eher am Schluss von Abschnitten (Beispiel d).
∞ **Terztonverdopplungen** sollten nur in Ausnahmefällen vorgenommen werden (Beispiel e). Terztöne von dominantischen Akkorden dürfen nicht verdoppelt werden.
∞ In der Vierstimmigkeit ist Quinttonverdopplung möglich (Beispiel f).

Satztechnische Regeln: Parallelen.
Nicht erlaubt sind Fortschreitungen zweier sich bewegender Stimmen
∞ in reinen Oktavparallelen (Beispiel a),
∞ in Einklangs- oder Primparallelen (Beispiel b),
∞ in reinen Quintparallelen (Beispiel c).

Das Verbot dieser (→ Bd II) *Parallelen* wird in der *Kunstmusik* vom 14. Jahrhundert bis heute angewandt. Im Jazz, Rock, Pop und beim Schlager gilt das Parallelenverbot nicht.

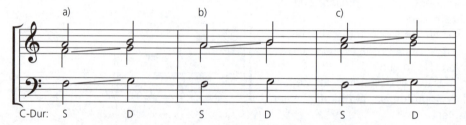

15.2 Aussetzen im dreistimmigen Satz bei vorgegebener Harmonik

Auftakt

Einen **Auftakt** kann man
a) gar nicht,
b) mit einem Einklang,
c) mit unvollständigem oder
d) mit vollständigem Akkord harmonisieren.

Man beachte, dass bei *homorhythmischer* Vertonung von Vokalmusik alle Stimmen Text singen sollen; daher sind hierbei die Versionen a) und c) nicht möglich.

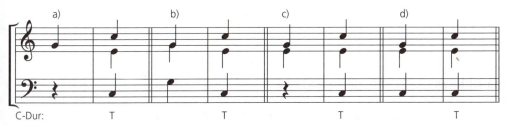

Hauptdreiklänge in Grundstellung

Durch die Vorgabe des Akkordes ist der exakte Ton der Unterstimme nicht bestimmt. Wenn beispielsweise ein F-Dur-Akkord gefordert wird, so kann in der Unterstimme ein kleines f (Beispiel a) oder ein großes F (Beispiel b) stehen.

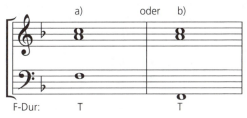

Zumeist wird man zu Beginn eines Stückes in der Unterstimme einen hohen Ton verwenden, damit man im weiteren Verlauf der Komposition zur Steigerung den (→) *Tonraum* nach unten erweitern kann.

Wenn in der Unterstimme der Grundton liegt und die Oberstimme vorgegeben ist, so sind folgende Töne für die Mittelstimme möglich.

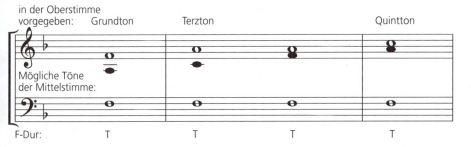

Dominantseptakkord (D⁷) in Grundstellung

Mögliche Akkorde. Der Terzton kann ohne weiteres fehlen. Somit ergibt sich folgendes Schema:

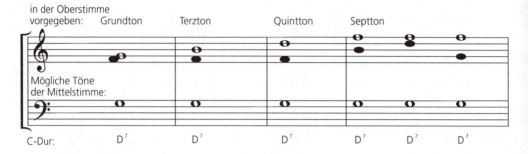

Behandlung des Dominantseptakkordes.
- Der Dominantseptton bedarf keiner besonderen Einführung, er muss aber stufenweise nach unten weitergeführt, d. h. aufgelöst werden (Beispiel a).
- Zwischen Dominantseptton und aufgelöstem Ton können ein oder zwei Töne liegen (Beispiel b).
- Die Verwendung des Dominantsepttones ist besonders zweckmäßig, wenn ansonsten der Dominantterzton einen Sprung nach unten ausführen müsste (Beispiel c).

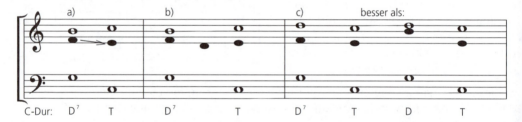

S⁶ und S⁶₅ in Grundstellung

Diese beiden Akkorde sind konsonant und können beliebig ein- und weitergeführt werden. Der Terzton kann fehlen. Somit ergeben sich folgende Möglichkeiten:

15.2 Aussetzen im dreistimmigen Satz bei vorgegebener Harmonik

Akkordfremde Töne in Dur bei Akkorden in Grundstellung

Im Folgenden werden zunächst die wichtigsten Kategorien der (→) *akkordfremden Töne* tabellarisch definiert; anschließend wird erläutert, wie beim Erklingen derselben die Mittelstimme zu behandeln ist.

Die verschiedenen Arten von akkordfremden Tönen. Da ein (→) *akkordfremder Ton* immer *dissonant* ist, muss er in bestimmter Weise ein- und / oder weitergeführt werden. Die akkordfremden Töne sind nachfolgend farbig markiert:

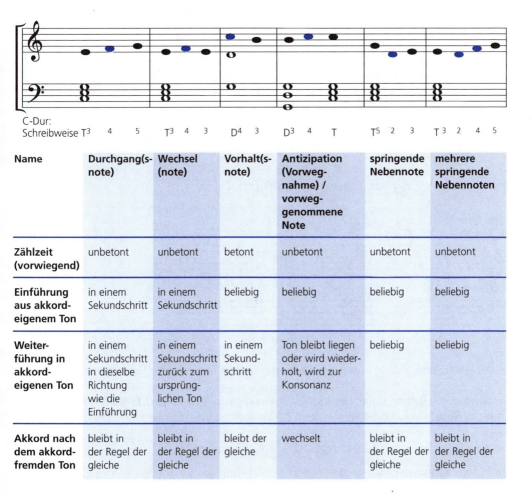

C-Dur:
Schreibweise T^3 4 5   T^3 4 3   D^4 3   D^3 4   T   T^5 2 3   T^3 2 4 5

Name	Durchgang(s-note)	Wechsel(note)	Vorhalt(s-note)	Antizipation (Vorwegnahme) / vorweggenommene Note	springende Nebennote	mehrere springende Nebennoten
Zählzeit (vorwiegend)	unbetont	unbetont	betont	unbetont	unbetont	unbetont
Einführung aus akkordeigenem Ton	in einem Sekundschritt	in einem Sekundschritt	beliebig	beliebig	beliebig	beliebig
Weiterführung in akkordeigenen Ton	in einem Sekundschritt in dieselbe Richtung wie die Einführung	in einem Sekundschritt zurück zum ursprünglichen Ton	in einem Sekundschritt	Ton bleibt liegen oder wird wiederholt, wird zur Konsonanz	beliebig	beliebig
Akkord nach dem akkordfremden Ton	bleibt in der Regel der gleiche	bleibt in der Regel der gleiche	bleibt der gleiche	wechselt	bleibt in der Regel der gleiche	bleibt in der Regel der gleiche

15 Begleitung und Harmonisierung einer Melodie

Behandlung der Mittelstimme bei akkordfremden Tönen.
a) Sehr geschmeidig klingt es, wenn die Mittelstimme so behandelt wird, dass der Abstand zur Oberstimme *vor*, *während* und *nach* dem akkordfremden Ton jeweils eine *Terz*, jeweils eine *Sexte* oder jeweils eine *Dezime* beträgt. Es sollten also drei gleiche Intervalle hintereinander erklingen (Beispiel a).
b) Weniger geschmeidig, aber möglich, ist es, wenn von den in a) genannten Intervallen wenigstens zwei hintereinander erklingen; es sollten also entweder *vor* und *während* oder aber *während* und *nach* dem akkordfremden Ton jeweils eine *Terz*, *Sexte* oder *Dezime* erklingen (Beispiel b).
c) Es ist auch möglich, beim akkordfremden Ton die bisherigen Töne liegen zu lassen bzw. zu wiederholen. Dies kann allerdings zu starken Dissonanzen führen (Beispiel c).

Erste Umkehrung von Hauptdreiklängen

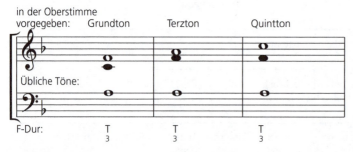

Bei der ersten Umkehrung können bei akkordfremden Tönen starke Dissonanzen auftreten.

Die zweite Umkehrung eines Dreiklangs ist ein dissonanter Akkord. Er kann nur nach bestimmten Regeln verwendet werden (→ 2.7 *Vorhaltsquartsextakkord vor der Dominante*).

Erste Umkehrung des Dominantseptakkordes

Beim Dominantseptakkord in der ersten Umkehrung ist der Terzton in der Oberstimme nicht möglich, da eine Terztonverdopplung bei dominantischen Akkorden nicht erlaubt ist. Liegt der Quintton in der Oberstimme, muss in der Dreistimmigkeit auf den Grundton verzichtet werden (→ 2.7 *verkürzter Dominantseptakkord*).

15.2 Aussetzen im dreistimmigen Satz bei vorgegebener Harmonik

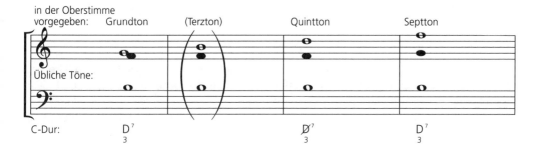

Besonderheiten bei Moll

Im Mollgeschlecht gelten die gleichen Regeln wie in Dur. Es ist hier jedoch zu beachten, dass leicht übermäßige oder verminderte Sprünge auftreten, die sehr schwer zu singen sind. Dies ist besonders bei der Folge s – D (Mollsubdominante – Dominante) der Fall (Beispiel a). Solche Sprünge können oft durch Verwendung des Dominantseptakkordes vermieden werden (Beispiel b).

Ein Problem stellt die Verwendung der verschiedenen Molltonleitern in der Mittelstimme bei akkordfremden Tönen dar. Als Prinzip kann gelten, dass immer solche Ausschnitte zu wählen sind, in denen keine übermäßigen Sprünge vorkommen (Beispiel c).

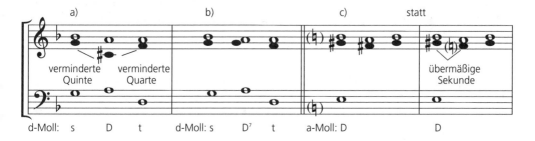

15.3 Hinweise zur Klavierbegleitung mit Akkorden

Lage der Töne

Für eine Klavierbegleitung mit Akkorden bietet sich folgende Möglichkeit an: Die linke Hand spielt den Baßton, die rechte greift dreistimmige Akkorde, deren Töne eng beisammen liegen. Insgesamt erklingen also vier Stimmen in (→ 2.3) *enger Lage*. Die Akkorde der rechten Hand sollten so positioniert werden, dass die Oberstimme möglichst wenige Sprünge aufweist.

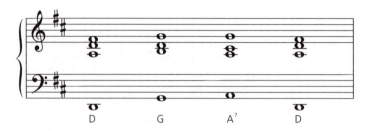

Begleitmuster

Die Akkorde können rhythmisiert, (→) *gebrochen* sowie in der linken und rechten Hand mit kleinen Melodien versehen werden. Von den zahllosen Möglichkeiten der Begleitmuster sind im Folgenden einige markante aufgezeichnet. Sie eignen sich besonders für Lieder aus dem Jazz, Rock und Pop.

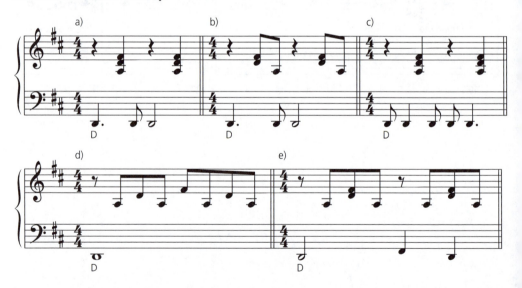

15.4 Zur Harmonisierung einer Melodie

Unter der **Harmonisierung** einer Melodie versteht man die Zuordnung von Akkorden zu ihr. Die folgenden Ausführungen gelten somit für Melodien ohne Harmonisierung; sie können aber auch dazu verhelfen, eine vorgegebene Harmonisierung zu verändern.

Zur Vorgehensweise

- ∞ Zunächst muss man sich entscheiden, ob man **Akkordsymbole** oder (→) **Funktionszeichen** verwenden soll. Für Akkordsymbole spricht die schnellere Lesbarkeit, für Funktionszeichen die leichtere *Transponierbarkeit*.
- ∞ Zweckmäßig für die Harmonisierung einer Melodie ist die **Verwendung von Harmonieinstrumenten** (Klavier, Gitarre). Eine Möglichkeit besteht darin, die Melodie zu singen und auf einem Harmonieinstrument verschiedene Akkorde auszuprobieren. Bei der Benutzung eines Klaviers kann die Melodie auch von der rechten Hand übernommen werden, wobei in der linken Hand vollständige Drei- bzw. Vierklänge gespielt werden. Es ist auch möglich, in der linken Hand nur den Basston zu verwenden, also insgesamt zweistimmig zu spielen.
- ∞ Es ist sinnvoll, zunächst mit Hauptdreiklängen in der Grundstellung zu harmonisieren und diese Akkorde anschließend gegebenenfalls mit Zusatztönen zu versehen (D^7, S^6, S^6_5), Umkehrungen zu verwenden, Nebendreiklänge einzufügen bzw. Akkorde zu ersetzen.

Ort des Harmoniewechsels

Der Harmoniewechsel hängt entscheidend vom Tempo ab. Er erfolgt in der Regel auf (→) *stark betonten Zählzeiten*, zuweilen auch auf (→) *schwach betonten Zählzeiten*. Nur selten erfolgt ein Harmoniewechsel auf einer unbetonten Zählzeit.
Anmerkung: Man sollte möglichst keine *Akkorde vorwegnehmen*, d. h. vermeiden, auf unbetonter Zählzeit den Akkord zu wechseln und anschließend keinen Wechsel auf betonter Zählzeit vorzunehmen (Beispiel a auf der folgenden Seite).

Anmerkung: Lange Noten können mit zwei verschiedenen Akkorden harmonisiert werden, insbesondere am Schluss von Abschnitten mit subdominantischem (S, S^6) und dominantischem (D, D^7) Akkord (Beispiel b auf der folgenden Seite).

15 Begleitung und Harmonisierung einer Melodie

Schwere und leichte Akkordwechsel beachten

Es gibt *schwere* und *leichte* Akkordwechsel. In einem **schweren Akkordwechsel** vollzieht die Unterstimme einen Quart- oder Quintschritt nach unten oder oben, wobei der Akkord wechselt und beide Akkorde in Grundstellung stehen (Beispiel a).
In einem **leichten Akkordwechsel** bewegt sich die Unterstimme stufenweise oder bei gleichbleibender Funktion in einem Terzsprung (Beispiele b).
Dementsprechend gibt es Abstufungen, die als *mittelschwere Akkordwechsel* bezeichnet werden können (Beispiel c).

Schwere Akkordwechsel sollten auf *stark betonten Zählzeiten* erfolgen, *leichte Akkordwechsel* auf *schwach betonten* oder *unbetonten*. Schwere Akkordwechsel sollten nicht zu häufig und zu schnell hintereinander erfolgen.

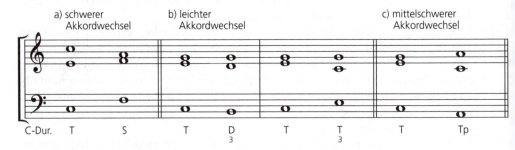

Entwicklung / Steigerungen

Beginn. Die Harmonik sollte zu Beginn eher einfach sein und allmählich komplexer werden. Daher ist es zweckmäßig, mit einem langsamen (→) *harmonischen Rhythmus* zu beginnen und ihn allmählich zu steigern. Üblicherweise beginnt man mit der Tonika, die in der Regel in Grundstellung steht. Werden im ganzen Stück im Wesentlichen nur die Hauptdreiklänge verwendet, bietet sich als zweiter Akkord die Dominante an. Die Subdominante wird in diesem Fall später zur Steigerung eingesetzt. – Am Anfang kann auch ein (→) *Orgelpunkt* liegen.

Am **Schluss von Abschnitten** sollten Grundstellungsakkorde verwendet werden; hier ist auch der Dominantseptakkord zu vermeiden, da er zu spannungsreich ist.

Schlusswendungen. Am Schluss des Stückes erklingt üblicherweise eine (→) *Kadenz* oder ein (→) *Ganzschluss*. Selten wird ein Stück mit einem anderen Akkord als der Tonika enden. *Schlusswendungen* außerhalb von Schlüssen sind zu vermeiden.

15.4 Zur Harmonisierung einer Melodie

Dominantseptakkord (D^7)

Man kann den Dominantseptakkord nur dann verwenden, wenn die Auflösung des Septtones, also die Weiterführung in einem Sekundschritt nach unten, gewährleistet ist. Folgende Harmonisierung ist also nicht möglich, da der Septton nach oben weitergeführt wird:

Nicht möglich:

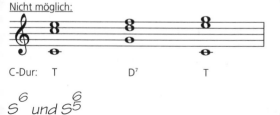

C-Dur: T D^7 T

S^6 und S^6_5

Man kann zwischen S, S^6 und S^6_5 beliebig wechseln. Dies gilt nicht als Akkordwechsel.

Akkordfremde Töne

Bei der *Harmonisierung* sollten möglichst einfache akkordfremde Töne entstehen, also selten (→) *springende Nebennoten*.

Beim *Vorhalt* soll sich der Auflösungston noch nicht im Vorhaltsakkord befinden (Beispiel a). Eine Ausnahme davon bildet der Vorhalt vor dem Grundton (Beispiel b). Vorhalte können auch in der Mittelstimme verwendet werden; beliebt ist der Quartvorhalt (Beispiel c).

a) ungünstig   b) möglich   c) Quartvorhalt

Erste Umkehrung von Dreiklängen

Die Verwendung der *ersten Umkehrung von Dreiklängen* kann eine Harmonisierung sehr abwechslungsreich gestalten. Die *erste Umkehrung eines Dreiklangs* kann fast immer anstelle der Grundstellung stehen. Man beachte aber, dass hier die Einbeziehung von akkordfremden Tönen zu starken Dissonanzen führen kann. Umkehrungen können verwendet werden, um Terztöne der Mittelstimme zu vermeiden, die zu tief wären:

statt:

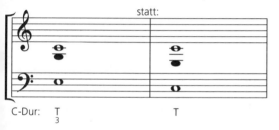

C-Dur: T_3 T

Nebendreiklänge

- Nebendreiklänge sind oft als Vertreter von Hauptdreiklängen aufzufassen. Man kann also einfache Akkordfolgen abwechslungsreicher gestalten, indem man statt der Hauptdreiklänge die entsprechenden Vertreter verwendet: Sehr häufig kann anstelle der IV. die II. Stufe verwendet werden.
- Häufige Akkordfolgen in Dur und Moll sind: I – VI – IV und I – III – IV.
- Eine beliebte Akkordfolge in Dur und Moll ist: I – VI – II – V, im Jazz auch *Turnaround* oder *1625er* genannt.
- Im Moll sind Nebendreiklänge häufiger als in Dur. Als Schlussakkord eines Mollstückes ist auch ein Durakkord möglich.
- Der leitereigene 7. Tonleiterton im Mollgeschlecht sollte nicht mit der Molldominante harmonisiert werden, sondern mit der III. oder VII. Stufe.

Weiterführende Literatur:
Andreas, Heide und Günter Friedrichs: Harmonielehre. 3 Bände: Sachteil, Aufgabenteil und Lösungsheft. Hamburg: Karl Dieter Wagner, 1986.

16 Vertonung eines Textes

Im Folgenden werden Hinweise dafür gegeben, wie ein Text in durmolltonaler Harmonielehre vertont werden kann. Zunächst wird dargelegt, wie man den Rhythmus gestalten kann. Beim Komponieren braucht man natürlich nicht in dieser Weise vorzugehen.

16.1 Einfache Rhythmisierung von regelmäßigen Zeilen

„Natürlichen" Rhythmus suchen

Definitionen (Versmaße, Regelmäßigkeit, natürlicher Rhythmus). Im Allgemeinen besitzt ein Liedtext ein *Versmaß*. Ein Text besitzt ein **Versmaß**, wenn die Abfolge von betonten und unbetonten Silben relativ regelmäßig ist. Die verschiedenen Versmaße ergeben sich aus der unterschiedlichen Abfolge von betonten und unbetonten Silben. Nachstehend sind von den gebräuchlichen Versmaßen die Grundelemente dargestellt, die sich in einer Zeile mehrfach wiederholen. Betonte Silben werden durch das Zeichen „/", unbetonte durch „∪" markiert.

Bezeichnung	Zeichen
Trochäus	/ ∪
Jambus	∪ /
Daktylus	/ ∪ ∪
Anapäst	∪ ∪ /

Zeilen sollen **regelmäßig** heißen, wenn ihr Versmaß streng beibehalten wird. Solche Zeilen besitzen einen weitgehend eindeutigen **„natürlichen" Rhythmus**, also einen solchen, der sich beim Sprechen von selbst einstellt.

Zuordnung zu Notenwerten. In Liedern ist in der Regel einer Silbe ein bestimmter Notenwert zugeordnet. Zumeist ist dies eine Viertel- oder Achtelnote. Für die Rhythmisierung ist die Zuordnung der Silbe zur Viertelnote die einfachste Version.

Wahl der Taktart. Diese Zuordnung führt bei regelmäßigen Zeilen zu bestimmten *Taktarten*. Beim *Trochäus* und *Jambus* ergibt sich eine (→) *gerade Taktart* (z. B. 2/4-Takt oder 4/4-Takt). Beim *Daktylus* und *Anapäst* ergibt sich eine (→) *ungerade Taktart* (beispielsweise 6/8- oder 6/4-Takt). Die genaue Wahl der Taktart hängt davon ab, welcher Notenwert einer Silbe zugeordnet wird.

Zweckmäßig für die Vertonung eines Textes sind die im folgenden Schema genannten Taktarten. Bei diesen ergeben sich pro Zeile 2 Takte. Natürlich sind auch andere Taktarten möglich, beispielsweise bei c) und d) auch der 3/4-Takt.

16 Vertonung eines Textes

Vollständige Takte und Zweitaktgruppen. Zu beachten ist, dass bei der Rhythmisierung oft am Ende einer Zeile eine Pause steht. Wenn z. B. eine Zeile vier betonte Silben aufweist, ist diese Pause relativ kurz – wie in der ersten Zeile von Beispiel a). Wenn eine Zeile nur drei betonte Silben aufweist – wie in der zweiten Zeile von Beispiel a) –, so ist die Pause länger, und zwar so lange, bis der Takt „aufgefüllt" ist.

Eine Zeile wird in der oben genannten Zuordnung immer in zwei Takten vertont. Werden andere Taktarten verwendet, ergibt sich eine andere Anzahl von Takten für diese Zeile (z. B. vier Takte oder ein Takt). Bei Liedern ist somit die (→) *Taktgruppengliederung* sehr deutlich.

Schema

Versmaß	Text	Betonungen	Übertragung m. d. Zuordnung einer Silbe zu einer Viertel	Übertragung m. d. Zuordnung einer Silbe zur Achtel
a) Trochäus	Füllest wieder Busch und Tal, Still mit Nebelglanz, (Goethe)	/ ᴗ / ᴗ / ᴗ / / ᴗ / ᴗ /	4/4:	2/4:
b) Jambus	Am Brunnen vor dem Tore, da steht ein Lindenbaum	ᴗ / ᴗ / ᴗ / ᴗ ᴗ / ᴗ / ᴗ /	4/4:	2/4:
c) Daktylus	Ännchen von Tharau ist's, die mir gefällt, Sie ist mein Leben, mein Gut und mein Geld. (Volkslied)	/ᴗᴗ/ᴗᴗ/ᴗᴗ/ /ᴗᴗ/ᴗᴗ/ᴗᴗ/	6/4:	6/8:
d) Anapäst	Übers Jahr, übers Jahr, wenn der Frühling dann kommt	ᴗᴗ/ᴗᴗ/ᴗᴗ /ᴗᴗ/	6/4:	6/8:

Steht zu Beginn eines Gedichtes ein (→) *Auftakt*, enthält in der Regel jeder Vers des Gedichts ebenfalls einen Auftakt. In solchen Fällen erfolgt am Ende einer Zeile kein Taktstrich (siehe Beispiel b).

Man kann für die Rhythmisierung von zwei Zeilen also folgende beide Grundschemata aufstellen. Die Klammern zu Beginn einer Zeile bedeuten mögliche Auftakte. Da die Verse unterschiedlich lang sein können, sind Noten am Ende der Zeilen jeweils eingeklammert.

Trochäus und Jambus im 4/4-Takt:

Erste Zeile: (♩) | ♩ ♩ ♩ ♩ | ♩ (♩) (♩) (♩) |

Zweite Zeile: (♩) | ♩ ♩ ♩ | ♩ (♩) (♩) (♩) |

16.1 Einfache Rhythmisierung von unregelmäßigen Zeilen

Daktylus und Anapäst im 6/4-Takt:

Erste Zeile: (♩) | ♩♩♩♩♩♩ | ♩ (♩) (♩) (♩) (♩) (♩) |

Zweite Zeile: (♩) | ♩♩♩♩♩♩ | ♩ (♩) (♩) (♩) (♩) (♩) |

Diese Grundschemata gelten für Verse bis höchstens vier betonte Silben. Wenn mehr betonte Silben auftreten, kann ein Schema entsprechend auf vier Takte erweitert werden.

Veränderung des „natürlichen Rhythmus" durch andere Taktart

Es ist leicht möglich, Zeilen, deren „natürliche" Taktart eine gerade ist, in einer ungeraden Taktart zu rhythmisieren, und umgekehrt. Man kann im oben genannten Beispiel folgendermaßen vorgehen:

    Fül-lest wie-der Busch und Tal,

6/4: ♩ ♩ ♩ ♩ | ♩ ♩ ♩ 𝄽 |

Man dehnt hier die betonte Silbe auf den doppelten Wert.

Entsprechend geht man im anderen Beispiel vor:

    Änn-chen von Tha-rau ist's, die mir ge-fällt,

4/4: ♩ ♪ ♪ ♩ ♪ ♪ | ♩ ♪ ♪ ♩ 𝄽 |

Hier halbiert man den Wert der beiden unbetonten Silben.

16.2 Einfache Rhythmisierung von unregelmäßigen Zeilen

Unregelmäßige Zeilen sind solche, die keine regelmäßige Folge von betonten und unbetonten Silben aufweisen.

Sind „zu viele" Silben vorhanden, müssen Notenwerte verkürzt werden:

    Ein Jüng-ling liebt ein Mäd-chen, die hat ei-nen an-dern er-wählt. (Heine)

4/4: ♩ | ♩ ♩ ♩ ♩ ♩ | ♩ ♩ 𝄽 ♩ | ♩ ♪ ♪ ♪ ♪ | ♩ |

„Fehlt" eine Silbe, so sind Silben zu dehnen:

    Erl - kö - nig hat mir ein Leids ge-tan. (Goethe)

6/4: ♩ ♩ ♩ ♩ ♩ ♩ | 𝅗𝅥 ♩ ♩ 𝄽 |

16.3 Veränderung von Tondauern gegenüber der einfachen Rhythmisierung

Eine einfache Rhythmisierung mit gleichen Tondauern ist auch bei interessanter Melodie auf die Dauer eintönig. Zur Abwechslung können unterschiedliche Tondauern und (→) *Melismen* verwendet werden. Beide Methoden können zur Textausdeutung herangezogen werden.

a) *Punktierung*

Eine einfache Form der Abwechslung ist die Verlängerung eines Notenwertes durch (→) *Punktierung* und die entsprechende Verkürzung der folgenden Note (Beispiel a).

b) *Verdopplung und Haltebogen*

Ein Notenwert kann auch durch *Verdopplung* und mittels eines *Haltebogens* verlängert werden. Dementsprechend sind die folgenden Notenwerte zu verkürzen (Beispiel b). Eine solche Art von Verlängerung ist besonders an einem Zeilenende angebracht, um die folgende Pause zu verkürzen.

c) *Vorgezogene Noten*

Während für die oben genannten Methoden gilt, dass ein Ton „nach hinten" verlängert wird, sind **vorgezogene Noten** „nach vorne" verlängert. Notenwerte, die um eine Achtel vorgezogen sind, sind typisch für Jazz, Rock und Pop. *Vorgezogene Noten* sind (→) *Synkopen*; sie beleben den Rhythmus (Beispiel c).

d) *Pausen*

Es empfiehlt sich, jeweils an das Ende einer oder zweier Zeilen eine **Pause** zu setzen, um das Atmen zu erleichtern. Man kann auch innerhalb eines Verses eine *Pause* machen. Eine *Pause* entsteht, indem Töne verkürzt werden (Beispiel d). Durch eine solche kann der Text ausgedeutet werden, z. B. das Fehlen oder die Leere.

e) Verlängerungen von Tondauern durch Taktverlängerung oder neuen Takt

Man kann einen Notenwert verlängern, ohne die folgenden Töne zu verkürzen; dadurch entsteht ein längerer Takt, sodass ein Taktwechsel oder ein neuer zusätzlicher Takt nötig ist. Dies wird zumeist am Zeilenende geschehen (Beispiel e).

f) Melismen

Zur Auflockerung des Rhythmus eignen sich besonders (→) *Melismen*. Es empfiehlt sich, zu Beginn einer Komposition weniger und kleinere Melismen zu verwenden und deren Häufigkeit und Länge im Verlauf des Liedes allmählich zu steigern. Melismen eignen sich auch zur Textausdeutung: Man kann verschiedene Arten von Bewegungen ausdeuten, z. B. Wellen oder Meer (Beispiel f).

16.4 Zur Melodik (die Tonhöhen betreffend)

Zur Wahl der Tonart

Die Tonart kann zu Beginn oder während des Kompositionsvorgangs endgültig festgelegt werden. Für ihre Wahl ist die Besetzung und somit der Umfang der Stimmen von Bedeutung. Zu beachten ist des Weiteren, ob die Melodie am Ende einen hohen Grundton erreichen soll. Wenn für Vokalstimmen mit Alt gesetzt wird, sollte dieser den Terzton der Tonika singen können.

Zum Verlauf der Melodie

- Am besten fängt man mit einem Dreiklangston der Tonika in der Mittellage an.
- Allmählich weite man den (→) *Tonraum* nach oben und unten aus.
- Man vermeide Tonwiederholungen und Kreisen in einem engen Tonraum.
- Man bedenke, dass leiterfremde Töne schwer zu harmonisieren sind.
- Wichtige Silben des Textes betone man durch hohe Töne.
- Am **Ende eines Abschnittes** sollte man nicht auf dem Grundton landen, da dies eine Schlusswirkung erzielt. Den Schluss erreicht man am besten stufenweise. Wenn es eine Strophe mit Refrain gibt, sollte das Ende derselben nicht mit dem Grundton enden.
- Beim **Komponieren in Moll** ist darauf zu achten, dass der 6. und 7. Tonleiterton erhöht werden können. Diese sind so zu wählen, dass übermäßige Sprünge vermieden werden.

Zu *Formen* von *Liedern* und *Songs* siehe 9.4.1.

Weiterführende Literatur:
la Motte, Diether de: Wege zum Komponieren: Ermutigung und Hilfestellung. Kassel: Bärenreiter, 1996.
Schoenberg, Arnold: Grundlagen der musikalischen Komposition. 2 Bände: Text und Notenbeispiele. Wien: Universal Edition, 1967.

Anhang

Einfache Gitarrengriffe

1 – 4: Zeigefinger, Mittelfinger, Ringfinger, kleiner Finger
x: Saite wird nicht gezupft oder geschlagen

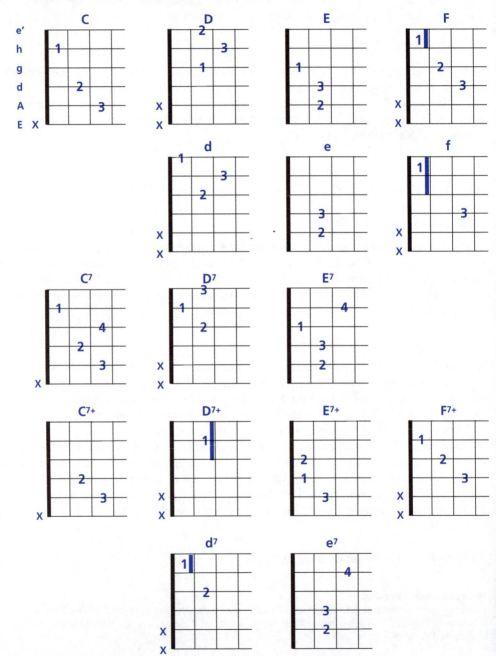

Einfache Gitarrengriffe

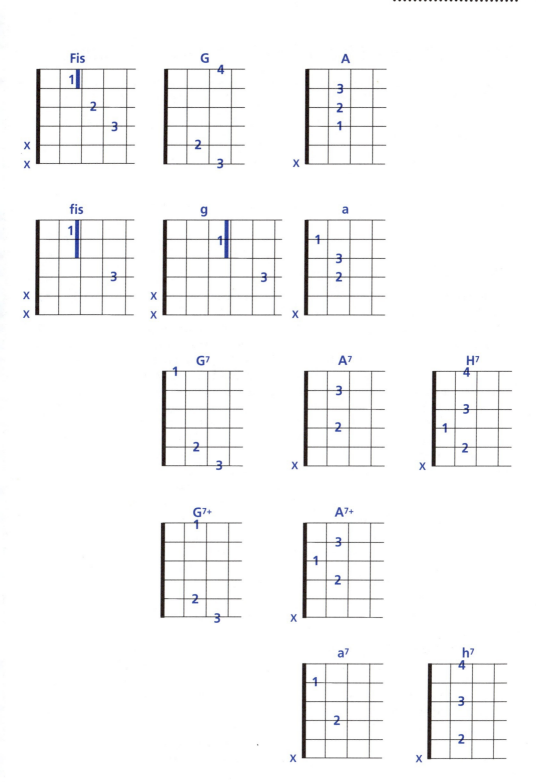

Anhang

Weiterführende Musiklexika in Taschenbuchformat

Brockhaus Riemann Musiklexikon in vier Bänden und einem Ergänzungsband. Herausgegeben von Carl Dahlhaus und Hans Heinrich Eggebrecht. Mainz: Schott, ²1995.

Meyers Taschenlexikon Musik in 3 Bänden. Herausgegeben von Hans Heinrich Eggebrecht. Mannheim, etc.: Bibliographisches Institut, 1984.

Michels, Ulrich: dtv-Atlas zur Musik. Band 1 (Systematischer Teil, Historischer Teil: Von den Anfängen bis zur Renaissance). München: dtv, 1977.

Michels, Ulrich: dtv-Atlas zur Musik. Band 2 (Historischer Teil: Vom Barock bis zur Gegenwart). München: dtv, 1985.

Personenregister

Komponisten

Bach, Johann Sebastian (1685–1750) → S. 56, *118, 123, 124, 132,* 141, *150,* 152, 155, 159, *163,* 170, 171, 176, 180, 181, 185, 186, 188

Banchieri, Adriano [baŋki'ɛri] (1568–1634) → S. 153

Bartók, Béla (1881–1945) → S. 164

Beethoven, Ludwig van (1770–1827) → S. 59, *116, 118, 125, 127,* 133, *140,* 145, 146, 148, 159, 182, *183, 185*

Bernstein, Leonard (1918–1990) → S. 168

Brahms, Johannes (1833–1897) → S. *115*

Bruckner, Anton (1824–1896) → S. 179

Charpentier, Marc-Antoine [ʃarpɑ̃'tje:] (1634–1704) → S. *113*

Corelli, Arcangelo (1653–1713) → S. *126*

Gershwin, George (1898–1937) → S. 126, 169

Grieg, Edward (1843–1907) → S. 177

Händel, Georg Friedrich (1685–1759) → S. 163, 169

Haßler, Hans Leo (1564–1612) → S. *179*

Haydn, Joseph (1732–1809) → S. *126,* 146, 169

Lasso, Orlando di (1532–1594) → S. *125*

Liszt, Franz (1811–1886) → S. 180

Mahler, Gustav (1860–1911) → S. *184,* 186, 187

Mendelssohn Bartholdy, Felix (1809–1847) → S. 159, 177

Mozart, Wolfgang Amadeus (1756–1791) → S. *114, 121,* 131, *136,* 138, 148, 168, *183, 184*

Mussorgskij, Modest (1839–1881) → S. 179, 181

Offenbach, Jacques (1819–1880) → S. 168

Palestrina, Giovanni Pierluigi da (um 1525–1594) → S. 188

Puccini, Giacomo [pu'tʃi:ni] (1858–1924) → S. *100*

Ravel, Maurice [ra'vɛl] (1875–1937) → S. 179

Schönberg, Arnold (1874–1951) → S. 133

Schubert, Franz (1797–1828) → S. 157, 158

Schumann, Robert (1810–1856) → S. 159, *186*

Strauß, Johann (Sohn) (1825–1899) → S. 168

Strawinsky, Igor (1882–1971) → S. 169

Süßmayr, Franz Xaver (1766–1803) → S. 179

Tschaikowsky, Piotr (1840–1893) → S. 176

Verdi, Giuseppe (1813–1901) → S. 176

Vivaldi, Antonio (1678–1741) → S. 143

Wagner, Richard (1813–1883) → S. 187

Weber, Carl Maria von (1786–1826) → S. *184,* 187

Dichter

Gerhardt, Paul (1607–1676) → S. 179

Neumeister, Erdmann (1671–1756) → S. 170

Instrumentenbauer

Amati, Nicola (1596–1684) → S. 74

Guarneri, Giuseppe Antonio (1698–1744) → S. 74

Mälzel, Johann Nepomuk (1772–1838) → S. 16

Moog, Robert (1934) → S. 96

Sax, Adolphe (1814–1894) → S. 88

Schnitger, Arp (1648–1719) → S. 92

Silbermann, Andreas (1678–1734) → S. 92

Silbermann, Gottfried (1683–1753) → S. 92

Stradivari, Antonio (um 1644–1737) → S. 74

Sachregister

8 va bassa --- 10
8 va --- 10
AAD 64
Abgesang 136
Abspaltung 116
a cappella 101
accelerando 16
Accompagnato-Rezitativ **132**, 167
adagio 16
ADD 64
Aërophon 65, 81
äolisch 45
Affekt 140, **183**,
Afuché 70
agitato 17
Agnus Dei 171
Agogik 128
Agogo Bells 70
Akkolade 99
Akkord **32 ff**, 74
–, gebrochener 20
Akkordeon 89
akkordeigener Ton 33
akkordfremder Ton **33**, 193, 199
Akkordsymbol 197
Akkordwechsel 198
Akt 166
Akustik 50 ff
Alla-breve-Takt 29
allegretto 16
allegro 16
Allemande 160, **174**
Alt 98
Althorn 85
Altschlüssel 11
Amplitude 53
analog 60 f
Analog-Digital-Wandler 60
Analyse, musikalische 109
Anapäst 201
andante 16
Antizipation 193
appassionato 17

arco 73
Arie 142, 146, **167**, 170
Arioso 130, **159**, 167, 170
arpa 100
Arpeggio 20
Arrangement **178**, 180
Artikulation 15
Artikulationswerkzeug 97
assai 17
Atemmuskulatur 97
a tempo 16
Aufführung im Gottesdienst 166
Aufführungsart 166
Aufführungspraxis 106 ff
Aufführungspraxis, historische 80, 89, 99, **108**
Auflösungszeichen 12
Auftakt **30**, **191**, 202
Auftritt 166
Aufzeichnung, optische 62
Aufzug 166
Augmentation 151
Ausdruck 183
Ausdrucksbezeichnung 17
Aussetzen im dreistimmigen Satz 188
Ausweichung **120**, 122
Autograph 181

Bachtrompete 84
Bagatelle 159
Balalaika 76
Balken **12**, 25
Ballett **173 ff**, 182
Bandaufzeichnung, digitale 62
Bandoneon 89
Banjo 76
Barform 136
Bariton (Instrument) 85
Bariton (Stimmlage) 98
Barock (ca. 1600 – ca. 1730) 134 ff
Barré-Griff 74
bass drum 67

Bass 98
Basso ostinato 155
Bassschlüssel 9
Basstuba 83, **84**, 85, 97
Be 11
Beantwortung (reale, tonale) 150
Bearbeitung von Musik 178 ff
Becken 67
Benedictus 171
Berührung einer Tonart 120
Besen 66
Besetzung **101**, 135
Big Band 103
Bindebogen **14**, 23
Binnenzwischenspiel 150
Bläserquintett 103
Blasinstrumente 65, **81 ff**
Blechblasinstrumente 81, **82 ff**
Blockflöte **85 f**, 91, 96
Bogen 72, **73**
Bogenrondo 137
Bongo 69
Bourrée 160
Bratsche 73
Bruststimme 98
Bühnenmelodram 133
Bühnentanz 173
Bund 72 ff
bundlos 75

Cabasa 70
cantabile 17
Cantus-Firmus-Variation 139
CD **62**, 63
Celesta **71**, 100
Cello 73
Cembalo 79 f
Chaconne 155
Charakter 29, **183**
Charakterstück 113, **159**, 182
Charaktervariation 139
Charleston 175
Chochalho 70

209

Chor 99, **101**, 142, **168**, 170
Choral **157**, 170
–, evangelischer 187
Choralvorspiel 159
Chordophon 65, 71 ff
Choreographie 173, **176**
chorisch (besetzt) **101**, 102
Chorus 75
Chromatik **115**, 186
clarone 100
Claves 69
Clavichord 78
Coda 19, **113**, 144, 146
col legno 73
colla parte 126, 155
Combo 104
con brio 17
con fuoco 17
con moto 17
con sordino 73
Concerto grosso 162
Conga 69
cornetto 85
corno 100
corno inglese 100
Countertenor 99
Couplet 137
Courante 160, **174**
Cover-Version 181
Cow-Bell 69
Crash-Becken 69
Credo 171
crescendo 17
cymbal 67

D⁷ → Dominantseptakkord
da capo 18 f
Dacapo 106, 141
Dacapo-Form der barocken
  Vokalmusik 112, 134
Dacapo-Form 141 f
Daktylus 201
dal segno al fine 19
Dal-Segno-Form 142
Dämpfer 73, 83

Dämpferpedal 80
DAT **62**, 63
dB (A) 53
DDD 64
decrescendo 17
Detailform 110
Deutung 109
Dezibel (dB) 53
Dezime 31
diatonisch 43
digital 60 ff
Digital-Analog-Wandler **61**, 92
diminuendo 17
Diminuition 151
Dirigierfiguren 30
Diskothek 59
dissonant 31, **33**, 46
Dissonanz 186
Divertimento 165
dolce 17
Dominante 40
Dominantseptakkord 46, 49, 192, 194
Doppel-Be 11
Doppeldominante 49
Doppelfuge 152
Doppelgriff 73
Doppelhorn 84
Doppelkonzert 162
Doppelkreuz 11
Doppelschlag 20
Doppelstrich 18
Doppelvorzeichen 11
dorisch 44
Dreiertakt 29
Dreiklang **32 f**, **39**, 123
Dreiklangsmelodik 115
dreistimmig 34
Dreiteiligkeit 112
Drumcomputer 95
Drumset 68 f
Duett 101
Duo 103
Duodezime 31
Duole 15

Durchführung **15 f**, 144, **145 ff**
Durchgang(snote) 193
durchimitiert 153
durchkomponiert 157
Durdreiklang 32
Dur-Tonleiter 37
durverwandt 45
Dynamik 128
Dynamikangaben 16 f

E-Bass **75**, 93, 97
Edition 181
Effekte 64
Effektgerät 63, **75**
E-Gitarre 75
Einleitung, langsame 128, 144
Einsatz, überzähliger 150
Einzelpaartanz 173 ff
Elektrobass **75**, 93, 97
Elektrogitarre **75**, 93
Elektronenorgel 93
Elektrophon 65, 92 ff
Engführung 152
Englisch Horn **88**, 184
enharmonische Verwechslung 12
Ensemble **101**, 142, **168**, 170
Entwicklung 114
E-Orgel 93
Episode 142
Ereignisdichte 118
Erinnerungsmotiv 187
Erstdruck 181
espressivo 17
Expander 94
Exposition 144, **145**, **150**

Fagott 11, 87, **88**, 96
Fähnchen 12
Falsett 98
Falsettist **99**, 108
Fantasia 158
Faulenzerzeichen 22
Fender-Piano 93
Fenster, ovales 57
Fenster, rundes 57

Sachregister

Fermate **16**, 18, 141
Figuralvariation 139
Filmmusik 182, 187
Finale 168
fine 18
Fis-Klappe 96
Flageolett **73**, 74
flauto 100
Flöte 85 f
Flöteninstrumente 85 f
Flügel 80
Form (eines Musikstücks) 134 ff
fortepiano 17
Frauen 108
freie Form 134
Frequenz 52
fretless 75
Fugato **126**, 154
Fuge 112, 121, 126 f, **149**, 154, 158, 160, 163
Fünfklang 36
fünfstimmig 34
Funktionsbezeichnung 40, **48**, 197
Fußmaschine 69

Gambe 74
Ganzschluss 113, **120**, 145
Ganztonleiter 43
Ganztonschritt **11**, 31
Gattung **134**, 166 ff
Gavotte 160
gebrochener Dreiklang 33
gebundene Musik 130, 167
Gehör 59
Gehörknöchelchen 56
Geige 51 f, **73**
General MIDI 95
Generalpause **117**, 145
Geräusch 52
Gerüstton 115, **139**
geistlich 179
Gesamtausgabe 181
gesanglich angelegt 115
Gesellschaftstanz 173 ff
Gestalt 111

Gigue 160, 161, **174**
Gitarre 74 **f**, 95, 97
Gitarrengriffe 206 f
Gleichgewichtsorgan 57
gleichstufig temperierte Stimmung 56
Gleitton 46
Glissando **21**, 84, 98
Glockenspiel 71
Gottesdienst 166
Gloria 171
gran cassa 100
grazioso 17
Griffbrett 72, 74
Griffschrift 96
Großform 110
Grundton 33
Gruppenkonzert 162
Gruppentanz 173 ff
Guiro 70
Gurke 70

Haarzelle 57
Hackbrett 78
Halbbarré-Griff **74**, 206 f
Halbschluss 120
Halbtonschritt **11**, 31, 56
Hall 63
Hals 72
Haltebogen **14**, 23, 204
Haltepedal 81
Hammer 56, 66
Hammerflügel 81
Hammerklavier 79, 80, **81**
Hammond-Orgel 93
Handlungsballett 176
Handtrommel 68
Harddisc recording 62, **64**
Harfe 20, **77**
Harmonielehre 188
Harmonieschema 105
Harmonik 119 ff, 124
Harmonikainstrumente 81, **89 ff**, 91
Harmonisierung 197

hartvermindert 35
Hauptdreiklang **40**, 191
Hauptsatz **145**, 146
Hauptthema 145, 146
Haupttonart 120
Herausgabe 181
Hi-Hat 69
Hilfslinie **10**, 23
Holzblasinstrumente 81
Holzblocktrommel 69, **70**
Homophonie 125
homorhythmisch 125
Hören, analytisches 109
Hörgerät 59
Hörschädigung 59
Horn **84**, 95, 96, 184
Hörnerv 57
Hörsturz 59

Idiophon **65**, 66
Imitation 126
imitatorisch 126
Improvisation 44, 45, **105**, 134, 158
instrumental angelegt 115
Instrumentalmusik 101
Instrumentation 128
Instrumente
 –, digitale 92
 –, elektromechanische 92 ff
 –, elektronische 92
 –, transponiert notierte 95
Interpretation 109
Intervall **31 f**, **55**, 76
Intonation **65**, 73, 189
intonationssicher 66
Introduktion 167
ionisch 45

Jambus 201
Jazz 26, 106, 181, 188, 196, 204
Jazz-Combo 104

Kadenz (Harmonik) 112, 113, **119**
Kadenz (Verzierung) **107**, 143

211

Kammerchor 101
Kammermusik **101, 103**, 146
Kammermusik-Ensemble 101
Kammersonate **161**, 162
Kammerton 53
Kanon 137, **148**
Kantate 170
Kapodaster 74
Kassation 165
Kastagnetten 68
Kasten 18
Kehlkopf 97 f
Kernspalte 86
Kettenrondo 137
Keyboard 75, 80, **94**
Kinnhalter 72
Kirchenlied 157
Kirchensonate 144, 152, **161**, 162
Kirchentonart 45
Kirchentonleiter 44 f
Klammer 18
Klanghölzer 69
Klangumfang 95 ff
Klarinette 87, **88**, 95, 96
Klavier 21, **80**, 97
Klavierauszug **179**, 180
Klaviertrio 103
klingend 95
Knaben 108
Kolophonium 73
Koloratur 117
Koloratursopran 99
konsonant 31, **33**, 46
Kontrabass **73**, 95, 97
Kontrabasstuba 84
Kontrafagott **88**, 95
Kontrafaktur 179
Kontra-Oktavlage 10
Kontrapunkt 150
Kontrapunkt, Lehre vom 188
Konzert 146, **162**
Konzert, vokales 162
konzertant 166
Konzertgitarre 74
Konzertmelodram 133

Konzertouvertüre 167
Kopfmotiv 151
Kopfstimme 98
Krebs 116
Kreuz 11
Krummhorn 89
Kuhglocke 69
Kunstlied 110, **157**
Kyrie 171

La bamba 175
Labialpfeife 91
labile Harmonik 124
Lage (enge, weite, gemischte) **34**, 196
Lambada 174, 175
larghetto 16
largo 16
Laute 75
Lautsprecher 60
Lautstärke → Dynamik
Lautstärkeempfinden 53
legato 15
Legatobogen 16
Leier 78
leitereigen 40
Leitmotiv 187
Leitton **38**, 42
lentissimo 16
lento 16
Leslie 75
Librettist 166
Libretto 166
Lied 156
Liedform **135 ff**, 148, **159**
Linie 9
Lippenpfeife 91
Live-Mitschnitt 63
Locomotion 175
lokrisch 45
Luftdruck 53
Luftsäule 54, 81
Lunge 97
lydisch 44

maestoso 17
maggiore **33**, 139
major 33
Mallet-Instrumente 70 f
Mandoline 76
Manual 90
Maracas 70
marcato 17
Marimbaphon 71
Master-Keyboard 94
Medley 180
Mehrspuraufzeichnung **62**, 63
Melisma, melismatisch 26, **117**, 184, 189, 204, 205
Melodie 114
Melodieinstrumente 70 ff
Melodik 115
Melodram **133**, 167
Melodrama 133
Membranophon **65**, 66
meno 17
Menuett 136 f, **147**, 160, **174**
Messe 171
Metallophon 71
Metronom 16
Mezzosopran 98
MIDI 95
Mikrofon 60, **63**
minor 33
minore **33**, 139
Mischpult 63
mitteltönige Stimmung 123
missa 171
mixoloydisch 45
Mixtur 92
moderato 16
Modetänze 175
Modulation **120**, 122
Molldreiklang 32
Moll-Tonleiter 40 ff
 –, natürliche 40
 –, harmonische 41
 –, melodische 41
mollverwandt 45
molto 17

212

Sachregister

Moment, rhythmisches 118
Moment Musical 159
Monochord **76**, 79
Mordent 20
mosso 17
Motette 154, **155**
motettisches Prinzip 154
Motiv 110, **114**, 151
motivisch-thematische Beziehung 116 f
Motivgruppe 114
Mundharmonika 90
Mundstück 82
Musical 168
Musikinstrument 65
Mutation 98

Nachsatz 113
Nachspiel 158
nächstverwandte Tonart **122**, 146
nahe verwandte Tonart 122
Nasen-Rachen-Raum 57
Naturton 82, 85, 95
 -reihe 54
 -Stimmung 95
Naturtrompete 82, **84**
Naturwaldhorn 84
Nebendreiklang, Nebenfunktion 47, **48**, 200
Nebennote, springende 193
None 31
Nonett 103
non legato 15
Nonole 15
non troppo 17
Notation, transponierte 95
Note 13 f
Notenschlüssel 9
Notensystem 9
Notturno 165

Oboe 87, **88**, 96, 108
Ohr 56 ff
Ohrgeräusch 59
Oktave **9**, 31

Oktavklappe **85**, 87
Oktavlage **9**, 12
Oktavloch 85
Oktett 103
Oktole 15
Oper 156, **166**
Operette 168, 175
Opernouvertüre (Opernsinfonia), neapolitanische **164 f**, 167
Oratorium 156, **169**
Orchester 73, 99, **102**
Orchestermesse 171
Orchestrierung 179
ordre 161
Orgel 82, **90 ff**
 –, elektronische 90, **93**
Orgelpunkt 123, 145, 151
ottavino 100
Ouvertüre 156, **167**, 176, 182
 –, französische 152, 156, 167

Panflöte 86
Parallelen 190
parallele Tonleiter 41, 49
Paraphrase 180
Parodie 180
parole sceniche 184
Partitur 99 f
Pascal 53
Passacaglia 155
Passion 170
Pauke 67, 97
Pause **13 f**, 23, 24, 111
Pedal 71, 77, 80 f, 90 f
Pedalstimme 78
pentatonisch 43
Percussion-Instrumente 69 f
Periode, periodisch 113, 135
Perkussionsinstrumente 66
Pfeifenorgel **90**, 93
Phrasierung 15
Phrasierungsbogen 16
phrygisch 44
piatti 100
Piccoloflöte **86**, 95, 96

Pits 62
più 17
pizzicato 73
Plektrum **74**, 76
Polyphonie 126
Popmusik 26, 63, 64, **181**, 188, 196, 204
Portamento 21
portato 15
Posaune 11, 21, 82, **84**, 108
Potpourri 180
Pralltriller 20
Präludium 144, 152, 156, **158**
prestissimo 16
presto 16
Prime 31
Prinzipal 91
Programm-Musik 159, 176, **182**, 187
psalmodierend 117
Puls 27 f
punktierte Note 14
pythagoreische Stimmung 56

Quadrupelfuge 152
Quarte 31
Quartett 101, 103
Quartole 15
Quartsextakkord 49, 107
Quartventil 84
Querflöte **85 f**, 96, 108
Quinte 31
Quintenzirkel 39
Quintett 101, 103
Quintsextakkord 36
Quintton **33**, 35

recitativo accompagnato 159
Refrain 135, **137**, 157
Register 80, 89, **91**, 93
registrieren 92
Reprise 106, **112**, 143, 144, **145**
Reprisenbarform **136**, 158
Resonanz **54**, 72

213

Resonanzboden 78
Resonanzkörper 54, **72**
Resonanzraum 97
Resonanzröhren 70
Rezitativ **130**, 159, 167, 170
Rhythmisierung 201 ff
Rhythmus 27
–, harmonischer 124
Rhythmusvariation 139
Rhythmik 117 f
Rhythmusinstrumente 67 ff
Ride-Becken 69
ritardando 16
Ritornell 140
Ritornellform der barocken
  Vokalmusik 134, 140, 167, 168
Ritornellform des barocken
  Konzertsatzes 112, 124, 127, 142,
  158
Rock Band 104
Rockmusik 26, 63, 64, 98, **104**, 106,
  181, 188, 196, 204
Rohrblattinstrumente 81, **87 ff**
Röhrenglocken **68**, 184
Romanze 138
Rondo 110, 113, **137**, 147, 158
rubato 128
Rumba 174 f
Rumbakugel 70

Sample 94
S^6 **46**, 192
S^6_5 **47**, 192
Saite 55, 72
Saiteninstrumente 65, **71 ff**, **78 ff**
Sakraltanz 173
Samba 174 f
Sambaglocken 70
Sample-Player **94**, 95
Sampler 94
Sanctus mit Benedictus 171
Sarabande 160, **174**
Satz **110**, 166
–, langsamer 146
–, tanzartiger 160

Satzdichte 127
Saxophon **88**, 96
S-Bogen 87
Schall 50
Schallaufzeichnung 61
Schalldruck 53
Schallgeschwindigkeit 51
Schallloch 72
Schallplatte 61
Schallübertragung 60 f
Schallwelle 50
Schauspielmusik 176
Schautanz 173
Scheineinsatz 151
Scheinreprise 145
Schellenring 68
Schellentrommel 68
Scherzo 137, **147**
Schlägel 66
Schlaginstrumente 66 ff
Schlagzeug 64 ff
Schlegel 66
Schlussstrich 18
Schlusswendung, harmoni-
  sche 49, **119**
Schlusswirkung **112**, 145
Schnecke (Ohr) 57
Schnecke (Geige) 72
Schnitt 64
Schrittmelodik 115
Schwebung 55
Schweller 92
Schwingungsdauer 52
Secco-Rezitativ **130**, 159
segno 19
Seitensatz **145**, 146
Seitenthema **145**, 146
Sekunde 31
Semantik, musikalische 182 ff
sempre 17
Septakkord 35
Septe 31
Septime 31
Septett 101, 103
Septnonakkord 36

Septole 15
Septton 35
Sequenz **116**, 151
Sequenzer 64, **94**
Sequenzierung 116
Serenade 161, **165**
Serpent 85
Sexte 31
Sextett 101, 103
Sextole 15
Sextton 36
sforzato 17, 186
Silbennotierung 26
simile 17
Sinfonia concertante 164
Sinfonia, neapolitanische 164
Sinfonie 146, **165**
Sinfonieorchester 102
Sinfonische Dichtung 146, 182
Singen 21, 65
Singspiel 168
Skala 37
Skalenmelodik 115
Snare drum 67
Soggetto 153
Soggetto-Form 152, **153**, 155
solistisch (besetzt) **101**, 103
Solo **101**, **103**, 142, **162**
Solo-Exposition 146
Solokonzert 162
Sonate 161
Sonatenform 164
Sonatenhauptsatzform 110, 121,
  122, 124, 127, 138, **144**, 147, 164
Sonatenrondo 138
Song 158
Sopran 98
sostenuto 17
Soundkarte 94
Soundmodul 94
Sousaphon 84
Spiritual 44
Springer 79
Sprungmelodik 115
Stabspiel 70

Sachregister

stabile Harmonik 124
staccato 14, **15**
Stammton **9**, 37, 44
Standardtänze 175
Steg 72
sticks 66
Stimmbänder 97
Stimmbruch 98
Stimme 101
stimmen 65
Stimmgabel 51
Stimmlage 98
Stimmlippe 98
Stimmstock 72
Stimmtausch 190
Stimmton 65
Stimmung **56**, 183
Stimmzug 83
Stöcke 66
Stollen 136
Streichinstrumente 21, **108**
Streichorchester 102
Streichquartett 103
Streichtrio 103
Stretta 128
stringendo 16
Stromstärke 60
Strophenform 156 f
Stufenbezeichnung 48
Stufenmelodik 115
Stürze **82**, 83, 87
Subdominante mit sixte ajoutée 47, 192
Subdominante 40
Subdominantunterklang 49
Suite 144, 156, 158, **160**, 174, 177
Suitensatzform **143**, 146, 158, 163
stufenweise 46
syllabisch 26, **117**, 131
Synphonie → Sinfonie
Synkope **118**, 184, 204
Synthesizer 93
Szene **132**, **166**, 167
szenisch 166

Takt 22, 24, **28**
Taktart 28
–, gerade 201
–, ungerade 201
–, unregelmäßige 30
Taktgruppengliederung **113**, 173, 202
Takthälfte 25
Taktnenner 28 f
Taktstrich 12
Taktwechsel 30
Taktzähler 28 f
Tamburin **68**, 69
tamburino 100
Tamtam 68
Tango 89, 174
Tanz 137, 168, **173**, **176**
Tänze, lateinamerikanische 174, 175
–, nicht getanzte 174
–, stilisierte 174
Tanzmusik 118
Tastatur **78**, 90
Temperierung 56
Tempo 128
Tempoangabe 16
Tenor 98
Tenor-Bassposaune 84
Tenorhorn 85
Tenorposaune 83, 95, 97
Tenorschlüssel 11
Terz 31
Terzett 101, 103
Terzton 33
Terztonverdopplung 190
Textur 125
Thema **114**, **138**, 149
Thema mit Variationen **138**, 147, 163, 178
Tierhorn 83
timpani 100
Tinnitus 59
Toccata 134, **158**
Tomtom 69
Tonabnehmer 75

Tonart 42
Tonband 61
Tonbezeichnungen in anderen Sprachen 12
Tonfilm 62
Tongeschlecht 37
Tonhöhe, bestimmbare 66 ff
Tonika 40
Tonkanzelle 90
Tonlänge 117 f
Tonleiter 37 ff
–, chromatische **43**, 82
–, diatonische 43
–, pentatonische 43
Tonmalerei 184 ff
Tonraum **127**, 191
Tonsymbolik 184 ff
Tonsystem 56
Tonträger 62
Transkription 180
Transponieren 37
transponiert notiert 95
Transposition **37**, 45, 116
Tredizime 31
Tremolo **22**, 76, 131, 185
Triangel 67
Trichter **82**, 83, 87
Triller **20**, 66, 107
Trio (Besetzung) 103
Trio (Formteil) 147
Triole 14
Tripelfuge 152
Tritonus 32
Trochäus 201
tromba 100
trombone 100
Trommel 67
Trommelfell 51, 56
Trompete 83, **84**, 95, 96 f, 108, 184,
Trugschluss 119 f
Tubo 70
Turbachor 170
Turnaround 200
Tutti 142, **162**

215

übermäßig 31 f, 35
Umfang (Klang) **95 ff**, 115
Umkehrung eines Akkords 34, 36
Umkehrung **116, 152, 194**, 199
Undezime 31
Und-Zählzeit 28
Unisono 125
Urtext 181

Ventil 82
Ventiltrompete 84
Verdopplung 34
Vergrößerung 116, 151
Verkleinerung 116, 151
verkürzter Dominant-
septakkord 49
vermindert 32, 35
Versetzung 116
Versmaß 201
Verstärker 60
Verwandlung 167
Verzerrer 75
Verzierung 106
Verzierungspraxis 106
vi – de 180
Vibraphon 71
Vibraslap 70
Vibrato **53**, 79, 108
Vibrator 75
Vierertakt 29
Vierklang **35**, 47

vierstimmig 34
Viertaktgruppe **113**, 147
Viola 11, **73**, 97
Violine 73, 97
Violinschlüssel 9
Violoncello 11, **73**, 97
vivace 16
Vokalmusik 101
Volkslied 157
Volkstanz **173**, 175
Volltakt 30
Vordersatz 113
vorgezogene Note 204
Vorhalt(snote) 193 199
Vorhaltsquartsextakkord vor
der Dominante 49, 107
Vorschlag 20
Vorspiel 110, 158
Vorwegnahme 193
Vorzeichen **11**, 22, 24, 41
Vorzeichen in Klammern 12
vox humana 91

Wagnertuba 85
Wahwah 75
Waldhorn 83, **84**, 85
Wandergitarre 74
Wasserklappe 83
Wechsel des Tongeschlechts 124
Wechsel(note) 193
weltlich 166

Westerngitarre 74
Wiederholung 116
Wiederholungszeichen 18
Windkammer 90
Windkapsel 89
Wirbel **66**, 71, 72
Wohltemperiertes Klavier 56, 152
Wood block 70
Wort-Ton-Verhältnis 130
Wurlitzer-Orgel 93

Xylophon 71

Zahlensymbolik 186
Zählzeit 28 f
–, verklanglichte 118
–, volle 28
Zilien 57
Zink 85
Zirkelkanon 148
Zitat 187
Zither 77
Zug 82
Zunge 81, 89
Zungeninstrumente 81, **89 ff**
Zungenpfeife 91
Zupfinstrumente 74 ff
Zweiertakt 29
Zwischenaktmusik 176
Zwischenraum 9
Zwischenspiel 110, **151**, 158

Quellenangaben:
Seite 79 oben rechts, 79 unten rechts, 82 unten, 86 oben links, 89 oben: Michael Dickreiter: Musikinstrumente: Moderne Instrumente, historische Instrumente, Klangakustik. Kassel: Bärenreiter, © 1987 · Seite 78 oben: Schoenbeck, Mechthild von: Musiklexikon/Daten, Fakten und Zusammenhänge, Cornelsen Verlag Scriptor, Berlin 1994 · Seiten 66, 74, 75, 76 (nicht Banjo), 77 oben, 87 oben: dtv-Atlas Musik. Grahpiken von Gunther Vogel © 1977 Deutscher Taschenbuch Verlag, München · Seite 77 unten, Seite 83 (Tenorposaune, Waldhorn, Basstuba): Taschenbuch der Künste. Die Musikinstrumente unserer Zeit, Deutscher Verlag für Musik, Leipzig · Seite 91: Meyers Taschenlexikon Musik in 3 Bänden, Bd. 3, Mannheim 1984 · Seite 79 unten links: Hannes Limmer, München · Seite 50: Aufzeichnung der Schwingungen einer Schreibstimmgabel aus: Einführung in die Physik Sekundarstufe I © Verlag Moritz Diesterweg, Frankfurt/Main, 1994 · Seite 67 mitte, 68 oben, 71 unten, 86 (Bass, Querflöten), 87 (Tenorsaxophon), 88, 89 unten: aus Christoph Hempel „Neue Allgemeine Musiklehre" (SEM 8200). Mit Genehmigung des Verlages SCHOTT MUSIK INTERNATIONAL, Mainz · Seite 68 unten: aus „Die Schüler-Big-Band" (ED 7455). Mit Genehmigung des Verlages SCHOTT MUSIK INTERNATIONAL, Mainz · Seite 67 oben, 67 unten, 69, 70, 71 oben, 72, 73, 76 (Banjo), 78 unten, 80, 82 oben, 82 mitte, 83 (Trompete), 86 (Sopranino bis Tenorflöte), 87 (Oboe, Fagott, Klarinette): VERLAG SCHWEIZER SINGBUCH OBERSTUFE